鼓浪屿研究

第三辑

Journal Of Gulangyu Studies

主编 周旻

厦门市社会科学界联合会
厦门大学人文学院
厦门市社会科学院
合 编

鼓浪屿国际研究中心
主 办

厦门大学出版社 国家一级出版社
XIAMEN UNIVERSITY PRESS 全国百佳图书出版单位

目　录

1	David Woodbridge	The Amoy Boycott，1921—1922：British Perspectives
20	Manuel Rigger	German Official Presence in Xiamen ——German Involvement in Xiamen After the First Opium War 1842—1917(Ⅱ)
36	何丙仲	记里布与厦门开埠
43	谢琰、宁炜	美国领事李仙得在厦门任上
68	黄鸣鹤	鼓浪屿公共地界治理模式法律文本解读及其对中国社会近代法治发展的文化影响分析
76	何书彬	1847：一场以鼓浪屿为起点的"开眼看世界"之旅
82	洪思明（Sebastian）	汉语拼音化与鼓浪屿关系初探
90	吕绮锋、吴光辉	佐藤春夫笔下的近代中国 ——以《南方纪行》为中心
99	詹朝霞	马约翰(John Macgowan)笔下的晚清厦门 ——以《竹树脚下》与《〈华南纪胜〉之厦门篇》为视点
114	余巧英、黄绍坚	1880年的厦门和鼓浪屿老照片（上）
152	李文泰	海隅翰墨传文脉 ——周旻新作《闽台历史名人画传》赏析
156	詹朝霞（译）	厦门鼓浪屿公共地界章程
163	詹朝霞（译）	厦门鼓浪屿公共地界规例
169	龚洁（文献）	《林家诉状》文献原件

The Amoy Boycott, 1921—1922: British Perspectives

David Woodbridge 著　李琼花校审 *

Xiamen, in common with many other treaty ports, was affected by the rise in nationalist and anti-imperialist feeling in China during the 1920s. Students coordinated demonstrations and marches, and workers were organised into unions and encouraged to campaign for improved conditions.[①] In Xiamen, significant action took place from 1921—1922, when a boycott was organised against the British company Butterfield & Swire (B&S). This was specifically in reaction to Swire's actions in constructing a pier connecting their offices on the British Concession directly to the harbour. Protesters argued that this was an attempt to develop the company's facilities beyond the boundaries of the concession area, and therefore represented an attack on Chinese sovereignty. This article will examine the course of the boycott from the British perspective. Utilising British consular records, as well as correspondence from the archives of B&S, it will seek to explore the different reactions provoked by the boycott, as well as the process by which a resolution was finally found.[②] Finally, the article will assess the impact the boycott had on the British position in Xiamen, as well as on Sino-British relations more generally.

The Amoy Boycott represented the culmination of a series of disputes regarding the boundaries of the British Concession. Beginning in the 1870s, attempts were made by companies operating in the concession to reclaim the land in front of their lots, in order to improve their access to the sea. In 1878, the Chinese authorities took over responsibility for this work. The reclaimed land was subsequently declared to be public, but a number of companies had certain rights of access to the ground directly in front of their lots. The legal status of this reclaimed foreshore was therefore ambiguous. As late as 1927, the Xiamen representative of the Hong Kong and Shanghai Banking Corporation, which leased one of the lots on the British Concession, wrote to the British Consul, saying that he wanted "to find out definitely from you

* ［英］David Woodbridge：厦门大学人文学院　福建　厦门　361005

李琼花：厦门大学外文学院　福建　厦门　361005

① For studies of student-led protests during this period, see: Jeffrey Wasserstrom, *Student Protests in Twentieth-Century China* (Stanford, CA: Stanford University Press, 1991); Jessie Lutz, *Chinese Politics and Christian Missions: the Anti-Christian Movements of* 1920-28 (Notre Dame, IN: Cross Roads Books, 1988); Ka-che Yip, *Religion, Nationalism and Chinese Students: The Anti-Christian Movement of* 1922—1927, (Bellingham, WA: Center for East Asian Studies, Western Washington University, 1980).

② B&S Records are reproduced courtesy of the John Swire & Sons Ltd archive at SOAS.

if we have any 'foreshore' rights or not."① To this, the British Consul replied, saying: "It is extremely difficult to lay down the law about foreshore or any other rights in China, but, so far as I can see, your only right is that the Chinese authorities under this reclamation scheme are prepared to allow you".②

In 1921, this uncertainty about the boundaries of the British Concession became the source of a dispute that led to a boycott against the China Navigation Company (CN Co.), owned by B&S.③ This boycott spread to Shantou and Shanghai, and lasted for several months. The organisers of the boycott sought to justify their action to both the Chinese and foreign residents of Xiamen. To this end, they produced and distributed literature, outlining the reasons for their stand. One such pamphlet, produced in English, is transcribed below:

Reasons Justifying the Attitude of the People of Amoy In Regard to the Bund and the Jetty Question.

I . History of the Leasehold

The lease of lands to the British had its roots in the Nanking Treaty concluded in the 22nd year of Taokwang (道光), Article II of which provided for the pied a terre of the British people with their families in the ports of Foochow, Amoy, Ningpo, Canton and Shanghai. In the first year of Hamfong (咸丰), under the supervision of Chao (赵), Taoyin of Amoy, and Lai (来), Magistrate of this city, the boundary lines of the leasehold were marked out, starting from the Tau Bee Jetty (岛美路头) and ending at the New Jetty (新路头), covering an area of 550 feet in length and 160 feet in breadth. This tract of land was leased to the British at the rate of one tael per ten square feet, the highways enclosed within and measuring 40 square feet being subsequently occupied without any tax. That piece of land that was lying within the New Jetty (新路头) and the present Railway Station building was leased to both British and American merchants during the reign of Tungtsz (同治). All of this region was then merely a fore-shore, it afterwards kept stretching out from year to year through the process of accumulation, with the result that one British firm, Boyd and Co. (和记行), in the 3rd year of Kwangshu (光绪), built the shore up without the permission of the Chinese authorities. After the work was begun, the Americans protested, and advanced a similar demand. Sz Tu (司徒), Taoyin of Amoy, disapproved of either party's action, took over the work in the name of the Government, and

① Letter from Hong Kong and Shanghai Bank to H. H. Bristow, 23 February 1927, The National Archives of the UK, ref. FO 663/23.

② Letter from H.H. Bristow to Hong Kong and Shanghai Bank, The National Archives of the UK, ref. FO 663/23.

③ Butterfield and Swire (B&S) was the East Asian trading company of John Swire and Sons (JS&S). The China Navigation Company (CN Co.) was the shipping company of B&S. For a history of B&S, see: Chen Zengnian, Yao Xinrong and Zhang Zhongli, *The Swire Group in Old China* (Shanghai: The Shanghai People's Publishing House, 1992).

when completed, declared the land to be a thoroughfare without tolls. In order to prevent this portion of land from being blended with the leased land, provisions were made in the 4th year of the same reign for mutual observance. In the same year Brown and Co. (水陆行), a British firm, again built up the shore in front of its premises. When the work was brought to the knowledge of Taoyin Sz Tu (司徒), he had the site surveyed, and discovered an encroachment of 15 square feet beyond the specified limits of the legitimate leasehold. He ordered the work to be done with government funds, declared the land to be a thoroughfare, and registered it together with the other part of the shore adjoining Kang-a-kou (港仔口). In the 10th year of Kwangshu (光绪) Tait and Co. (德记口), a British firm, in repairing their embankment, was again reported to have trespassed upon the government land. Thereupon Sun (孙), Taoyin of Amoy, took the matter up with the British Consul Forrest (佛), who realizing his iniquity, requested the British Minister at Peking to confer direct with the Board of Foreign Affairs, the result being that the government land encroached on was to be surveyed and that a tax was to be levied on the land so occupied. Evidently all the rest of the land beyond the limits of this particular portion was Chinese territory.

Ⅱ. Violation of Treaties by the British

According to the historical events related above, it is evident that the boundary lines between the British merchants' leasehold and the government highways were fairly distinct. The British Consul, however, further desired to extend his police authority into the government highways. (Note. – Unlike Shanghai and Tientsin, the British here have never concluded any treaty with the Chinese government whereby they were entitled to the exercise of certain administrative powers over the land leased. It was already a violation of treaties on the part of the British Consul installing a police force in the concession, and to extend it beyond its limits was all the more illegal). In the 33rd year of Guangxu (光绪), the British Consul raised a protest against the planting of telephone posts on the highways. In the 8th moon of the first year of Shuentung (宣统), in celebration of Confucius' birthday, the students, carrying wooden rifles, marched in a procession along the highways and were interfered with by the British authority. In the 9th month of the 7th year of the Republic of China, on account of a war between Fukien and Quangteng, martial law was declared in Amoy. On the pretext of protecting the British merchants, the British authority ordered a number of blue jackets from the British cruiser to be landed, who carried rifles and patrolled the highways. Besides, walls and gates were built on the right and left, and in the rear, of the highways. Boards were put up on the walls, inscribed "The British Concession". A flag pole was erected on the highway, on which flew the British flag. In the 6th month of the 8th year of the Republic, the British authority lodged a written protest against the armed police marching across the highways. All of these instances were strong evidence of the violation of treaties and the infringement of China's sovereignty on the part of the British authorities. The people of Amoy have from time to time petitioned the local authorities to make protests to the British authorities and to request the Central Government to discuss the matter in extenso with the British Legation. The British authorities here, however, for want of a legal support, have never agreed to a formal vis-à-vis discussion with the Chinese authorities, but have always delayed for the mere purpose of dragging along.

Ⅲ. Basis of China's Claim

The Bund is perfectly a Chinese territory, as corroborated, besides the Chart designed and kept by the Customs authority, by the Six Clauses agreed upon between Sz Tu (司徒), Taoyin of Heughwa, Chuanchow and Engehoon, and Alabaster (阿), British Consul, on the 9th day of the 7th moon of the 4th year of Kwangshu (光绪) (the 12th of March 1878), which are as follows (translated from the Chinese text):

In view of the desire of the Chinese government to elevate of its own accord, the fore shore, located in immediate front of the British merchants' leasehold, the following Six Clauses are adopted by the parties concerned:

1. After the shore is filled in, the whole region will be used exclusively as a public Bund or highways.

2. The New Bund being located just in front of the British merchants' leasehold constitutes the main doorway of the said leasehold. It shall not be leased to any nation other than the tenants of the land in the rear. If such a step were indispensable, the British holders should be consulted first, who would lease it at a reasonable rate.

3. The New Bund shall be constructed according to the plan approved.

4. After the work is completed, the interests of the foreign merchants residing behind the Bund shall be protected as usually. Nothing whatever shall be allowed to be erected, thus screening the buildings behind.

5. In the event of any sheds or shelters to be erected, the British Consul shall be consulted, and the work shall be approved only when the safety of the interests of the foreign merchants dwelling behind is insured.

6. After the completion of the work, because of the Bund being adjacent to the leasehold, the foreign merchants residing within the limits of the leased land shall be entrusted by the local authorities with the management of the Bund.

From the above stipulations, it is clear that except the land back of the Bund, which had been leased to the British merchants and on which buildings had been erected (Note. – The thoroughfares in between these buildings and measuring 40 feet square had mostly been illegally occupied, with buildings on), the entire Bund itself was government land filled up with government funds. As a safeguard for the interests pertaining to the land back of the Bundland where the European firms are now located, the British merchants thought it necessary to make the above Six Clauses with the Chinese authorities. We shall now make a close study of each of these items. The first clause clearly determined the use of the highways as a Bund. The second clause provided for the necessity of consulting the British authority first whenever the Chinese government desired to lease the Bund to any other nation; but as nothing of the kind anticipated has ever happened, there is no excuse which warrants the claim of the British merchants. Besides, this clause further denied their right of tenure of the Bund. The third clause was made as a matter of course. Up to now three copies of this Chart are still in existence: one is kept at the British Consulate, one at the Taoyin's office, and one at the Customs, as a reference to any of them will testify. The fourth and fifth clauses were all provided for safeguarding the interests of the foreign merchants residing behind the Bund. If the Bund had been a British concession, these clauses would not have been inserted. The sixth clause touched with the main issue of the whole problem, and called for special attention. In order to know the object with which this clause was put in, one should refer to a similar clause originally proposed by the British Consul, the version of the Chinese text being given underneath.

"After the shore has been filled up, the Bund should be placed under the control of the British authorities, who would undertake the duties of maintaining order and peace and looking after the removal of the dirt and rubbish, as has been done in the concession closely behind."

Through the strenuous efforts of the Chinese authorities, however, this proposition was ultimately cancelled in toto, and superseded by the present sixth clause. By the passage "the foreign merchants residing within the limits of the leased land shall be entrusted by the local authorities with the management of the Bund" is meant that the work of supervising the removal of the rubbish in front of the foreign firms shall be committed to the foreign merchants, and nothing more, since it would be impossible for the foreign merchants, as individuals, to represent a government and exercise administrative powers. The fact that the commitment was given to the merchants instead of to the British authority clearly signifies that the scope of management comprised clearing away the rubbish only. After the regulations had been drawn up and adopted, Sz Tu (司徒), Taoyin of Amoy, stated in his memorial to the Viceroy of Fukien and Chekiang that under this clause the foreign merchants were merely entrusted with the management of the Bund on behalf of the government, that there was no thing to do with the Consul, and that the Chinese government reserved every right to approve or disapprove of such a confidence. Furthermore, the term "the foreign merchants" possesses a wide range of meanings and does not specifically apply to British merchants, who therefore have no right to claim special privileges. Three points may be mentioned here which should form the basis of our claim. First, mark out the boundary lines between the government land and the leased land. Secondly, when the lines are determined, and in case it is felt that the government land has not been efficiently managed, the power of supervision hitherto confided to the foreign merchants may be withdrawn, and the Chinese police authority extended to keep order and protect the foreign merchants. Thirdly, stones should be erected to mark the boundary lines so as to avoid troubles in future.

IV. Construction of Piers by Butterfield and Swire

Notwithstanding Butterfield and Swire's having obtained permission from the Viceroy of Fukien and Chekiang for the construction of the piers in question, the sampan people raised, after the work was started, a strong opposition against the project on the ground that interfered with their livelihood while the Chinese authorities also advised Butterfield and Swire to cease the work. But Butterfield and Swire, relying on a military force, took no heed of the admonition. Thus was sown the seed of the future trouble. Afterwards the piers deteriorated and the case remained unsettled. In May of the 10th year of the Republic (1921), the British Municipal Council unexpectedly addressed a communication to the Chinese Water Police stating that in compliance with the request of Butterfield and Swire for reconstructing the piers to join the hulk, and as the work was about to be started, it was deemed necessary that the Water Police be informed of it. The Water Police accordingly reported the matter to the Taoyin. Shortly after, this news came to the notice of the school men and the merchants. They held that since the Bund question after having been submitted by the Governor of Fukien to the Central Government for further discussion was still in abeyance, it was a serious contempt for China's sovereignty on the part of Butterfield and Swire in building on the Chinese soil a jetty connecting with the Bund. The action was intolerable, consequently they requested the Taoyin to communicate to the Commissioner of Foreign Affairs asking him to protest to the British Consul and also petitioned the Governor requesting him to telegraph to the Central Government to advise, as a first step, the British Minister that instruction be immediately given to the British Consul to suspend the work. But here the British Consul allowed the work to go on, and the advice from the Commissioner's office proved futile. The people of Amoy sought aid of Fukien merchants resident at Shanghai, who promised an effective support. In the meantime, Butterfield and Swire, alarmed by the esprit de corps which meant the possibility of inflicting great wounds on their shipping business, requested their Consul to address a communication on the 21st June to the Commissioner of Foreign Affairs stating their willingness to suspend the work pending the settlement at the Capital. Thereupon the civilians of Amoy relinquished their plan of counteraction, but despatched two delegates, Huang Teng Yuen (黄廷元) and Loo Sin Chi (卢心?), to memorialize the Government with the reasons of China's claim. After the delegation had started, however, Butterfield and Swire secretly imported timber into Amoy, stored it in front of their office and erected a shed on Kulangsu for getting the material ready. Realizing the intention of Butterfield and Swire to break the promise, the people sent a delegation (comprising the entire committee of the Civilians' Association) to see Commissioner Fung requesting him to protest to the British Consul and to convey their complaint to the Central Government. The British Consul, in his reply, gave the delay of the discussion at Peking as the excuse for the resumption of the work. The Civilians' Association clearly saw the Consul's malintent of authorizing the continuation of the work, and a few days later was prepared to raise another protest, when the Consul addressed another communication to the Commissioner of Foreign Affairs to the effect that he had received instructions from the British Minister ordering that the work be resumed. The Civilians' Association, being intensely exacerbated, held meetings to plan for the boycott of Butterfield and Swire's shipping as a revenge for their breach of promise.

In regard to this question, six points may be enumerated which illustrate the iniquity of the British Consul and Butterfield and Swire. (1) The failure to pay the tax required for the first construction of the piers meant a total disregard of China's ownership of the land occupied. (For example, when a steamer enters a harbor, she has to pay a certain sum for anchorage, regardless of the length of time for which she intends to remain in the harbor — the more so with the piers that possess the nature of a permanent struction and yields enormous pecuniary returns at the expense of the living of a number of sampan people. (2) The former piers having been ruined, the present piers have not been reinstated in exactly the same position. They must be inspected by the Chinese authorities who will see whether they interfere with the communication facilities on that particular portion of the harbor, the mere approval by the Harbor Master being not adequate to support the claim of the right of reconstruction. (3) The Water Police is an inferior authority, and is not vested with the power of approving the construction of piers in the Chinese harbor by a foreign merchant. The ordinary course of procedure is that the Municipal Council, in compliance with the request of Butterfield and Swire for due protection, should ask the British Consul to send an official communication to the Commissioner of Foreign Affairs who will instruct the Taoyin to approve of the scheme contemplated. The Council should not have communicated direct to the Water Police and authorized the work forthwith. (4) The British Consul, having first promised in black and white to suspend the work, should not have permitted the work to be resumed before the solution of the problem at Peking. (5) The order of the British Minister is enforceable on the British Consul alone, who should not have wielded it as a means of coercion on the Chinese authorities before their receipt of any instruction from the Board of Foreign Affairs.

(6) After the delegates had arrived at the Capital, they requested the Government to demand of the British Minister an appointment of some authorized person to inspect the object in dispute, but the British Minister disagreed, consequently the delay thus caused was not the fault of the Chinese authorities. Besides, the British Consul in his written promise, dated the 21st of June, to suspend the work, did not specify a time limit, therefore he was not justified in breaking his promise on the excuse of the delay for several months.

According to the six points related above, it is possible that the British Consul has simply instigated all this trouble without any possible reason to justify his action. Moreover, on the 19th of November, 1921, he allowed the coolies building Butterfield and Swire's pier to charge, without any evidence, another Chinese coolie with a certain guilt, and torture him until he was in extremis. (Note. This particular case has been published, in separate pamphlets, in the English version, and so it needs no reiteration here).

The foregoing account has been made known to every Chinese in this city and elsewhere. As there may be foreigners who on account of their having but a limited knowledge of Chinese do not understand it quite clearly, it is felt necessary to epitomize the facts in an English version for announcement with the sincere hope that an impartial judgement be passed on the party at fault so that the voice of justice may one day be heard.①

This pamphlet is interesting for many reasons. First, it was produced in English, and shows the intention of the protesters not only to build support among Chinese residents, but also to persuade foreign residents of the justice of their actions. To this end, it engages in great detail with the legal basis and development of the British Concession, in order to attempt to make a strong case for the action being taken against B&S.

The first section describes the granting of the concession leasehold and its boundaries. It goes on to recount how a number of companies had sought to expand their lots, through reclaiming areas of the shoreline immediately adjoining their buildings, but that the government had intervened to ensure this land was designated public land outside of the concession. The second section asserts that the British Concession was merely a leasehold and that, unlike in other treaty ports, the British had not been granted administrative rights over the concession area. Therefore, the introduction of a concession police force and the building of walls and gates were not legitimate, and nor were protests made by the British Consul against construction on the adjacent highways, parades and protests there. The third section purports to be a translation of an agreement made between the British Officials and Qing officials in Xiamen in 1878, regarding the reclaimed foreshore in front of the British Concession. The agreement stated that the land shall be a public highway, but that the merchants leasing the adjacent land in the concession area would be entrusted with the management of this highway. However, the author insists that this latter clause did not grant powers to the British authorities, but rather was a duty

---

① Reasons Justifying the Attitude of the People of Amoy in Regard to the Bund and the Jetty Question, 1921, The National Archives of the UK, ref. FO 228/3470.

of supervision granted by the Chinese authorities, to the merchants, British or otherwise, occupying the adjacent land.

The final section deals with the issue that had provoked the boycott. The author writes that, although B&S had permission from the Chinese authorities to construct their pier, local objections that had emerged escalated, eventually leading to discussions being held in Beijing regarding the status of the reclaimed land. The author claims that Butterfield and Swire went back on their agreement to stop the work pending the outcome of the discussions in Beijing, and that the British Consul in Xiamen supported them, citing the delay in the talks in Beijing as justification. In response, the Civilians' Association in Xiamen, with support from Fujian merchants in Shanghai, organised a boycott of the CN Co.

The British Consul in Xiamen sent a copy of this pamphlet to the British Minister, along with an accompanying letter:

His Majesty's Consulate
Amoy. 17th December 1921

Sir,

With reference to the dispute over the "reclaimed foreshore" of the British Concession in this port, I have the honour to enclose herewith copies of a further pamphlet of propaganda which has been originated locally and is being distributed by broadcast. It purports to be a history of the Concession and of the reclamation of the foreshore and is as garbled and full of inaccuracies as its predecessors.

The particular point of interest about this pamphlet is that—as I am informed from a reliable Chinese source—it originates from the local branch of the Young Men's Christian Association, an institution which, as I mentioned in my despatch No: 175 of the 28th November 1921, is under the management and control of Americans.

It would not be an easy matter to bring home to the Americans in charge of the YMCA in Amoy any connection they may have with the pamphlet, but the information regarding the pamphlet's origin does not surprise me. The two Americans in charge of the YMCA are notoriously anti-British; and their sentiments in this direction have not softened since the failure of their proposal to buy land within the British Concession—reported in my despatches No. 1 and 26 of January 11th and May 9th respectively, in this year.

I have the honour to be,
Sir,
Your most obedient,
humble servant,
B.G. Tours
H.M. Consul①

---

① Letter from B.G. Tours to Sir Beilby Alston, 17 December 1921, © The National Archives of the UK, ref. FO 228/3470.

The consul asserts that the authors of the pamphlet were Chinese members of an American missionary organisation, and he expressed concern that American missionaries were supporting such anti-British protests. However, he did not seem to have been unduly worried about the protest itself, and dismissed the pamphlet as "garbled and full of inaccuracies." B&S, also, did not seem to have taken the boycott too seriously. In a letter dated 9th December 1921, the B&S agent in Shanghai reported to their managers in London that "the agitators are weakening and preparing a way to save their face."[1] However, despite this impression, the boycott in fact intensified, so that it even came to the attention of the national media in the UK. The following is a report that appeared in *The Times* newspaper on 2nd January 1922:

> Sir Beilby Alston and his staff conspicuously abstained from attending the President's New Year reception this morning as a mark of British dissatisfaction at the conduct of the Chinese Government in connexion with the Amoy affair.
>
> For 43 years British privileges in Amoy have been established and acknowledged, yet the local authorities are disputing certain foreshore rights of Messrs. Butterfield and Swire in the British concession. Although the particular points in the dispute are the subject of a repeated specific agreement of indisputable character, Messrs. Butterfields have been boycotted, their employees tarred and feathered, their ears cut off, and other indignities inflicted on the British generally thanks to the student agitation, which the local authorities do not attempt to curb.
>
> The Foreign Office here acknowledges the correctness of the British position and the impropriety of the local action, but remonstrates so feebly with Amoy that the officials there are virtually encouraged to continue flouting British rights. Amoy is one of the few points in China where the Central Government is in a position to enforce its will, yet when the rights of the case are not even in dispute, they practically refuse to take the necessary action. And this is the country which before the International Conference in Washington is seeking to obtain the world's recognition of its ability to administer law within its own territory.[2]

The report describes the boycott, which it says is organised by student protesters. In response to the action, Sir Beilby Alston, the British Minister, had refused to attend a New Year reception organised by the president of the Chinese government. It can be seen, then, that the dispute from which the boycott originated had become a major issue between the British and Chinese authorities. On the boycott itself, the report asserts that B&S have the right to carry out the construction they had commenced, and that the Chinese government agreed this was the case, but were not taking the necessary action to stop the protesters.

The evident dissatisfaction displayed by the British Minister, according to this article, was further reflected in the hard negotiating stance he subsequently took. The following letter, sent by the Consul-General in Shanghai to B&S, reveals the approach the British Minister took to

① Letter from B&S, Shanghai to JS&S, London, 9 December 1921, SOAS Library: JSS/3/2/4.
② British Flouted in China, *The Times*, 2 January 1922, p.10.

resolving the boycott:

H.M. Consulate-General

Shanghai

6th January 1922

Gentlemen,

Referring to my letter to you of the 2nd instant on the subject of the boycott at Amoy, Swatow and elsewhere of the China Navigation Company's steamers, I subjoin hereto the substance of a telegram dated yesterday that I have received from His Majesty's Minister at Peking:

Attitude of the Legation entirely approved by Foreign Office and filing of provisional claim in respect of Butterfield and Swire's losses authorised.

I trust that in view of strong attitude of His Majesty's Government, Butterfield and Swire will stand out against suspension of work. Their London office is quite misinformed as to the strength of our case. Apart from 1900 Agreement regarding bridge, frontage rights are expressly guaranteed by Agreement of 1878, which also incorporates claimed Bund in the Concession for purposes of Municipal control.

We only invite unjustifiable attacks on our interests at other ports if we yield in this case to students' mob-law.

If suspension of work is insisted on by Butterfield and Swire, I propose to inform Chinese Government, when filing claim for damages, that temporary suspension, say for one month from 15th instant, will take place, to enable investigation to be held on the spot by Mr Clive and representative of Chinese Government. Cost of suspension to be added to claim, of which the amount will be fixed later.①

The British Minister was confident that B&S's actions were legitimate and justified by earlier agreements between the British and Chinese authorities. B&S were evidently considering calling off the construction of the pier in order to persuade the protesters to end the boycott. However, the Minister believed that giving in to the demands of the protesters would only encourage further attacks on British interests, and he asked B&S both to continue with the construction, and to claim for damages against the Chinese government. However, in reply, B&S stated their unaltered intention to suspend the construction of the pier:

SHANGHAI, 7th January 1922

Sir,

<u>AMOY BOYCOTT</u>

We are in receipt of your letter of the 6th instant and carefully note all that is stated therein.

---

① Letter from Consulate General, Shanghai, to B&S, Shanghai, 6 January 1922, SOAS Library: JSS/3/2/4.

In view of the serious progress of the boycott movement in China ports, the Philippines and Siam, its possible general extension to British trade, and the evident complete lack of control by the Chinese Government of lawlessness in the Fukien province, we have decided to withdraw our workmen and suspend all work in connection with the erection of our pier at Amoy, until the question at issue between the Chinese and British Authorities with regard to ownership of the Bund has been finally settled.

We are the more induced to take this action for the following reasons:

(1) No actual work on the pier is being done now, and the workmen are being kept idle at Amoy at considerable expense;

(2) We do not see that the suspension of operations should affect the point at issue between the Authorities.

We propose therefore to telegraph at once to Amoy to suspend all work and to mention in our telegram, in view of the final paragraph of your letter under acknowledgement, that our decision has been communicated to HBM Minister at Peking.[1]

B&S were clearly alarmed at the strength of the boycott in Xiamen, but also at the spread of boycotts more generally as a tactic of protesters across China and southeast Asia. Regarding Xiamen specifically, they did not consider that the government in Beijing had the power to take action against the protesters. Therefore, B&S had decided to suspend construction of the pier until the dispute over ownership of the reclaimed foreshore had been resolved between the British and Chinese authorities. They rejected the British Minister's request for the company not to meet the demands of the protesters, noting that their company was losing money through having to pay wages to workers unable to do any work. They also asserted that their own dispute with the protesters was distinct from the issue being debated between the British and Chinese authorities.

However, despite this resolve, there was a delay in B&S suspending the construction, as a result of ongoing appeals from British officials. The following letter, sent from B&S's Shanghai office to its managers in London, provides copies of several telegrams that had been exchanged, and reveals some of the uncertainties and delays that had taken place:

SHANGHAI, 20th January 1922

Messrs. John Swire & Sons Ltd.

London

Dear Sirs,

Amoy Boycott: Further to our letter of the 13th January, we now confirm exchange of the following cables:

Ours 14. 1. 22:

"... Amoy telegraph–HBM Consul, arranging settlement dispute local officials our opinion is

---

① Letter from B&S, Shanghai, to Consulate General, Shanghai, 7 January 1922, SOAS Library: JSS/3/2/4.

prospects are favourable but if stoppage work notified officials will withdraw. Shanghai telegraph–British Minister telegraphed to us in view of latest development of which London not aware trust suspension work will be left discretion Amoy agent in consultation with HBM's Consul. Message ends. "We have approved, await result these negotiations."

Yours 13. 1. 22., recd. 16. 1. 22:

"Boycott–What is the position all ports affected? Construction–Have you ceased? Telegraph immediately."

Ours 17. 1. 22:

"Amoy telegraphs Chinese stipulate for commencement discussion Bund question before they will withdraw boycott. HBM's Consul refuses. We have telegraphed to Amoy that we have informed Clive here we cannot wait indefinite(ly) settlement. Sentence ends here.

He agrees HBM's Consul arrange to stop boycott provided B&S will stop construction all work temporarily pending settlement discussion Bund question between authorities. Sentence ends here. Stop all work return workmen."

Yours 16. 1. 22. recd. 18. 1. 22:

"... Referring to our telegram of 13th – boycott – answer at once."

The British Consul at Amoy informed the Taoyin on 14th January that he was prepared to discuss the Bund question immediately after the boycott had been withdrawn. This, however, the Chinese officials were not prepared to agree to and matters seemed to have reached a deadlock. We were not prepared to agree to such indefinite postponement of a settlement. Before wiring Amoy, however, we were able to interview Mr Clive, who had reached Shanghai from Peking, and after considerable discussion he agreed to our issuing instructions to stop all work and we therefore wired Amoy on the 17th to this effect.

This was not immediately acted on as Amoy advised that the Consul was to see the authorities on the 19th. The result of this interview was unsatisfactory, Amoy advising "No prospect of withdrawal boycott at present." The Minister had intervened, asking for the postponement of the stoppage of work until Mr Clive's arrival in Amoy, but Mr Clive, the Legation representative, having already assented to the stoppage of work, a result we have been manoeuvring for throughout the negotiations, we did not consider further delay reasonable. We therefore wired Amoy last night to act promptly in accordance with your message of 10th January, which was passed on to them on 11th.

We have informed all ports that work has been stopped on the pier and trust this will have the effect of inducing shippers to support C.N.Co. steamers again in full. Whether it will have the right effect on the agitators at Amoy remains to be seen, but in any case their argument for a continuance of the boycott would be so unsound that our Compradore advises us it would have little or no weight with the responsible body of merchants...①

The plan to suspend work on the construction of B&S's pier was postponed as a result of negotiations that took place between the British consul and local Chinese officials in Xiamen. The consul had sought to persuade the officials to accept an opening of negotiations regarding

---

① Letter from B&S, Shanghai, to JS&S, London, 20 January 1922, SOAS Library: JSS/3/2/4.

ownership of the reclaimed foreshore, in return for an ending of the boycott. He had wanted B&S to delay suspending their work while he was negotiating for a resolution on these terms. B&S had agree to this, but after a few days the consul's discussions with local officials had not seemed to be making any progress, and B&S therefore decided to go ahead with their earlier plan to suspend construction in order to bring about an end to the boycott.

What can also be seen from this letter is the communication difficulties that existed not only between B&S agents and British officials, but also between B&S offices in China and JS&S managers in London, as well as between British officials in Xiamen, Shanghai and Beijing. The JS&S officials in London were clearly frustrated at the lack of information they were receiving regarding the boycott, and at the delay in carrying out the instruction issued earlier in the month to suspend the construction work. The B&S agents in China had decided, on their own initiative, to delay implementing these instructions as a result of information received from the British consul in Xiamen. At the same time, the British Minister in Beijing continued to request a delay from B&S in suspending their work even after the Consul-General in Shanghai, following discussions with the B&S agent in that city, had agreed to an immediate suspension. Although telegrams could be used to quickly send information and instructions over long distances, the slow pace of negotiations and the initiative taken by local officials and agents meant that there was uncertainty and inconsistency in formulating and applying a policy for action to end the boycott.

The actions of the protesters had therefore been successful in provoking disagreements and confusion among those seeking to serve British interests in China. The following letter, from JS&S in London to the B&S agent in Shanghai, reveals something of their frustration at the situation:

February 9th, 1922

Messrs. Butterfield & Swire,

Shanghai

Dear Sirs,

Amoy Boycott. It is no use crying over spilt milk; but the whole course of events detailed in your letters shows that, having decided not to fight the boycott, the right moment for you to have acted was on receipt of our telegram of November 11th and not on January 17th. Hong Kong's letter of December 30th shows how serious the position was and confirms the view expressed above, while their telegram to you of December 22nd summed up the whole position and the correct policy in a very masterly manner.

We are glad to hear that a copy of our letter of November 7th was forwarded to the Legation, but why did you not carry out our instructions to forward all telegrams to them instead of sending only a mutilated edition of our telegram of December 24th? The date January 10th was put in for the express purpose of making the Legation realize that our patience was not inexhaustible and anyway, when we say "all", we mean all.

In the absence of further information we had to wire you on February 8th, –"Boycott–telegraph position all ports not less than every week. Advise Hong Kong."

　　Doubtless you have, as you have here, made it clear to the Legation and to the Consulate General at your end, that we are entirely dissatisfied with the whole course of action, which has put us in our present very serious position through no fault of our own. In this connection we attach copy of our letter to the Foreign Office of February 6th...①

　　The letter criticises both their own agent in Shanghai and the British officials in China. The agent in Shanghai is criticised for delaying the suspension of the pier construction for too long, as well as for not communicating the feelings of the JS&S managers clearly to the British Minister. In turn, the British officials are attacked for their failure to prevent the prolongation of the boycott. However, the next letter, from B&S's Shanghai agent to JS&S in London, gives some indication of the difficulties that were faced by those seeking to deal with the situation in Xiamen as it developed. It provides a report given by Mr Clive, a member of the British Legation in Beijing, to B&S's agent in Shanghai, following Clive's visit to Xiamen:

SHANGHAI, 10th February 1922

Messrs. John Swire & Sons Ltd.

London

Dear Sirs,

　　Mr Clive's stay in Amoy was short, but he evidently made himself thoroughly acquainted with the question in all its bearings. On his return here yesterday, I again had a long interview with him at his request. He expressed himself as entirely satisfied that we had an incontestable right to erect our pier, and that we have been victimized, for which he will press any reasonable claim we wish to formulate.

　　In reply to my enquiry, he stated that he had not seen the Taoyin at Amoy, but that he had discussed the whole question very fully with Mr Eastes (the new Consul) on the spot, and was satisfied that he is a sound and competent person in whose hands to leave further negotiations.

　　His own personal view is that there having been some questions as to whether the filled-in portion of the Bund in front of our offices had ever been ceded to Great Britain, the gates—which were erected by Tours, who had no doubt in mind similar erections at Kiukiang and Chinkiang, and who naturally would fight to maintain a position he had, in his own opinion, correctly taken up—should be removed, provided the Authorities would agree that no processions, public or otherwise, would be permitted to parade the Bund between the hours of 9 am and 6 pm.

　　As to the removal of the flag, he thought that having put it up, it could not well be pulled down, but that he would be prepared to recommend payment of a land tax, which would admit Chinese sovereign rights and yet enable the disputed land to be called British Concession—the Bund road to remain open for public use with the restriction referred to above. He was also of opinion that we should pay a small tax on the pier in acknowledgement of Chinese territorial rights

---

① Letter from JS&S, London, to B&S, Shanghai, 9 February 1922, SOAS Library: JSS/2/2/1.

over the water we are bridging. I told him we would be quite agreeable to do that.①

Clive maintains the view of the British legation, that B&S were within their rights to construct the pier. However, he admits that there are doubts regarding ownership of the reclaimed foreshore area, described here as the Bund. A previous consul, Tours, had erected gates on this land, but Clive concedes that these would now need to be taken down, as they gave the impression of British ownership. He considers a number of possible compromise measures, whereby Chinese sovereignty over the land could be acknowledged, but British control maintained. It can be seen, then, how complex the dispute over the boundaries of the concession was, and how it was necessary for British officials to negotiate over seemingly small details of the land arrangements. However, despite apparently being willing to make concessions regarding ownership of the Bund, the British legation were not prepared to make compromises towards the organisers of the boycott. Although B&S had now stopped construction of the pier, the British Legation still called for a complete withdrawal of the boycott before commencing discussions over ownership of the reclaimed foreshore. Meanwhile, B&S sought to persuade merchants in Xiamen, Shantou and Shanghai to lift the boycott. The following letter shows that they had some initial success:

TRANSLATION

5th Feb., 1922

The Chamber of Commerce
Swatow

Dear Sirs,

We have often received official letters from Taikoo asking us to amicably settle the Amoy pier construction case for purposes of friendship and trade since the building has been completely suspended.

In our opinion as we have hitherto been on good terms with this company, our dispute with it in this case should be regarded as having been concluded.

As to the shore case which is an international question between Great Britain & China, and does not concern Taikoo, this fact has already been cabled you, and had your attention, we believe.

Therefore we request that our Swatow merchants be informed to resume at once shipping their goods by Taikoo steamers with no longer delay so that we may maintain our friendly feeling towards this company and enjoy its transportation facilities.

SIX DISTRICT GUILD.

---

① Letter from B&S, Shanghai, to JS&S, London, 10 February 1922, SOAS Library: JSS/3/2/4.

SHANGHAI.①

The letter was sent by members of a guild of Chinese merchants in Shanghai to its members in Shantou（Swatow）. Taikoo（太古）is the Chinese name of B&S. In their letter, the Shanghai merchants express their willingness to end the dispute with B&S, and ask the merchants in Swatow to resume shipping their goods with vessels owned by the company. However, despite securing this support from these Chinese merchants, B&S were unable to get the boycott lifted. The following two telegrams, sent from B&S agents in Shantou and Xiamen, reveal why this was:

> From Swatow 6. 2. 22（recd. 7. 2. 22）:
> Position now is - shippers will not support - C.N.Co. - unless - students - will permit - students - want - full - settlement - Amoy - before - they will withdraw - boycott - strikers - are trying to - influence - labour - class - obstruct - steamers - foreign - crew - prospects - Northern business - Southern business - are very bad - present - conditions.
> From Amoy 6. 2. 22:
> No progress has been made - HBM Consul - insisting upon - withdrawal of - boycott - before - commencing - Bund - negotiations - Chinese - will not agree - at present.②

The telegram from Shantou shows how the shippers were still not willing to allow CNCo （the shipping company belonging to B&S）to resume operating, because the students, who seem to have been coordinating the boycott, were insisting upon a settlement of the larger question of the reclaimed foreshore in Xiamen before lifting the boycott. However, as the second telegram reveals, the British consul in Xiamen was not willing to negotiate such a settlement until the boycott was lifted. The situation remained deadlocked for several more days until the organisers of the boycott made a further offer, as detailed by the following telegram sent from B&S's Shanghai agent to JS&S in London:

> Referring to your telegram of 20th - boycott - position now is - 18th February - Chinese - offered - withdraw - boycott - for - fortnight - to enable - British Government - settle with - Chinese - Authorities - Bund - dispute - but - HBM Consul - has informed - Chinese - cannot - discuss - Bund - until - boycott - completely - withdrawn - we have - strongly - represented - importance - taking - opportunity - now - offered - C.N.Co. - resuming - trade - and - that - refusal - negotiate - will - jeopardise - amicable - relations - now - in sight③

---

① Included with letter from B&S, Shanghai, to JS&S, London, 10 February 1922, SOAS Library: JSS/3/2/4.

② Included with letter from B&S, Shanghai, to JS&S, London, 10 February 1922, SOAS Library: JSS/3/2/4.

③ Included with letter from B&S, Shanghai, to JS&S, London, 24 February 1922, SOAS Library: JSS/3/2/4.

The organisers of the boycott had offered to suspend their actions for two weeks, in order to allow for negotiations to take place between the British and Chinese authorities regarding the question of the reclaimed foreshore. However, the British consul in Xiamen continued to insist on a complete withdrawal of the boycott. The B&S agent in Shanghai was unhappy with this, and sent the following letter to Sir Everard Fraser, the British Consul-General, in Shanghai:

Shanghai, 22nd February 1922

Sir,

AMOY BOYCOTT

Between the 18th and 21st instant, telegrams as per copy enclosed have been exchanged between Amoy, Swatow and ourselves.

It is disappointing that on the eve of a settlement the unfortunate hitch detailed in these advices should have occurred. In view of the great importance of an immediate and complete resumption of our trades, we shall be glad if you will telegraph the gist of these telegrams to His Majesty's Minister at Peking, with a request from us that he should so modify his instructions to HBM Consul at Amoy, as to permit of the prompt discussion of the question at issue between the two Governments.

The Chinese in their present frame of mind are not disposed to settle the Boycott until negotiations have been opened at Amoy between the British and Chinese Governments. We ourselves have brought to bear all the influence we possibly can on the Merchants and the Guilds, to bring negotiations up to the present stage, and as the agitators at Amoy have shown some desire to meet us, we view with grave concern any condition which His Majesty's Minister at Peking may now seek to impose on the Chinese which could prevent them from raising the boycott against us.

If the present proposals of the Chinese are rendered abortive through the failure of HBM Government to arrive at a speedy settlement of their dispute with the Chinese Government, we are convinced the Boycott will last indefinitely, and we cannot therefore too strongly urge upon HBM Minister the importance of a settlement without further delay, and to emphasise the responsibilities which may attach to any action taken to hinder it.[1]

The B&S agent was keen to end the boycott as soon as possible. He was unhappy that the offer of the organisers to immediately suspend the boycott had been rejected by the British legation, who continued to demand for a complete termination, and he called for the British Minister to reconsider. A few days later, the British Minister did indeed change his mind, and accepted the offer of the protesters. The following letter, from JS&S in London to the B&S Shanghai agent, provides their view of the outcome:

---

[1] Letter from B&S, Shanghai, to Consulate-General, Shanghai, 22 February 1922, SOAS Library: JSS/3/2/4.

March 9th 1922

Dear Sirs,

Amoy Boycott. We confirm telegrams, —

...

Yours of February 27th:

"Boycott–British Minister approves acceptance of Chinese offer–is expected to be withdrawn three days."

Yours of March 1st:

"Boycott has been withdrawn completely. Amoy telegraphing for tonnage." and attach a copy of letter written to the Foreign Office on receipt of your telegram of February 22nd.

We are glad to hear that the Legation have at last taken a sensible view of the question and that the boycott is at an end. The Legation's ill-advised action in the whole Amoy Bund question has merely resulted in considerable loss to us and, we imagine, still greater loss of face to them. It is to be hoped that they will in future realize that present days in China are not suitable for a "gunboat" policy...①

The Swire managers were very critical of the way that the British Legation had handled the boycott. They accused the Legation of trying to follow a "'gunboat' policy", that is, an aggressive and uncompromising negotiating stance. Such a stance, according to the managers, was unsuitable in the contemporary climate, and they asserted that it was necessary to be willing to make compromises in order to reach an agreement. Throughout this time B&S had been concerned simply to end the boycott, and prevent further loss to the company. The Legation, on the other hand, had felt it more important to take a firm stand against the protesters and not give in to what they saw as unreasonable and unjustified demands. In the end, however, under pressure from both the protesters and B&S, they backed down.

The boycott of Butterfield and Swire was the largest originating in Xiamen, and it affected other ports where B&S operated, including Swatow and Shanghai. It shows how events in Xiamen, though considered by many a minor treaty port, could have major ramifications for British trade in China as a whole, and could create disruption and loss of face for as big a company as B&S, as well as for the highest levels of the British official administration. It is not possible, however, to understand this boycott without an appreciation of the unique circumstances of the British Concession in Xiamen. The source of the dispute that led to the boycott was the ambiguity of the status of the reclaimed foreshore area running directly in front of the concession. This had created tension between the British and Chinese authorities since the 1870s, but in a context of increasing nationalist and anti-imperialist feeling, and the growing use of strikes and boycotts as strategies of protest, this long-running dispute took on a new potency. From being a local disagreement about the extent of British-controlled territory in Xiamen, it became the locus of a campaign that challenged, at a higher level, the balance of

---

① Letter from JS&S, London, to B&S, Shanghai, 9 March, 1922, SOAS Library: JSS/2/2/1.

power in the relationship between Britain and China. A major British company had been alarmed by the threat to its business brought about by the boycott, and had acceded to the demands of its organisers. Perhaps more significantly, the British Legation had been forced into an embarrassing climb-down in its negotiations with the protestors, and would now have to reconsider its approach to dealing with challenges to its position in China.

The Amoy Boycott had as its focus the actions of B&S in the British Concession, and more broadly the disputed legal status of British treaty rights in Xiamen. Indeed, as was mentioned earlier in the article, there appears to have been support from Americans living in Xiamen for the claims being made by the protesters against the British. However, the Amoy Boycott was part of a wider series of strikes and boycotts that also affected Gulangyu. For example, one missionary writing at the end of 1922 reported that there had, that same year, been a boycott against a foreign company whose manager was serving as the chairman of the Kulangsu Municipal Council, as a result of a new tax that the Council had been intending to levy.[1] So although the Amoy Boycott had targeted the British Concession in Xiamen, its success had undoubtedly served to encourage action against perceived injustices on Gulangyu also, and against the foreign presence more generally. To fully understand the situation on Gulangyu during this period, it is therefore vital to also have a grasp of the events surrounding the Amoy Boycott of 1921-22.

---

[1] LMS Amoy Men's Work General Report 1922, SOAS Library: CWM/LMS/16/06/2/130.

German Official Presence in Xiamen
——German Involvement in Xiamen After the First Opium War 1842—1917(Ⅱ)

Manuel Rigger 著　李琼花校审*

There are three essential cornerstones of German official presence which influenced life in Xiamen. Two of them were the *Imperial Post Steamer* (*Reichspostdampfer*) and the *East Asia Squadron* (Ostasiengeschwader) which formed the maritime influence. The other cornerstone was of administrative and local nature, namely the German consulate.

While shipping and trade already flourished before the establishment of the German empire in 1871, official German presence only appeared later. The first German consulate already existed in Xiamen since 1859. However, the first consul was a merchant with a focus on his own welfare. The professional consulate was established later in 1886. Especially under Wilhelm II Germany started to quickly expand its naval capacities and began to operate in the East Asian waters. The expansion of the East Asia Squadron and the introduction of the Imperial Post Steamer where the two central units that introduced this change of policy.

This chapter investigates these three official elements and its influence in Xiamen. Since Xiamen was the most important German port in East Asia before the concession in Qingdao, another section investigates why Germany never forced a concession in Xiamen.

5. 1　Germany's Consulate in Xiamen

Already in 1853, Georg Th. Siemssen wrote in a letter to the Hamburg senate that in addition to the consulate in Fuzhou, a consulate in Xiamen would be useful: "Although the place does not directly trade with Europe, coast trade with European ships here and in East India is always increasing, and because of that more and more ships also arrive here. In the last year, Mr. Wm. Mensing, also from Hamburg, established himself there and would be suitable to adequately represent Hamburg". Following, Wilhelm Mensing was appointed as a consul in Xiamen but did not accept the post, since he returned to Europe due to the unstable political condition.[①] The list of registered Germans in Xiamen from 1864 confirms that he also did not

---

* ［奥］Manuel Rigger：厦门大学外文学院　福建　厦门　361005
李琼花：厦门大学外文学院　福建　厦门　361005

① Bernd Eberstein, *Hamburg-China. Geschichte einer Partnerschaft*, Christians, 1988, p.98、103.

return later（see Table 1）.

The first German consul in Xiamen was Charles Julius Pasedag of Pasedag & Co. who accepted the position in 1859 and was also the owner of the company Pasedag & Co. He first represented Hamburg, and later also Hanover, Oldenburg and Prussia. During an absence in 1866, Pasedag appointed Casar Kruger to be his deputy.[①] At this time the German Empire did not exist and not even the Treaty of Nanking was signed. Due to the Chinese principle of equal treatment, Germany could still operate a consulate.

In the Confucian Chinese society, a merchant had a low position which probably negatively influenced communication with the Chinese authorities. Pasedag himself stressed the importance of having a professional consul as opposed to a merchant consul: "For a few years I have already advocated to have a professional consul in Xiamen because Xiamen is Fujian's harbor with most German ships. In Fuzhou, the residence of the vice Governor of the province, German ships are very scarce; and the circumstance where Xiamen has a strong exchange with Taiwan supports the employment of a professional consul even more."[②]

On the 6 July 1869, the British consul W. H. Pedder formally took over the consulate from Pasedag.[③] The same reported on the 3 September 1869 complaints from German captains that Pasedag still continued to transact official business and charged fees by making use of the Prussian consular seal（see Figure 2）. Pasedag denied that he exercised consular function.[④] It seems that he could still continue to work as a consul until Pedder took over again shortly before the arrival of the professional consul Krauel.[⑤]

Figure 1 shows the official stamp used by the consulate in Xiamen after the establishment of the German Empire. Its inscription reads *Imperial German Consulate in Amoy*. The stamp is different from the seal used by Pasedag before the establishment of the German Empire as shown in Figure 2. The old seal reads *Imperial Prussian General Consulate for China*.

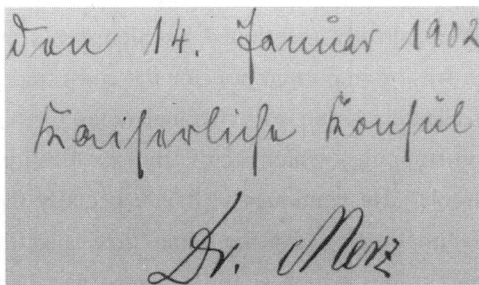

Figure 1: Stamp of the German Consulate in Xiamen next to Merz's signature
资料来源:PA AAR 141824.

---

① Eberstein, *Hamburg-China. Geschichte einer Partnerschaft* 103.

② Eberstein, *Hamburg-China. Geschichte einer Partnerschaft* 103.

③ PA AAR 9208/950: 143.

④ PA AA R 9208/950 145-152.

⑤ PA AAR 9208/950 164.

Figure 2: Earlier Seal of the German（Prussian）Consulate in Xiamen
资料来源:PA AAR 252845.

In April 1874 Dr. Friedrich Richard Krauel as a professional consular took over Pasedag's post. Krauel stayed for six years as a consul in Chinese cities, including Fuzhou, Xiamen' and Shanghai. Starting from 1879 he acted as a consul in Australia.

The big questions is why Xiamen was chosen to have a professional consulate. In this year, the population on the island only amounted to 18（see Table 2）which could hardly argue the need for a professional consulate. In a letter from the 31 August 1873 from Fuzhou Krauel revealed the advantages and disadvantages of having the professional consulate in Xiamen and gave a comparison with the location of his consulate in Fuzhou. Indeed, in it he confirmed that the local population and companies both in Xiamen and Fuzhou were not large enough to justify a professional consulate. However, Fuzhou as the capital of Fujian was the seat of the Provincial Governor and additionally an important harbor for the tea trade, only ranking behind Shanghai and Guangzhou.[1]

Xiamen's advantages were already mentioned by Siemssen's and Pasedag's remark about the shipping traffic: Xiamen was an important port for the coast trade, and the German shipping traffic was high as the next chapters argue. Also Krauel notes for Xiamen that "all interests of the merchants concentrate on shipping, which stems from its location at the sea and its being in every sense an excellent harbor." He continues: "It is especially the coast trade in the further sense that Xiamen owes its importance. At the same time also the importance for German interests base on it. The coast trade, which is for the most part handled by sailing ships, lies mostly in German hands. The Chinese charterers prefer German ships because of their solidarity and the prudence of the German captains. Xiamen as the center of cabotage is also the center of German sailing." Finally he states that the "shipping interests of the South Chinese port claim attention and work of a［potential future］consul. The circumstances between ships and crews, the chartering, the conflicts with harbor pilots and the Maritime Customs and associated

---

① PA AA R 9208/950 181.

incidents require consular protection and already almost exclusively give enough work for an office."[1] As a letter from the 12 January 1874 indicates, his proposal for transferring the professional consulate from Fuzhou to Xiamen was accepted and he started work on the 25 April 1874.[2][3]

On the 26 January 1901, the German consul Dr. Constantin Merz[4] advocated to relocate the consulate back to Fuzhou and let the interpreter act as a consul in Xiamen. It could hardly be an accident that just in 1900 the German shipping traffic came to a minimum never reached before and even further declined in 1901 as Chapter Nine argues. Previously, also M. Jebsen from the shipping company with the same name (see Section 8.2) advised on the 11 February 1898 to the Reichstag[5] to relocate the professional consulate in Xiamen to Hainan, since Xiamen had lost economical importance.[6] Indeed, in 1897 trading statistics which were available for Jebsen showed that Xiamen was also in a low never reached before in this year.

In his letter, Merz gave four reasons for the relocation. The first one was that Fuzhou gained political importance in the last years between 1898 and 1900, although it is unclear from where the higher importance stemmed. The second one was the trade and shipping traffic: "Xiamen no longer has its previous importance for the German trade and German shipping, while German trade and German shipping in Fuzhou have been increasing the last years." The third reason was that a non professional consul, referring to Siemssen in Fuzhou, would have a greater struggle with the Chinese authorities, and the fourth that in Xiamen a service apartment would only be available for the consul.[7]

In a letter from the 5 June 1906, the later consul Lohneysen disagreed with Merz. He argued that Fuzhou did not necessarily have a higher political importance than Xiamen. His arguments for Xiamen are again to be found in shipping, namely in the importance of Xiamen as a harbor for warships. The consul noted that Xiamen "has one of the biggest and best harbors in the world". He argued that the German warships often anchored at the port and that the harbor would "even suffice for the biggest fleet of the world" and thus also for ships like the

---

① PA AA R 9208/950 184, 188.

② PA AA R 9208/950 193-204.

③ His insightful report is confirmed and further investigated in the following chapters of this thesis. Chapter Six and Chapter Seven confirm that indeed the population and local firms were small and their interests centered around shipping. Chapter Six shows that the consulate and its associated court mainly dealt with shipping issues. Chapter Eight and Chapter Nine investigate shipping and confirm Xiamen as an important German port on the Chinese coast. Sailing ships were replaced over time, however German steamers managed to substitute the sailing ships up to a certain level. Only after 1900 German shipping came to an abrupt decline.

④ He already came in 1883 to China and worked first as a consul in Tamsui (Hopf and Walravens 102).

⑤ The Reichstag was the Parliament of the German Empire.

⑥ Bert Becker, Michael Jebsen: *Reeder und Politiker*. 1835-1899. *Eine Biographie*, *Ludwig*, 2012, p.492.

⑦ PAAAR 252853: 1-2.

SMS Bismarck.[①]

Lohneysen was correct by arguing that the general trade volume had been increased, and that Merz's other arguments were only dummy arguments. However, he did not take into account that German trade only occupied a small volume of Xiamen's trade. He also argued that the general shipping development of the port was still increasing, which would not have been a crucial argument for a German consulate either. However, the main shortcoming in his arguments was that he relied on the German shipping average of the years from 1895 to 1904. While shipping in Xiamen was still more significant than in Fuzhou, the consul did not account for the decline in shipping from 1900 on and thus advised to leave the German consulate in Xiamen.[②]

That the consulate was not relocated back to Fuzhou after Merz's letter in 1901 can be attributed to the inertia of the authorities in Berlin. However, it is also possible that Berlin decided to leave the consulate in Xiamen in favor of the warships as argued by Consul Lohneysen. While Germany in the meanwhile took a concession with a harbor in Qingdao, the geographical position and excellent harbor of Xiamen still offered advantages worth to be protected by a consul. Overall, the discussion for the relocation of the consulate shows that Xiamen declined in its importance for Germany which was the result of the stagnation of German shipping. The only advantage that Xiamen could retain after 1900 was its suitability for the German warships.

German consuls and merchants often represented the interests of other nations in Xiamen. Examples include the Flensburger J. Petersen who acted as a Danish consul,[③]Krauel and later German consuls acted as Italian consuls,[④][⑤] and as Dutch consuls.[⑥] Wilhelm Kruse was vice consul for Norway, and also represented twice the German consulate for a longer period.[⑦][⑧] Also August Piehl of Pasedag & Co. was a consul of the Netherlands and vice-consul for Sweden & Norway. B. Hempel of Pasedag & Co. was noted as a consular officer of the Netherlands, Sweden and Norway.[⑨]

---

①　PAAAR 252853 3-6.

②　PA AA R 252853 7-20.

③　PA AAR 9208/950 185.

④　PAAAR9208/950 219.

⑤　PA AA R 9208/953：19, 40, 93.

⑥　PA AA R 9208/953 23, 69.

⑦　PAAAR9208/954：11.

⑧　PA AA R 9208/953 293.

⑨　A list of German consuls with their Chinese name and years of office can be found in (福建省个青资料库).The Chinese Wikipedia contains an article of the German consulate in Xiamen that formats these entries in a more readable way under https://zh.wikipedia.org/wiki/德国驻厦门领事馆.

5. 2   Imperial Post Steamer

Plans to initiate an *Imperial Post Steamer* (*Reichspostdampfer*) line to East Asia already existed since 1872. However, such a project was initially not yet realizable. [1]

The discussion to support the German industry in East Asia with a regular Imperial Post Steamer line came up again and again, and on the 6 April 1885 the line was finally decided by the Reichstag. The first company to apply for the Imperial Post Steamer service was the Kingsin line (see Section 8.1) which applied in the same year. However, their ships were deemed too slow and although it was the only candidate, the company could not secure a contract with the government. [2]

At this time, the NDL (see Section 8.14) was the most powerful German shipping company and although their ships did not satisfy the requirements either, it got the contract for the Imperial Post Steamer line to East Asia, and another one to Australia on the 28 April 1885. The NDL had to build the steamers in a short time and per contract in German shipyards.

On the 30 June 1886, the line came into operation with a four week frequency and the first ship, the *Oder* started its journey over Antwerp, Said, Suez, Aden, Colombo, Singapore, Hong kong and Shanghai. The NDL expanded the line with the big steamers Bayern, Preufien and Sachsen. However, the additional prestige cost the NDL since the subsidized lines were not profitable until 1893.

To fulfill the contract, the NDL expanded further into East Asia and also used the existing *Dresden* and *Munchen* ships to East Asia as Imperial Post Steamer which the government approved on the 29 May 1889. [3] The Prinz Heinrich followed on the 2 January 1895. Besides that ship, in 1897 the vessels Preussen, Bayern, and Sachsen were setting off the first time for East Asia. [4]

On the 3 January 1897 the HAPAG (see Section 8.13) started its expansion to East Asia and also claimed its place in the Imperial Post Steamer service. On the 13 April 1898 the Reichstag officially decided to let the HAPAG operate the mail steaming service together with NDL. At the same time, the contract destined that the frequency of journeys to East Asia had to increase to fourteen days. The contract period started with the 1 October 1899.

The HAPAG started its participation with the Hamburg and Kiautschou. [5] To operate in

---

① Arnold Kludas, *Die Pionierjahre*, 1850 *bis* 1890, Geschichte der deutschen Passagierschiffahrt, Weltbild Verlag, 1994, p.168.

② Kludas, *Die Pionierjahre*, 1850 *bis* 1890, pp.168 ~ 173.

③ Kludas, *Die Pionierjahre*, 1850 *bis* 1890, pp.173 ~ 179.

④ Arnold Kludas, *Expansion aufallen Meeren*, 1890 *bis* 1900, Geschichte der deutschen Passagierschiffahrt, Weltbild Verlag, 1994, pp.100 ~ 107.

⑤ Kludas, *Expansion auf allen Meeren*, 1890 *bis* 1900, pp.108 ~ 109.

higher frequency the NDL bought the ships KOnig Albert and the HAPAG the Prinzess Irene. However, already in 1904 the HAPAG withdrew from the Imperial Post Steamer service. The HAPAG gave the Kiautschou to the NDL in exchange for NDL's six freight steamers. In 1903 and 1904 the NDL also put the ships Zieten, Seydlitz, Roon, Gneisenau, Scharnhorst, Prinz Eitel Friedrich and Prinz Ludwig in East Asia (and partly Australia) into operation.

In 1909, the NDL started to operate the Imperial Post Steamer to Qingdao instead of Nagasaki every four weeks. Since the traded goods were not suitable for transportation with the Imperial Post Steamer, the approach did not lead to a profit.[1]

On the 18 July 1913, the HAPAG tried to enter the Imperial Post Steamer business again by offering to operate it without government subsidizing. However, the First World War got in the way and the business was not initiated.

Apart from the Imperial Post Steamer line to East Asia, another line at the coast of China had also been subsidized although it was not counted as an Imperial Post Steamer. Through a contract from the 30 August 1898, the government allowed the shipping company M. Jebsen to operate weekly ships between Shanghai and Qingdao with two steamers. The service started on the 1 November 1898. Another contract obligated the company from the 1 April on to cover the line Shanghai-Jiaozhou-Yantai-Tianjin in an interval of four to six days. Following, the company bought the new steamers Tsingtau, Knivsberg and Mathilde.[2]

On the first sight, the Imperial Post Steamer had no connection with Xiamen. As indicated above, there was no direct Imperial Post Steamer connection to it. There were only two ports in China that the German government officially subsidized as a Imperial Post Steamer line, namely Shanghai and Hong kong.

However, to begin with, the shipping company M. Jebsen received through it financial government support for his coast line. Jebsen's ships also reached Xiamen and contributed, e.g., 30 percent of the German shipping traffic in 1896. The ships of Jebsen were also one of the few shipping companies that not only survived the abrupt decline in 1900 (see Chapter Nine), but could flourish through the chartering of his ships in Xiamen that were used to compensate the shortage of Japanese steamers during the Russo-Japanese War in 1904 and 1905.

More importantly, the two big German shipping lines—NDL and HAPAG, only started to operate in China through the subsidized Imperial Post Steamer contracts. In a logical sequence, they expanded their business from there to Xiamen where they were first seen in 1899. After 1900, the NDL and HAPAG were among the few German shipping companies that kept operating in Xiamen.

Traveling reports confirm that the Imperial Post Steamer operated besides its subsidized

---

① Arnold Kludas, *Sprunghaftes Wachstum*, 1900 *bis* 1914, Geschichte der deutschen Passagierschiffahrt, Weltbild Verlag, 1994, pp.156 ~ 168.

② Adolf v. Hanisch, *Jebsen & Co. Hong Kong. China-Handel im Wechsel der Zeit* 1895-1945, Selbstverlag, 1970, pp.53 ~ 54.

routes. The Imperial Post Steamer was reported to drive from Shanghai to Hong kong in three days, but to anchor at Fuzhou during the tea season on its return path.[1] Thus, it cannot be ruled out that the NDL and HAPAG visited Xiamen with their Imperial Post Steamer ships, e.g., to transport coolies.

Additionally, the Imperial Post Steamer allowed travelers and goods alike to reach and depart from China. For example, Wegener traveled with the Imperial Post Steamer steamer *Munchen* to China where he also visited Xiamen.[2] Since Hong kong was the trading hub from which German goods reached Xiamen (see Section 7.5), the Imperial Post Steamer contributed indirectly to the German export to Xiamen.

As the name suggests, the operating of the Imperial Post Steamer also allowed the establishment of German post offices such as for Xiamen. The first German post office opened on the 16 August 1886 when the first Imperial Post Steamer arrived in Shanghai. In Tianjin, a post office opened in October 1889, in Yantai on the 1 June 1892. After the lease of Jiaozhou, many new post offices were erected. On the 9 August 1900, a post office was established in the former district of Tanggu in Tianjin, on the 1 September 1900 in Shanhaiguan. The post office in Beijing only opened on the 11 September 1900. On the 1 April 1900, a post office opened in Hankou, and another on the 28 October 1901 in Zhenjiang. In the south of China, the post office in Fuzhou was opened in 1900 before the ones in Xiamen[3] and Hangzhou that were opened two years later.[4]

The German post was first managed from Germany, and starting with 1901 through the central post office in Shanghai. The Imperial Post Steamer operated only in Shanghai and Hong kong. However, starting from the May 1887 also English and French ships transported the German post to Germany.[5] German post from Xiamen was not sent to Shanghai or Hong kong for further transportation. Instead, Xiamen had with Guangzhou and Fuzhou direct shipping connections with Germany that transported the post.[6]

5.3   East Asia Squadron

To facilitate the expansion in the East Asiatic area, Germany initiated the East Asia Squadron (Ostasiengeschwader, 东亚分舰队) as part of the German navy in 1876. The East Asia Squadron was mainly used on the coasts of China and Japan.

---

① Meyers Reisebucher, *Weltreise: Erster Teil: Indien, China und Japan*, Weitsuechtig, 2013, p.241.

② G. Wegener, *Zur Kriegszeit in China* 1900/1901, Bod Third Party Titles, 2011, p.12.

③ Section 6.7 presents details regarding the duties of the post office in Xiamen.

④ Germany. Reichspostministerium, *Postarchiv*, vol. 31, 1903, pp.84 ~ 85.

⑤ Germany. Reichspostministerium 86.

⑥ Germany. Reichspostministerium 86.

The East Asia Squadron was useful for Germany through its sole presence in China. While before, the German merchants were unprotected against foreign countries, the East Asia Squadron now could intimidate potential aggressors and exert pressure itself. Compared to the trading vessels, German gunboats had the advantage to be able to anchor in any Chinese harbors to protect trade or to chase other vessels through the Treaty of Tientsin.[1]

From 1881 to 1883, the East Asia Squadron included the following war ships:[2]

- Flagship and Cruiser Frigate SMS Stosch
- Corvette SMS Hertha (until July 1882)
- Corvette SMS Elisabeth (starting July 1882)
- Gunboat SMS Wolf
- Gunboat SMS Iltis

On the 1 April 1881, the SMS Stosch was initiated to take over the role as a flagship of the East Asiatic warships.[3] Soon after, the SMS Stosch anchored in Xiamen along with the SMS Elisabeth and SMS Iltis, as the German consul reported for 1882.[4] In these early years, the SMS Stosch already came into use to solve a trading conflict, further referred to as the "Sugar Boiling Pan Incident". The Chinese custom office confiscated pans for boiling sugar (Zuckersiedepfannen) that a German business man wanted to use to open a sugar boiling business in Taiwan. The iron pans itself belonged to C. Gerard & Co. The Chinese custom office claimed that a Chinese had a monopoly on this business and seized the pans. According to German sources the local authorities refused to hand back the pans even when the government in Beijing gave the order to do so. The East Asia Squadron arrived on the 28 December 1884 in Xiamen with the SMS Stosch and SMS Elisabeth.[5] As the Customs office still refused to return the pans, a heavily armed landing corps of 300 men blocked the streets to the customs office and broke into it. Without resistance, they retrieved the pans and carried them to the German consulate. Afterwards, they installed 20 marines and an officer at the iron-foundry of C. Gerard & Co. for their protection.[6][7][8]

---

[1] Imperial Maritime Customs. Inspectorate General of Customs. 865.

[2] Uwe Liithje, "Tagebuchs-Auszug betreffend die Reise S. M. S. "Hertha" nach Ost-Asien und den Sudsee-Inseln 1874 - 1877 im Museum fiir Volkerkunde der Universitat Kiel", 2007, p.59.

[3] Liithje 59.

[4] PAAAR9208/950 372.

[5] Liithje 59.

[6] G. Wislicenus and W. Stower, *Deutschlands Seemacht: sonst und jetzt nebst einem Überblick über die Geschichte der Seefahrt aller Volker. Erlautert durch 65 Bilder vom Marinemaler Willy Stöwer*, Grunow, 1896, p.77.

[7] Straits Times Weekly Issue, "Amoy" (15 Jan. 1883), http://eresources.nlb.gov.sg/newspapers/Digitised/Article/stweekly18830115-1.2.4.7.aspx>: 1.

[8] Wislicenus and Stower report (77) that the *SMS Iltis* instead of the *SMS Stosch* arrived. However, the newspapers and other reports all mention the *SMS Stosch* and *SMS Elisabeth*.

Even if the local Chinese authority were right, the "Sugar Boiling Pan Incident" was a golden opportunity for the East Asia Squadron to demonstrate its usefulness to the government in Berlin, the ascent of the German navy to the British, as well as Germany's gunboat policy to the Chinese.

In 1895, when German warships examined the harbor of Xiamen, the Mid-day Herald referred to the incident "They have struck terror into the minds of the Chinese there before. It is only a few years ago that the German flagship 'Elizabeth' landed a force of sailors and marines, and raided the residence of the Taoti [Taotai (道台)①] in order to recover possession of a few iron cooking pans that had been seized from a German subject. The Chinese official took to his heels, and the Chinese were at their wit's end."② Figure 3 shows from left to right the SMS Irene, SMS Kaiser SMS Prinzess Wilhelm, SMS Arcona, SMS Cormoran and SMS Iltis of the East Asia Squadron in the harbor of Xiamen, most likely when the survey of the harbor took place.③ It were also the same ships that were used to invade Qingdao.

In 1900, after the occurence of the "Japanese Scare" and when the Boxer Rebellion started, Wegener reported a high presence of warships "Here, as well as in Hong kong, there are at present many cannon boats signifying the exceptional state. In front of the European settlement, three English cannon boats, one American and one Russian boats are placed. Further away in a branch of the bay, there are no less than four Japanese boats."④ After the incident, the German gunboat SMS Tiger was ordered to go to Xiamen where it arrived after the other ships and was seen on the 3 August 1900.⑤

In a personal talk with Consul Merz, Wegener could confirm⑥ that the burning of the temple was only a spontaneous pretext of the Japanese for their occupation.⑦ The conflict was solved by the gunboat presence and both Japanese and British withdrew their troops. The German gunboat SMS Tiger did probably only play a minor part in it. However, the public opinion of the Chinese probably was in favor of the Germans as reported by Wegener, since the settlement of the dispute occurred with the anchoring of the German warship.⑧

---

① The Taotai was the local authority in the Qing dynasty with which the foreign consuls frequently negotiated about civil and military affairs.

② Mid-day Herald, "Germany and Amoy" (28 Oct. 1895), http://eresources.nlb.gov.sg/newspapers/Digitised/Article/middayherald18951128-1.2.4.aspx>: 2.

③ The label reads *The German Squadron in the Harbor of Xiamen (China). Following a Photograph by Willy Stower.* (Das deutsche Geschwader auf der Rhede von Xiamen (China). Nach einer photographi- schen Aufnahme gezeichnet von Willy Stower).

④ Wegener 44-45, 48-49.

⑤ The Singapore Free Press and Mercantile Advertiser, "Japanese at Amoy", 03 Aug. 1900, http://eresources.nlb.gov.sg/newspapers/Digitised/Article/singfreepressb19000803-1.2.8.3.aspx>: 2.

⑥ British and Americans reported that the cause of the "Japanese Scare" was only a pretext, e.g., see Pitcher, pp.262 ~ 264.

⑦ Wegener 44-45, 48-49.

⑧ Wegener 63.

Figure 3: The East Asia Squadron in Xiamen 1896(by Courtesy of William Brown)

资料来源:Illustrierte Zeitung, "Das deutsche Geschwader auf der Rhede von Amoy (China)", 09 Mar. 1896, pp.562 ～ 563.

Xiamen stayed an important port for the East Asia Squadron throughout its existence, and every year the warships anchored in Xiamen. Through the expansion of the East Asia Squadron, their number increased throughout the years. For example, in 1910 the SMSS Scharnhorst, SMS Jaguar and SMS Iltis anchored two times, and the SMSS Leipzig (whose crew destroyed the Rocking Stone in 1908, see Section 6.9), Nuernberg, Tiger, Luchs, and Taku one time.

5. 4　Xiamen's Potential as a German Concession

The first potential German concession in Gulangyu started with a planned storage magazine suggested in a letter from the 19 March 1875. The letter was written on behalf of Stosch who was the leader of the Imperial Admiralty (Kaiserliche Admiralitaot) between 1872 and 1883. Although the letter did not refer to it, Stosch probably responded to Krauel's suggestion when investigating Xiamen as a location for a German professional consulate, who then mentioned that "Xiamen will presumably still be important for a German Marine establishment".[1]

Stosch claimed that German warships had to transport provisions, materials, inventory, and clothing on their boats since the required goods could not be bought at all, or only in inadequate quality. Thus, he deemed a storage magazine on Gulangyu to be useful. According

———
① PA AA R 9208/950 185.

to him, German warships were sometimes so full that the inventory had to be stored on the steerage where it was in the open air and inaccessible for maintenance.[①]

Stosch judged that Xiamen was in a perfect location as it was situated centrally between Singapore, Yokohama, Nagasaki, Manila, Hong kong and Shanghai. Moreover, the harbor facilities allowed convenient maintenance of the ships.[②]

Not enough, the mentioned inventory could be bought for a low price, it was already "a hub for the coast trade that was exclusively in German hands", and coals as well as provisions were available in a high quality. Stosch asked for permission for his plans, to let a captain of a warship investigate the location and suggested to take the project into account in the budget for the next year.[③]

However, Stosch's plans were from the beginning on unorganized and sloppy. His first letter exhibited exaggerated praising of Gulangyu, containing several contradictions, e.g., when noting that inventory could not be bought but later again stating that the goods were available in good quality for purchase in Xiamen for the storage magazine. Stosch also suggested to assign the maintenance and administration of the magazine to the consul, who would have then had no more time to fulfill his other duties. He also imagined that perhaps the two consul properties could be used for the planned 1280-square-meter big magazine, which was simply unrealistic.

In a writing from the 19 February 1875, Berlin approved the essential direction of his request, although expressing some of the noted objections. Preparations started and the *SMS Ariadne* with corvette captain Kuhne was sent to Xiamen and other places on the coast for investigations. The consul inquired at the local companies for the prices regarding coal and other goods, including Tait & Co., Pasedag & Co., as well as Gerard & Co. The selection of three potential properties included one opposite of Gulangyu on the island of Xiamen, as well as private properties of Gerard and Andersen on Gulangyu, as Section 6.2 shows.

The idea was finally discarded. First, the magazine was noted in the budget with the same price as the alternative project, a hospital in Yokohama. The *Empiral Budget House* (*Reichshausetat*) expressed "serious doubt" for the approval of the magazine with such a course plan and unmentioned budget calculation.[④] Even after resolving this concern, the idea had no chance to be implemented since in the course of the planning the storage magazine developed to a naval base. Also, a later proposal mentions to bring the property "under German sovereignty" after purchase which would in fact have meant a German concession.

That this was a delusional idea without practical significance was noted by Krauel on the 26 October 1876, who stated the concern in a diplomatic manner, as he noted that "the establishment of a bigger Marine establishment in East Asia is neither needed, nor useful". In it

① BArch 22575.
② BArch 22575.
③ BArch 22575.
④ BArch 22575.

he also expressed the additional argument that in the next time only two corvettes and two gunboats (see Section 5.3) were planned to operate in East Asia.[1]

Another time when Xiamen was on the verge of becoming a German concession was around 1895. The German Empire was long born and with the ascent of Wilhelm II, Germany wanted to have a "place in the sun" and form its colonial empire.

At this time, Germany was expanding its navy and trade, but still did not have a base in East Asia. In 1896, Wislicenus et al. complained about the situation "It is clear that an effective strategy of naval warfare requires preparations in peace times. Coal storages have to be constructed at ports of all seas and the colonial ports as bases have to provide all kinds of reserves, coal, ammunition and food. In the Atlantic ocean, in the Indian Ocean, and in the South Seas, Germany only has colonial bases with minor strategical importance. Regrettably, in an area where the German maritime trade is quite strong and where conflicts with other naval powers are of daily concern, no naval base is present. The area I am talking about is East Asia where our diplomacy should have secured a port long time ago, such as Xiamen, to guarantee protection of naval trade during times of peace and war. I hope that this overdue issue will be solved in time!"[2]

Only two years later, Germany seized Qingdao and constructed its naval base in the Jiaozhou bay. That Xiamen could provide reserves, coal, ammunition and food can be seen as a fact through the answers of the companies during the planning of the provision magazine after 1875. Why had not Xiamen as the favorite German port in Asia been chosen as a concession?

In many books, the answer seems straightforward, such as Jing and Muohlhahn who state that the Germans planned the occupation of two places, one in the south and one in the north. According to them, the eventual options were the Zhoushan Island in front of Shanghai in the north and Xiamen in the south, Jiaozhou bay in the north and the Penghu islands in the south.[3] Seemingly, the Germans favored the first pair of Zhoushan Island and Jiaozhou as a suitable port for its navy base. They state that the Federal Foreign Office remarked in 1895 that the Zhoushan Island already belonged to the British since 1846, and Penghu to Japan. Finally, Xiamen as an international concession was also out of question.[4] However, the actual selection of the port predates a longer investigation.

According to Kelly, several people were central in the planning of the potential bases: Admiral Tirpitz, Rear Admiral Otto Diedrichs and Admiral Knorr. They were all leaders of the East Asia Squadron: Admiral Knorr was the leader between 1886 and 1887, Rear Admiral Otto

---

① BArch 22575.

② Wislicenus and Stower 163-164.

③ K. Miihlhahn, *Herrschaft und Widerstand in der "Musterkolonie" Kiautschou: Interaktionen zwis-chen China und Deutschland*, 1897-1914, *Studien zur Internationalen Geschichte*, Oldenbourg Wis-senschaftsverlag, 2000, p.90.

④ Muohlhahn 90.

Diedrichs between 1897 and 1899, and Tirpitz between 1896 and 1897. Latter basically built the German navy from scratch.

Wilhelm II instructed Diedrichs and Knorr to prepare a document about potential naval bases for the 8 November 1895. Diedrichs with more experience in Asia selected Jiaozhou. Knorr instead promoted Xiamen, Zhoushan Island, Jiaozhou and Sansha. On the 4 July 1896, Tirpitz got the orders from Knorr to investigate Xiamen, Jinmen, Sansha and Zhoushan Island. Tirpitz showed an initial preference of Jiaozhou, and was in disfavor of Xiamen because of the "diplomatic strings attached" to it.[①]

Even before Tirpitz's mission, German warships were also reported in Xiamen. Probably, a mission to survey for naval bases was already assigned to Tirpitz's predecessor in the East Asia Squadron, Paul Hoffmann. The Mid-day Herald reported on the 28 November 1895: "Amoy, it would seem, is a famous hunting ground for Germany. That the Germans have their eye on the little island is certain."[②] On the next day, the newspaper reported the actual sightings "We reported that on Wednesday there was a rumor in Hong kong that the German fleet was in Xiamen, and that it was reported there that the Germans were to take the Nanao Island as satisfaction for the outrages on the German missionary stations near Shantou some time ago. By the coasting boats which arrived here today we learn more of the doings of this fleet. On the 13th inst., the German men of war Kaiser Irene, Cormoran and Princess Wilhelm were quietly at anchor, in Xiamen, though there were many rumors ashore as to their intentions. But on the day previous to this the flagship, one cruiser was observed in the harbor of Jinmen surveying. The explanation given of this proceeding by the German residents of Xiamen was that the admiral was examining the capabilities of this harbor to serve as a naval station and the site of a dock yard". After praising the harbor of Xiamen, the newspaper continues "In consequence of the German surveying vessels and the consequent rumors of hostile inventions, many of the well-to-do residents have left for the mainland. But as the survey is now complete, the chances are that these will at once return. As for the report of the Nanao Island being occupied, no further particulars have come to hand, but the opinion of all the men who know the island is that it would make a fine colony."[③]

In August 1896, Tirpitz also led discussions with the Ambassador Eduard von Heyking who proposed to choose Xiamen. Heyking suggested that the Russians were interested in Jiaozhou, since Port Arthur was not ice-free all the year, and that they had sheltered in the harbor before. Tirpitz sent his report on the 13 September 1896 in which Xiamen thus stayed an option "because Tirpitz had learned from British contacts that, despite its treaty status, Britain would make only small difficulties if Germany were interested." However, he favored Jiaozhou

---

① Kelly 118-120.

② Mid-day Herald, "Germany and Amoy".

③ Mid-day Herald, "The Germans at Amoy. (Honkong Telegraph.)" ,29 Oct. 1895, http://eresources. nlb.gov.sg/newspapers/Digitised/Article/middayherald18951129-1.2.8.aspx>: 3.

over all.①

When Wilhelm II asked Heyking for a response he answered that Tirpitz and he had decided that Xiamen would be their choice. Tirpitz was at this time in Zhoushan Island and Heyking gave an immediate answer because he did not want to let the emperor wait. When Tirpitz's report arrived, the emperor was confused and asked Knorr regarding the selected base. As a result, the Chinese Tariff Director Hans Detring was contacted who advocated Jiaozhou.②

However, Tirpitz changed his mind and suddenly voted for Xiamen in a letter of the 7 December since he thought that China agreed that Jiaozhou would be given to Russia. On the 13 April 1897, Tirpitz left for Berlin to become State Secretary.③ On the 6 November 1897, Berlin reached the news that missionaries in Shandong had been murdered. Only six days later Admiral Diedrichs who was Tirpitz's successor in China seized Qingdao. At this time Tirpitz feared war with Russia, but Wilhelm was targeting Jiaozhou.④ That the missionaries were killed in Shandong did not play a major role at this time.

While in the end Jiaozhou was chosen, the previous investigations suggest that Xiamen was on the verge of becoming a German concession. Surprisingly, the British would not even have prevented it. However, a takeover of Xiamen would have still been risky since the Americans and Japanese could have responded with diplomatic or military actions. Especially the Japanese, who were themselves highly interested in the port would have been dangerously near in the newly conquered Taiwan.

In 1906 a last time a potential invasion by Germany was feared. On the 23 January 1906, the German consul reported "false rumors" that had been spread by the Chinese and English newspapers and concerned the establishment of a German coal station in Xiamen. According to them, to accomplish this goal the Germans wanted to buy the New Amoy Dock Company.⑤ However, since Germany had already conquered Qingdao that could serve as a coal station, the establishment of a concession in Xiamen after 1897 was out of question.

5.5   Conclusion

That Xiamen was an important port for German warships is undisputed. Xiamen was also the proving ground for the East Asia Squadron which confiscated sugar cooking pans in 1886. In spite of its importance, Xiamen never became a German concession. That sometimes it stood on

---

① Kelly121.

② Kelly122.

③ Kelly 123-128.

④ Kelly 143.

⑤ PA AAR 9208/953 215.

the verge of it shows the planning to establish a storage magazine in 1875. However, the scope of the project became too extensive and since a storage magazine was not really necessary, the project was discarded. Before the concession of Jiaozhou in Qingdao, Xiamen was again investigated as a potential German navy base. That Gulangyu was inhabited by British, Japanese, American and other nationalities did not seem to play a big role, especially since the British did not lay claim on Xiamen.

Although the Imperial Post Steamer had no direct connection with Xiamen, it played an important part for its shipping development. The shipping companies NDL, HAPAG and M. Jebsen could profit through the subsidizing of the official shipping line. All three companies anchored in Xiamen. Especially the NDL and HAPAG accounted for most of the shipping traffic in Xiamen starting with 1900. Chapter Eight and Chapter Nine both investigate thoroughly how they contributed to the shipping traffic in Xiamen. Through the regular line from Germany to China, German travelers (see Chapter Six) and goods (see Chapter Seven) could arrive and depart from China. The Imperial Post Steamer also allowed the establishment of the German post office in Xiamen as Section 6.7 shows.

The first German consulate was opened in 1859. However, the first consul was the merchant consul Pasedag who misused his authority. In 1874, Krauel became the first professional consul. The main reasons for the opening of the professional consulate were related to shipping and trade of Germans in Xiamen. Discussions started after 1900 to relocate the professional consulate back to Fuzhou. As argued later, with 1900 the shipping declined to a minimum and Xiamen's future importance for Germany was doubtful. However, Xiamen was still a popular harbor for German warships that anchored every year. Probably this was the reason that the consulate still stayed in Xiamen until the end of the First World War.

The next chapter follows with an investigation of local life in Xiamen. It presents a viewpoint that is strictly focused on Xiamen and thus transitions from the previously more general chapters to more specific ones regarding local life, trade and shipping.

记里布与厦门开埠

何丙仲*

一、记里布来厦的日期

亨利·记里布(Henry Gribble)是鸦片战争后,英国首任驻厦门的领事。外文资料表明,记里布原先是英国东印度公司的职员,曾在澳门经商。然而,作为他在厦门时的翻译官,16岁的哈里·史密斯·巴夏礼在日记中则称他为"上尉"。这可能是记里布更早时候曾当兵服役过。记里布和他的继任者阿礼国(Rutherford Alcock)都是军人出身,阿礼国曾经是一名军医,"在西班牙战争中服役。他胸部被刺伤,从此留下光荣的印记"①。

关于记里布到任的时间,根据《厦门的租界》一书所载:"英国侵略军占领厦门期间,1843 年 11 月 2 日,即派舰长记里布担任英国驻厦首任领事。"迄今为止,相关的文章基本上就以此为根据。众所皆知,这个日期是厦门开埠的日子。如果按照这种说法,记里布似乎是同一天才赶来的。其实不然,根据道光朝《筹办夷务始末》福州将军保昌的一篇奏章所载,记里布是道光二十三年(1843 年)九月初四日(按:即 10 月 26 日)到达厦门,并"择于九月十一日(按:即 11 月 2 日)开市"②。这就是说,记里布比开埠的日期早一个星期到任。

二、鸦片战争之前厦门早已开埠

实际上,早在鸦片战争之前厦门已经开埠。16 世纪前期的正德、嘉靖年间,葡萄牙、西班牙的商船就来到包括浯屿、厦门和月港在内的大厦门湾(外国文献则称为"漳州河口")进行贸易。这个时期,大厦门湾与菲律宾之间已形成"一个稳定的帆船贸易"局面③。出口的商品除一部分在菲律宾销售外,大部分通过菲律宾转运至墨西哥。此外,大厦门湾与日本的货运航线也不断发展,16 世纪,逐渐开辟了台湾海峡和琉球群岛往日本的航线,继而又发展

---

* 何丙仲:厦门地方文史专家、文博研究员 福建 厦门 361000

① [英]斯坦利·莱恩-普尔、弗雷德里克·维克多·狄更斯:《巴夏礼在中国》,广西师范大学出版社2008 年版,第 54、64 页。

② 《保昌等奏厦门英官记里布已到定于九月十一日开市折》,道光朝《筹办夷务始末》卷七十,中华书局 1964 年版,第 2783 ~ 2784 页。

③ [英]包罗:《厦门》,载何丙仲编译:《近代西人眼中的厦门》,厦门大学出版社 2009 年版,第 131页。

为厦门至长崎的直达航线。明代中后期起,大厦门湾又逐渐成为华侨出洋的门户之一。明末,郑成功海商集团更是以厦门、金门两岛为基地,大力开展东西洋的海上贸易,其贸易对象主要是东南亚各国和日本,从而奠定了厦门作为海外贸易港口的基础。郑成功之子郑经克绍箕裘,又先后与荷兰、英国等商人发生贸易往来。康熙九年(1670 年)6 月 23 日,英国东印度公司的"万坦·宾克"号商船首航厦门,并在厦门设立商馆。大量的史实足以说明,16世纪以后,厦门早已是对外开放的重要口岸。

清初,台海平定。康熙十九年(1680 年)四月,工部侍郎金世鉴奏请"闽省照山东等处见行之例,听百姓海上捕鱼、贸易、经商,议政大臣议准,俱令一体出洋"。清政府原来拟在江苏云台山、浙江宁波、福建漳州、广东黄埔设立江、浙、闽、粤 4 个海关,而具体实施时,江海关改设上海,闽海关则分为福州南台和厦门两地。康熙二十四年(1685 年)五月,闽海关厦门口的衙署成立①。1685 年 7 月 29 日,英国东印度公司的华商号(China Merchant)货船驶进厦门港,船上的商务员发现公司原先的商馆已变成清朝海关衙门,一切贸易均在被称作户部(The Hoppo)的海关官员的控制之下,所有船只在准许贸易之前都被迫停靠在那里。海关官员通知商务员:所有到达厦门的船只都必须缴付全部进口货物的关税,不管是运来销售或是返运时再载回的,而所有购买的货物均须缴纳出口税②。据英国、日本的相关史料表明,至少在 1730 年之前,英国东印度公司与厦门之间的贸易,并无间断③。

清代以粤海关为主的四大海关,自对外正式开关以后一直到鸦片战争期间,已经形成了一系列基本适合国情的行政管理制度,其中有:(1)关税征收制度:根据船只大小、长宽及载重量和东西洋不等进行定额征税,称船钞、船税,和对进出口货物征收的正税、货税。(2)间接控制外贸和外交的行商制度:凡外船抵港必须到政府指定的行商代为办理欲销购的货物、应缴关税、中外交涉和逗留港内住行等事宜。这种半官半商性质的垄断机构,实际上是中外贸易双方的代理商。此外还有进出口船舶的监管制度和限制、防范外商的各类章程。闽海关厦门正口大体相同。

不过,清代海关制度也存在弊政,其中以户部对各关实行的定额税制——包税制为最。包税制的实行虽然保证了政府的财政收入,但也造成了海关官员为完成定额和满足私欲而横征暴敛。其次是额外征收"规礼",即在正税之外另外加征各种杂费,其实是海关关吏公开向中外商民敲诈钱财。在粤海关,来华洋商是将"规礼"和行商制度视为"两大灾难"。

三、记里布在厦门

早在记里布动身到厦门之前,英国政府已经为五个通商口岸的开埠问题,预先做好了准备。《南京条约》的第十条载明:"英国商民居住通商之广州等五处,应纳进口、出口货税、饷费,均宜秉公议定则例,由部颁发晓示,以便英商按例交纳。"关键就在于"秉公议定"这几个字,条款的英文为 a fair and regular Tariff of Export and Import Customs and other Dues,译成

---

① 见《厦门港史》,人民交通出版社 1993 年版,第 40 页。
② 见[美]马士:《东印度公司对华贸易编年史》第一卷,中山大学出版社 1991 年版,第 57 ~ 58 页。
③ 见姚贤镐:《中国近代对外贸易史资料》,中华书局 1962 年版,第 583 页。

中文文本,并没有本着公平的原则经商议而制定的意思。但昏庸的清朝大吏却把每个主权国家都拥有的关税自主权,轻易地拱手相送。《南京条约》签订后,英国代表璞鼎查就催着赶快"议定"五个通商口岸的税则和税率。经过几番商讨,1843 年 7 月 22 日,《1843 年税则》作为《南京条约》的补充在香港公布,10 月 8 日,在虎门正式签字生效。这个新税则所订的税率仅为"值百抽十"、"值百抽五"两个税级,原船钞改为吨税,按核定的吨位征税,废除所有附加规礼税费。五个通商口岸的税率成了当时世界上最低的关税税率之一。记里布还没到任,厦门港口的门户实际上已被拱开了。

1843 年 10 月 26 日,记里布带着《南京条约》和《1843 年税则》来到厦门落实开埠的事宜。首先,他在厦门找到一处办公的地方。福州将军保昌的奏章写道:"记里布到厦之后,协同查看各处,唯海关(按:地址在今思明区江夏堂)近有关闭之空房一所,与海关紧相毗连,便于稽查。记里布甚为合意,随出钱赁住,以作马头。"①

据外文史料记载,记里布一到厦门就遭遇到语言障碍的麻烦。刚好当时英国外交部外语人才奇缺,没给他配备翻译,他只好从广州带了两名通事到厦门。这两位通事仅能用广东英文连比带划和他交流。来到厦门,他们既听不懂厦门方言,对官场上使用的北京官话也听得一头雾水。有一位美国传教士(按:可能是美国归正教会的雅裨理牧师)想来帮忙,但他只会讲点厦门话,不会说北京官话。最后,记里布只得又雇用了两个厦门本地人,一个曾经在新加坡生活过,懂得一点英语却不会讲北京官话,一个懂北京官话但不会说英文。每逢需要交流,都要通过好几道翻译,记里布和厦门官府的人很难顺畅地打交道②。

关于领事的职责,《南京条约》第二条规定:"大英国君主派设领事、管事等官住该五处城邑,专理商贾事宜,与各该地方官公文往来,令英人按照下条开叙之列,清楚交纳货税、钞饷等费。"在中文的公函上,其正式结衔为"大英钦命驻扎厦门办理本国通商事务领事官"。因此,首任领事记里布来厦门的主要任务之一就是"专理商贾事宜"。

记里布来厦之际,被外商视作"灾难"之一的行商制度,在厦门已近式微。据《厦门志·船政略》的记载,雍正年间厦门已"设立洋行经理"。"至嘉庆元年(1796 年)尚有洋行八家,大小商行三十余家,洋船商船千余号",后因管理混乱,"至嘉庆十八年仅存和合成洋行一家","迨至道光十二三年(1832—1833 年),厦门商行仅存五六家",每年只有"洋驳一二号贩夷……关课日绌,而商行之承办者不支矣"。看来,废除行商制度的事用不着记里布多操心了。从资料看,开埠后,进港的外国商船开始增多。据 1843 年来厦门兼办通商事务的福建布政使徐继畲说:"此时厦门,则夷目、夷商与华人杂处,港内夷船每日不下十余只。③"领馆人员看起来善于忙中取静。1844 年 8 月,鼓浪屿出现疫情,"领事经常去厦门附近的岛屿避难",而翻译官巴夏礼除上班外,还能在鼓浪屿饲养牲畜,"后来的几个月里,他出售了很多猪以及家禽"④。

---

① 《保昌等奏厦门英官记里布已到定于九月十一日开市折》,道光朝《筹办夷务始末》卷七十,中华书局 1964 年版,第 2783 ~ 2784 页。
② 转引自季压西、陈伟民:《来华外国人与近代不平等条约》,学苑出版社 2007 年版,第 394 页。
③ 《松龛先生全集·奏疏》下卷。
④ [英]斯坦利·莱恩·普尔、弗雷德里克·维克多·狄更斯:《巴夏礼在中国》,广西师范大学出版社 2008 年版,第 54、64 页。

1844 年 7 月 3 日和同年 12 月 24 日，清政府分别与美国、法国签订了《望厦条约》和《黄埔条约》。这是两个比中英《南京条约》规定更完备，危害更严重的不平等条约。英国在片面的最惠国待遇"利益均沾"的原则下，也得到"一视同仁"的特权。这些不平等条约，赋予驻在通商口岸的领事更多的权力。这些领事不但为外国商船作担保，还发挥报关的作用。《旧约章》第一册有一段记述其工作程序的话说，英国商船进港后，即将船牌、舱口单、报单等件送交领事，领事根据这些证件，把船只大小、装运货物种类和数量等项通知海关。等到船只卸货、装货之时，再由领事通知海关"公同查验"。英国商船交纳船钞、税银之后，海关发给完税红单，商人即凭此红单向领事领回船牌等件，然后出口。鸦片战争之后，各通商口岸严重的商品漏税走私活动，特别是猖狂地走私鸦片，贩卖华工苦力出口，都源于此。

不过，这些都是记里布离任以后的事。第二任领事阿礼国于 1844 年的 11 月 2 日到达厦门。

记里布在厦门无意中却促成了一件近代史上极有意义的事。鸦片战争期间第一个到厦门布道的美国归正教会传道士雅裨理，在其《中国日记》（原件藏于美国新泽西州的 New Brunswick Theological Seminary）中记载，1844 年 1 月 27 日，福建布政使徐继畬（书中作"钦命专员"）来到厦门，处理开埠通商事宜。记里布请雅裨理帮忙做翻译。雅裨理在日记中写道："在交换一两份文件，并通过亲自或由人代理的多次访问之后，他（指徐继畬）逐渐离开了此前已经展开的话题……询问了我们许多关于地理和各国情形的问题。"徐继畬在雅裨理等人的配合下，终于写出中国近代第一部关于世界地理的著作——《瀛环纪略》。

四、记里布的无理要求

记里布在厦门任领事首尾正好为期一年。开埠伊始，记里布向清政府地方当局的交涉主要有两件，一为要求在鼓浪屿建造领事馆；一为要求让进入厦门的英国商船按在当地所销售的货物纳税，剩下的可以转至其他口岸处理。

记里布提出第一条的理由是："厦门居民稠密，时有火患，其空隙之处，复多坟冢。该夷租屋建房，均有未便，请即在鼓浪屿居住。"[①]记里布一到厦门，就在闽海关厦门口的衙署旁边，租赁了一所空房作"马头"办事。当时因为英军还武装占据在鼓浪屿，所以记里布和领馆人员都在小岛上居住。根据不平等的《南京条约》，到 1845 年清政府赔款分期缴交完毕，英军必须撤出该岛。对此，记里布当然心里清楚，这就很难说他所提出的这个要求，后面没有埋伏别的阴谋。当兴泉永道恒昌转达记里布这项无端的要求时，闽浙总督刘韵珂给予断然拒绝，他认为："鼓浪屿现虽暂准该夷栖止，但乙巳年（按：1845 年）银款交清之后，仍应缴还中国，此时若准该夷在彼居住，恐将来被其占据，即使如约归还，亦恐有名无实，所请断难准行。[②]"他一面向皇帝启奏，一面通过负责外交事务的耆善通知英国全权代表璞鼎查，给予

---

① 《刘韵珂奏厦门英领事请按销货输税并请在鼓浪屿居住折》，道光朝《筹办夷务始末》卷七十一，中华书局 1964 年版，第 2803 ～ 2804 页。

② 《刘韵珂奏厦门英领事请按销货输税并请在鼓浪屿居住折》，道光朝《筹办夷务始末》卷七十一，中华书局 1964 年版，第 2803 ～ 2804 页。

制止。

记里布这个企图最后没有得逞。清政府地方当局允许他在厦门岛内选地建领事馆。"记里布在厦门官地内,择定二处,为建盖夷馆之所。经该道等勘明所择之地,一系官荒,一系水操台废址,堪以给该夷建屋。当与记里布面议,每地见方一丈,令该夷年纳租价银一两,俟其房屋造成,丈量地基若干,照数积算,业据记里布面为应允。"①大概建领事馆的事只进行到这一步,记里布就离任打道回府了。继任的阿礼国后来推翻原来的方案,选定在兴泉永道衙署(按:今少儿图书馆)建造领事馆。

记里布提出第二条的理由是:"因厦门地势僻远,非商贾聚集之区,夷商贩来货物,不能按船全销。请照销数输税,余货贩至他口分销。"②这样明目张胆地进一步侵犯我国主权,而且牵涉到所有通商口岸的无理索求,连列强国家在签订不平等条约时,都不敢提出来,居然出自记里布之口。据笔者推测,其幕后推手就是英国政府。据《巴夏礼在中国》一书所载,"1843 年建立的 5 个领事馆在香港总督和商业总督的办公处都有办公中心"。可见,这些领事随时在执行香港总督和商业总督的指令。

经过闽浙总督刘韵珂会同前福州将军保昌、福建巡抚刘鸿翱等官员讨论后,认为"记里布所称厦门销货不旺之处,委系实在情形,唯按销货输税,为原议条款所未载,事关数省大局,自应筹议尽善,画一办理,未便先由闽省创议更改,致涉纷歧"③,也给予委婉拒绝。当然,事关重大,闽浙总督向皇上启奏的同时,也"移咨耆英等筹商"。

记里布在厦门任内提出来的两项无理要求,不但都没有得逞,据说还为此事被"撤令回粤"。

【附】

保昌等奏厦门英官记里布已到定于九月十一日开市折
[(壬戌)九月十七日发,据原档]

管理闽海关福州将军保昌、福建巡抚刘鸿翱奏:

窃前准钦差大臣耆英移咨:准璞酋照会,派委夷官巴富尔前赴上海,记里布前赴厦门,管理该国事物等因。续又准移到酌定善后章程前来,均经转行遵照。兹据兴泉永道恒昌、协领霍隆武、署厦防同知霍明高、署同安县知县俞益等禀报:巴富尔、记里布已于九月初四日同抵厦港,除巴富尔随赴上海外,所有记里布到厦之时,情形极为恭顺,一经择定马头,即须开市。续据该员等详报:记里布到厦之后,协同查看各处,惟海关近有关闭之空房一所,与海关紧相毗连,便于稽查,记里布甚为合意,随出钱赁住,以作马头。择于九月十一日开市,一切通商事宜,遵照广东议定各款,华夷均各相安。臣等查厦门地方通商,事属创始,一切事宜,期于

① 《刘韵珂奏记里布在厦门官地择定二处建盖洋馆片》,道光朝《筹办夷务始末》卷七十三,中华书局 1964 年版,第 2907 ～ 2908 页。

② 《刘韵珂奏厦门英领事请按销货输税并请在鼓浪屿居住折》,道光朝《筹办夷务始末》卷七十一,中华书局 1964 年版,第 2803 ～ 2804 页。

③ 《刘韵珂奏厦门英领事请按销货输税并请在鼓浪屿居住折》,道光朝《筹办夷务始末》卷七十一,中华书局 1964 年版,第 2803 ～ 2804 页。

行之久远无弊。臣等与在省司道公同酌商,必须由省派员前往,协同核实办理,方为周密。查有护延建邵道福州府知府戴嘉谷,老成干练,在闽年久,熟悉情形,堪以派委。缘该护道留办局务,现在省垣,饬即驰赴厦门,会同该道恒昌、协领霍隆武并督该厅县,将一切通商事务经理尽善,务使民夷悦服,以仰副圣主轸念海疆之至意。再现准钦差大臣耆英咨会:据璞鼎照会,声称福州一口现在无人可派,应暂停开市等因。臣等业已出示,晓谕该处商民人等,如有英夷货船在口外游奕,不准私相买卖交易。

(见道光朝《筹办夷务始末》卷七十,第 2783 ~ 2784 页)

刘韵珂奏厦门英领事请按销货输税并请在鼓浪屿居住折

闽浙总督刘韵珂奏:

查上年(二十三年)六月间,接准钦差大臣耆英咨会,以英夷派令夷官葛林逊带巡船二只,赴闽、浙洋面测量水势,绘画洋图,以便商船往来贸易,并无别故。所有该夷船需用淡水等物,自应准其汲取,沿途无庸阻止,以示抚驭等因。当经前署督臣刘鸿翱通饬遵照。至十二月,葛林逊由宁波迤逦至台、温二府洋面,测水绘图,接见各处官吏,情词恭顺。嗣由浙驶入闽洋,拏获洋盗四十余名,途遇巡洋舟师,将各盗点送查收。本年正月初二日,其船至附省内港,适臣在该处查阅船工,葛林逊闻知,即求地方官转恳谒见。臣以该夷意甚诚恳,自应准其晋谒,以顺夷情,当在该处税关,饬传该夷葛林逊及夷目德黄、辉也等数人进见。该夷执礼甚恭,辞色卑抑,声称伊等系奉璞鼎委令探水而来,并无别事,因在闽省外洋见有盗船行劫内地商船,驶拢救护,抢获盗犯,旋即交舟师查收,听候审明究办等语。臣以该夷护商获盗,具见恭顺效力,当用言向其奖谕,酌量赏给食物,并谕以中国水师各营,拏获洋盗甚夥,尔等获盗,非祇保护华商,亦可保护夷货。该夷等无不鼓舞欢欣。及臣起程回署,该夷等复在道旁俯首立送,至次日即起碇南驶,计此时已可行出闽境。

至厦门地方,自上年九月间,领事记里布到彼开市之后,华夷相安,情形极为静谧。其带兵夷官约束各水手亦甚严密,不敢骚扰地方,可以仰纾宸廑。惟记里布因厦门地势僻远,非商贾聚集之区,夷商贩来货物,不能按船全销。请照销数输税,余货贩至他口分销。又以厦门居民稠密,时有火患,其空隙之处复多坟冢。该夷租屋建房均有未便,请即在鼓浪屿居住等情,由兴泉永道等具禀请示。臣与前福州将军保昌、抚臣刘鸿翱等会筹,记里布所称厦门销货不旺之处,委系实在情形,唯按销货输税,为原议条款所未载,事关数省大局,自应筹议尽善,划一办理,未便先由闽省创议更改,致涉纷歧,当即移咨耆英等筹商。至鼓浪屿现虽暂准该夷栖止,但乙巳年银款交清之后,仍应缴还中国,此时若准该夷在彼居住,恐将来被其占据,即使如约归还,亦恐有名无实,所请断难准行,亦经咨请耆英转向璞鼎谕止。嗣奉谕旨,派令藩司徐继畬随同臣等办理夷务。臣即委令该司驰赴厦门会同查办。现准耆英先后来咨,以江省榷收夷税,将已经报验者照例征纳,嘱令查照核办。至记里布所请鼓浪屿居住一节,该督亦接据璞鼎恳请,因其与原议不符,业已覆绝,闽省应一体严拒等因。臣已转行徐继畬等遵照。惟现据该司等来禀:风闻记里布业经璞鼎撤令回粤,另将夷目李太郭派为厦门领事,一时未能定议等情。已批饬该司,俟李太郭到日妥协筹议。

(见道光朝《筹办夷务始末》卷七十一,第 2803 ~ 2804 页)

刘韵珂奏记里布在厦门官地择定二处建盖洋馆片

闽浙总督刘韵珂奏：

前准钦差大臣两广督臣耆英来咨，英吉利夷酋德俾士，定于七月间自香港起程，赴通商各口，查看贸易情形等因。当经饬属查探去后，兹于八月三十日晚，据报该酋德俾士乘坐火轮船一只，驶进福州港口。臣等当于次日饬令藩司徐继畲出城与之会晤，该酋执礼甚恭，言词极为驯顺，并称伊自香港起身后，先由宁波、上海查看而来，现在福州货船未到，无事可办，拟往厦门察看，即回香港等语。九月初二日早，该酋即开船出口，初三日行抵厦门。时值兴泉永道恒昌因公赴乡，经水师提臣窦振彪率同厦门同知霍明高等，与之接晤，该酋词礼亦甚恭顺。至初五日即起碇回粤。现在福州、厦门两处，夷情俱极静谧，福州因无夷商贩货前来，是以尚未开市。

至在厦门各夷住处一节，臣等前奉谕旨，饬令速为定议，以便来年将鼓浪屿收回等因。钦此。遵即转饬兴泉永道等，向记里布切实晓瑜。嗣准耆英以德酋现拟于本年银款交足之后，将鼓浪屿缴还等因，咨会到闽。臣等复饬兴泉永道转饬记里布知照。旋据记里布在厦门官地内，择定二处，为建盖夷馆之所。经该道等勘明所择之地，一系官荒，一系水操台废址，堪以给该夷建屋。当与记里布面议，每地见方一丈，令该夷年纳租价银一两，俟其房屋造成，丈量地基若干，照数积算，业据记里布面为应允。惟该夷以营造房屋有需时日，将来鼓浪屿缴还后，所驻之夷兵自应全数撤退，其夷官人等仍须在该处暂时栖止，俟厦门新屋成就，再行迁移等情。复经臣等移咨耆英核办。此次德酋在厦门与提臣等言及此事，与记里布所言相同。并称伊回粤后，即当与钦差大臣筹商等语。

臣等伏查道光二十二年原议和约，鼓浪屿本应至乙巳年银款交清后，与定海一同缴纳。兹德酋欲于本年先行退还，自系输诚效顺，永敦和好之意。至其称缴地撤兵后，夷官人等仍须在该屿暂住，俟新屋造成再行迁徙，亦尚近情。但事关大局，不便稍作迁就，应否俯如所请，以示笼络，抑应饬令俟撤兵时，连夷官等一并退出，另在厦门租屋栖止之处，该酋既称回粤与钦差筹商，自应由耆英察看酌办，以免分歧。除将详细情由及厦门现有空房可为夷官租住之处，移咨耆英查核，一面檄饬兴泉永道，催令记里布迅速择定处所，建造房屋。

（硃批：知道了。）

（见道光朝《筹办夷务始末》卷七十三，第 2907 ～ 2908 页）

美国领事李仙得在厦门任上

谢　琰　宁　炜*

在晚清美国驻厦领事中,任职于 1866 年—1872 年的李仙得(Charles William Le Gendre,中文名又译为李善得、李让礼)是个传奇人物。对中国来说,他是怪异又邪恶的存在——正是此人,极力怂恿日本侵占台湾,用台湾作家贾忠伟的话说,他是"美国扩张主义的马前卒"、"'东亚共荣圈'的设计者",也是"日本帝国主义的代罪羔羊"[1]。

1874 年的"牡丹社事件"是日本人第一次侵台,正是雇用了李仙得为外交顾问。李仙得一口气为日本人写了几十篇的备忘录和意见书,教唆日本政府接受台湾番地为无主之地的主张,并帮助外务卿副岛种臣使用奸计骗得了出兵台湾的口实。他还雇船雇员协助日本出兵"征台"。这次日本侵台战争,"从策划到实施,李仙得都积极参与,起了很大作用"[2]。

参与出征台湾的同时,李仙得向日本人进言:"除非将北自桦太岛、南至台湾的一连串行岛加以占有,把中国大陆以半月形势包围,再在朝鲜与满洲兼持立足点,否则不足以保障帝国之安全、制御东亚。"他的建言给日本政府很大刺激,确立了日本占领台湾的决心。日本后来的大陆政策,几乎都是根据李仙得的建议而订的。这正是日本所谓"大东亚共荣圈"的源头[3]。

李仙得为了侵华殚心竭虑,不遗余力。

他个人对占有中国领土的欲望,已超出了美国政府的官方需求。1872 年还在驻厦领事任上时,美国驻华公使批评他潜入台湾,公开与番人谈判等不法行为。李仙得不满美国公使未支持自己的主张,而将自己的主张视为美国政府的主张,甚至不惜得罪顶头上司,越级向美国政府报告,导致丢了工作。在卸职回美国途中,他"叛变"到日本人那里[4]。

1874 年,日本率兵三千六百人攻打台湾琅峤(王乔,下同)地区以牡丹社为主的原住民部落,是为牡丹社事件,日方称为"台湾出兵"。"奇特的一幕出现了:美国官方正式表态,不鼓励日本侵台,可李仙得和另几位退休的美国外交官却使劲怂恿,向日方鼓吹出兵台湾的重要性。日本出兵后,李仙得担任随军辅翼官,制定规划,还介绍美国军人参加。李仙得在牡丹社事件中为日本拟定外交策略以蒙蔽国际视听,并帮日本雇用外籍军人、承租船舰、购买

  * 谢琰:厦门晚报　福建　厦门　361000

　　宁炜:厦门晚报　福建　厦门　361000

①　贾忠伟:《你可能不知道的台湾近代故事》,高手专业出版 2011 年版,第 3～5 页。

②　李理、赵国辉:《李仙得与日本第一次侵台》,《近代史研究》2007 年第 3 期。

③　见贾忠伟:《你可能不知道的台湾近代故事》,高手专业出版 2011 年版,第 3～5 页。

④　见贾忠伟:《你可能不知道的台湾近代故事》,高手专业出版 2011 年版,第 3～5 页。

军火。其目的在于日本占领台湾后,美国人可独占贸易利益,甚至拥有实际的殖民权。"①中国方面得知李仙得在此事件中扮演关键角色,向美国提出抗议。9 月 12 日,李仙得前往厦门与清廷谈判时,遭到美国水兵逮捕。同年 11 月日军撤离台湾,美方遂以李仙得未带兵为由予以释放②。

为了怂恿日本外务卿副岛种臣侵台,李仙得当年不惜胡说八道,称日本曾领有台湾,证据是:"台湾的武器中,亦有日本的刀剑。"他还肆意歪曲否定中国领有台湾的事实,"该处可自大陆方面远望,但未曾前来。日本人虽然距离很远,但于史籍上可见到曾渡航到此。汉人发现台湾是在 1400 年代,如上所示,日本人是在此以前就来此地,此事应该强调。事实上清国并未领有台湾,荷兰人占领之后,后来才交给清政府的"。③

近年来,关于李仙得在中、美、日关系中的作用,有关研究逐渐多了起来。李仙得是个归化美国人,20 多岁娶了美国姑娘,才加入美国籍。他在南北战争中参加北方军队,作战勇敢,官至陆军准将。1866 年,他被指派为美国驻厦领事。在此之前,没有资料表明他与中国有交集。在厦门的六七年间,李仙得转变成了一个憎恨中国,千方百计以损害中国领土与利益的"侵华马前卒"。在厦门任上,李仙得至少写了三本书。第一本是法语写的,笔者看不懂。第二本叫《关于厦门和台湾岛的报告》(*Reports on Amoy and the Island of Formosa. Washington:Government Printing Office*,1871)。第三本的名字赫然就叫《如何对付中国》(*How to Deal with China. Amoy*,1871)。笔者认为,审视李仙得在厦门任上的经历,是探究李仙得对华思想转变和外交观点形成的关键,本文即是往这个方向的一个尝试。

一、简评李仙得在日本侵台中的作用

李仙得在日本侵台中扮演的角色究竟占多大分量?学界对此有不同观点。有一种观点认为,日本学人注重李仙得在侵台历史中的作用,是长期以来的脱罪论诱导所致,故意夸大李仙得及美国人的作用,而隐瞒了日本早就有的侵台意图④。但笔者认为,李仙得对日本人的卖力帮忙,无论是知识上的,还是在策略上的,皆无法在历史上抹去。日本第一次侵台后,李仙得在厦门被继任美国领事逮捕,日本居然愿意出 25000 美元赎他⑤,日本人对他的看重,可见一斑。

李仙得对日本人还有在西方法理上的"启蒙"。大陆学者汪晖认为,李仙得给日本的最重要的建议,就是把清朝经略边疆时对番民关系的区分置于西方主权概念的框架下,重新确

---

① 李理:《李仙得与日本第一次侵台》,载栾景河、王建朗主编:《近代中国、东亚与世界》(上卷),社会科学文献出版社 2008 年版,第 48 ~ 49 页。

② 见李理:《李仙得与日本第一次侵台》,载栾景河、王建朗主编:《近代中国、东亚与世界》(上卷),社会科学文献出版社 2008 年版,第 70 页。

③ 李理:《李仙得与日本第一次侵台》,载栾景河、王建朗主编:《近代中国、东亚与世界》(上卷),社会科学文献出版社 2008 年版,第 58 ~ 59 页。

④ 见贾忠伟:《你可能不知道的台湾近代故事》,高手专业出版 2011 年版,第 3 页。

⑤ 见李理:《李仙得与日本第一次侵台》,载栾景河、王建朗主编:《近代中国、东亚与世界(上卷)》,社会科学文献出版社 2008 年版,第 70 ~ 71 页。

定内外关系。"在这个意义上,日本对台湾的进攻不仅是日本与清朝之间的冲突,也是两种秩序观之间的冲突","传统的秩序观瓦解了"。① 按笔者的理解,汪晖先生是指西方"主权国家"观念与中华传统"天下秩序"观念的冲突,而日本接受前者否定后者,而李仙得正是日本人的"启蒙者"之一。

日本攻击台湾时的借口是:既然当地"生番"不在大清律治内,那么对于"生番"的攻击就不是对大清的攻击。日本人用这个借口显然是懂装不懂。他们不可能不熟悉,在中国治理传统中,分开治理,法律多元是正常的,如清朝治理西南用土司制度,并不直接运用大清律,这并不意味着主权分离,"番地无主"。

台湾学者简皓瑜则认为,清代台湾诸方志中所谓台湾向为"无主之地",此"主"亦非所有权人、使用人之意,而是"天下秩序"的传统中"共主""作主"的"主"。"台湾长期为无主之地,乃历史事实,其概念来自中国多元和合共存的天下观,迥异于西方傲慢的白人沙文主义;而直到清朝,台湾住民(包含原住民)才第一次有了共主、一致的国籍。此所以方志既说'台湾向为无主之地',又说'台湾自古属于中国',毫不矛盾。"②

在近代史中,有些学者动辄抨击清朝官员不懂国际法,愚昧无知导致丧权辱国。笔者认为这种批评有失公允之处。且不说清末的所谓国际法,能有多大程度上的"国际"值得怀疑。彼时东亚处于秩序未定之时,两种秩序观,两种法理本身高下很难说。而且,国际关系的最终决定者是现实力量。谁该用谁的秩序,哪种秩序是"更好",都是力量说了算。即使声称某种秩序更好,如果没有力量,如军事胜利的推行,那么也仅仅停留于一纸空文。

其实,当时的国际社会也没有以"一统天下"的秩序观(法理)来处理国际现实问题,而是基于现实,承认差别的一种综合主权观。

以清末台湾主权为例,在李仙得与日本侵台之前,列强各国是承认中国的藩属传统主权和治权的。李仙得本人也一清二楚,并以美国人治理印第安人来理解:"但土人地方,应归中国管辖,不特他国不得干预,即土人亦不能自主也。此却似从前花旗国人欲辖亚墨利加土人、英国之欲辖阿西亚呢亚及新西兰土人也。"③清政府当时也以台湾府志及户部册籍为证,来驳斥"番地无主论":"番地"并非全无政教,生番要交纳名为"社会饷"的租税,优秀的番童亦要进入社学来学习。④

李仙得在厦门任上,遇上的最大外交事件是"罗发号事件"(本文将专门叙述该事件),从他与清朝地方官交涉的信件中,我们可以看到,李仙得开始同样持台湾番地属于中国的观点,至于后来的改变,乃是为了侵台的需要,并非出于什么"法理"。在取得了"牡丹社事件"的军事胜利之后,李仙得才在上海匿名发表《台湾番区是中华帝国的一部分吗?》(*Is Aboriginal Formosa a part of the Chineses Empire?*)一书,他的"番地无主论"不但给了日本规避侵略责任的理论基础,同时也开启了 20 世纪中期"台湾地位未定论"的一连串争议。

---

① 汪晖:《当代中国历史巨变中的台湾问题——从 2014 年的"太阳花运动"谈起》,《文化纵横》2015 年第 1 期。

② 简皓瑜:《日本侵华从台湾"牡丹社事件"开始》,《远望》(台湾)2015 年 10 月号。

③ 李仙得:《台湾番事物产与商务·论番汉争斗事 1868—1869》,《台湾文献丛刊》46 种。

④ 见李理:《李仙得与日本第一次侵台》,载栾景河、王建朗主编:《近代中国、东亚与世界》(上卷),社会科学文献出版社 2008 年版,第 72 页。

李仙得的这通"理论"当时并未在国际社会获得广泛的共鸣。"列强各国都明白，从中国传统的观点来看，琉球是中国的属邦，台湾更是中国的领土，中国历来称偏远夷族蛮荒之地为化外，台湾生番地乃中国边疆之地，化外不等于无主，日本'伐番征台'就是侵犯中国领土的行为，尤其是事前没有任何行政交涉，这在国际法上是根本讲不通的，所以，他们从各自国家利益出发，很快采取局外中立的立场。"①就连李仙得所在的美国，其官方也不敢认可李的"理论"。就在"牡丹社事件"发生后，新任美国驻日公使平安（J.A.Bingham）在美国使馆接见日本外务少辅上野景范，表示"台湾全岛为清国所管辖"，"将阻止美国船舶及人民受贵国政府雇用"。②

李仙得不惜与美国官方观点迥异，为日本人积极卖命，如果如一般学人解释为美国扩张主义、殖民主义的野心，显然是不够的。笔者认为，其动机或交织着个人的野心。这就必须回溯李仙得来厦门之前的生活经历。

二、李仙得和他的玻璃假眼

今日在互联网查到的李仙得全貌照片，他显得挺拔、英武，是个标准的西式军人模样。他是法国望族出身，又接受高等教育，娶了美国大律师的女儿，自然并非蛮勇之辈。归化成美国人后，在南北战争时，他积极主动，帮助组建了第 51 步兵团，打仗表现出"最引人注目的勇气，直至受伤"③。

笔者还发现他有一张不知年代，留着胡子的侧面照。彼时人们照相是件隆重的事，都想把自己照得越清楚越好，完全半边脸的侧面是罕见的，除非是特殊原因。笔者猜测，李仙得只露半边脸，是因为他的面容已经因战争伤害而变得狰狞。在 1862 年，他被子弹削去了下巴的一角，脊柱也受伤了。1864 年，李仙得又被来复枪子弹夺走了左眼和鼻梁④。独眼龙加没鼻子，这样一来，他的尊容不可能好看了。

作为一名伤残军人，在讲究男子气概的 19 世纪，李仙得或许自豪于自己的残缺。但他的毁容对于他的外交工作是否带来不便，尤其是在与养尊处优的满清官员交往的时候，李仙得是否因此曾受到心理伤害，进而产生对满清官员的愤怒，埋下反华伏笔，笔者不得而知，只能根据人之常情揣度。进一步猜想，台湾"生番"则或许对李仙得的毁容没有厌恶之处，反而因此尊敬这名勇猛的战士，因此在"罗发号事件"中，"生番"和李仙得交流最终很顺畅。

在"罗发号事件"与原住民谈判过程中，作为李仙得翻译的英商必麒麟（W.A.Pickering）在其自传中，记载了李仙得利用他的玻璃假眼吓唬原住民的事：

"李仙得将军在美国战争中无役不与，光荣负伤，他戴着一只玻璃眼睛。我与他秘密协

---

① 李理：《李仙得与日本第一次侵台》，载栾景河、王建朗主编：《近代中国、东亚与世界》（上卷），社会科学文献出版社 2008 年版，第 72 页。

② 刘健：《美英在 1874 年日本侵台中的外交策略差异及其原因》，《赤峰学院学报》（汉文哲学社会科学版）2009 年第 3 期。

③ ［美］John Shufelt：《李仙得传略》，林淑琴译，《历史台湾》（台湾历史博物馆馆刊）2013 年第 6 期。

④ ［美］John Shufelt：《李仙得传略》，林淑琴译，《历史台湾》（台湾历史博物馆馆刊）2013 年第 6 期。

商之后，我们有了一个小阴谋。

……

'过来，我的兄弟们（指原住民），'我加重语气说，'我们不能再浪费时间了。这个伟大的男人生气了。我们必须继续。小心他不高兴：他可不是一般人，他可以做你们闻所未闻的事！'我机警地看了一眼李仙得将军，他正用威严的语气说着美国俚语，他站出一步，把他的眼睛摘下来，投掷在原住民面前的桌上。野蛮人们绝对被彻底吓坏了。他们几乎没有给我们什么麻烦，协议顺利签署了。"①

从必麒麟的叙述可以看出，其时李仙得尚不谙中文。但是在厦门领事任上短短数年，李仙得频繁地接触台湾，学得一口流利的中文、闽南语以及一部分18番社的土语，被称为"台湾番界通"，而且著作颇丰。2013年，台湾出版了《李仙得台湾纪行》一书，全书596页，全部整理翻译自李仙得当年的手稿。不得不承认，李仙得是一个敬业、勤奋而且聪明绝顶的人。

三、战争创伤者李将军

战争绝非只给了李仙得一只假眼那么简单。李仙得也绝非只有战争英雄的豪气，他更是战争受害者。《李仙得传略》的作者认为，"战争的压力不仅使李的心理与生理受到双重的伤害"，"李仙得接受外驻南中国一职的动机，或许可以就目前所称的创伤症候群症状加以讨论"。②

李仙得更因战争失去了一个原本美满的婚姻——1866年，在赴厦门任职的前一年，他的妻子克拉拉（Clara Victoria Mulock）产下一子，但并非他的孩子。"在那段相对短暂的时间内，我好像活了很多年"③，李仙得在给友人的信中说。他谋求驻厦领事一职，远走南中国，仿佛要逃离战争创伤和家庭给他带来的伤害。一别从此是路人，李仙得离开美国后，和妻子再没相见，通信都通过中间人传达，直到1899年在朝鲜死去。

遇见一名纽约少女，改变了李仙得的一生。李仙得的父亲是法国知名的雕塑家和画家，在里昂美术学院当教授。如典型的望族子女一般，李仙得本人接受的是古典教育，曾就读于皇家军事学院，毕业于巴黎大学，文武双全。翩翩贵公子李仙得与美国少女克拉拉之间，究竟如何相遇相恋，有着怎样的浪漫故事，我们现在无从得知了。1854年，在布鲁塞尔，两人在青春韶龄结婚了——李仙得24岁，克拉拉17岁。迁徙是人生的大事，李仙得却义无反顾，很快和克拉拉移居纽约，他因此得以成为美国人，从此效忠妻子的祖国。

我们同样也不知道李仙得的婚后生活究竟怎样，但从现有的资料看，开始是正常的轨迹。结婚两年后的1856年，两人的独子威利（William Charles LeGendre）诞生在新泽西州的

---

① W.A.Pickering：*Pioneering In "Formosa"*，London：Hurst And Blackett，1898，p.200.文内为笔者所译。

② ［美］John Shufelt：《李仙得传略》，林淑琴译，《历史台湾》（台湾历史博物馆馆刊）2013年第6期。关于李仙得的过往记录，可见的很少，相关内容几乎都是来自这本《传略》。

③ ［美］John Shufelt：《李仙得传略》，林淑琴译，《历史台湾》（台湾历史博物馆馆刊）2013年第6期。关于李仙得的过往记录，可见的很少，相关内容几乎都是来自这本《传略》。

纽瓦克市。李仙得还努力经营家庭经济。资料显示李仙得夫妇在密苏里州的牛顿郡拥有40英亩的土地,还投资矿业——李仙得精于地质学。或许战争中断了他在矿业上的经营,使得他在其中并未获得多少财富。从书信中,他提及有时欠债。妻子克拉拉死时,几乎身无分文。李仙得赴厦门任领事时,对在台湾开采煤矿一事仍饶有兴致。李仙得在其《台湾番事物产与商务》中第二部分记载物产,如台湾煤矿的分布地区、采煤的方法与费用以及产煤的数量与价值,都有详细的叙述,更指责中国人阻止开煤的说法很荒唐①。就在1869年,有美商试图用西法在基隆开矿,得到驻厦领事李仙得的支持,却被清廷官员拒绝②。李仙得个人商业野心无法在华得到施展,或许是他转变为反华的一条线索。

究竟是什么造成婚姻的裂痕也无从考起,或许还是因为战争。或许也是因为李仙得作为古典男人的野心和抱负,他把大量时间花在了军旅、外交、旅行和探险,而忽略了与妻子的相处。总之,克拉拉怀上别人的孩子是在1864年,正是李仙得头部受重伤在医院修养,最需要妻子照顾的时候。李仙得从此在书信中,对克拉拉充满了敌意的叙述。

在李仙得远来厦门之前,克拉拉宣布"精神崩溃"必须接受治疗。或许是为了远离人群,掩饰怀孕生子一事,这是当时人们的常见手法。或许是真的,因为在若干年以后,李仙得在日本时,克拉拉还来信抱怨李仙得对她严厉言辞与态度,导致她精神崩溃。

好友、儿子和母亲都试图充当两人婚姻的和事佬,但李仙得仿佛怨气犹存,从未与克拉拉直接通信,婚姻已名存实亡。1872年底,好友波特(Howard Potter)得知李仙得接受了日本人的顾问职务,无限期不回国时,大发雷霆,写信责怪他抛弃妻子,并恳求他宽容克拉拉"不健全的心理",与妻子复合。这封信也许打动了李仙得,次年他送了昂贵的礼物给克拉拉。但随着克拉拉的来信抱怨,李仙得放弃了复合的念头。其实李仙得在收到信时,可能已经和日本艺妓池田丝结婚了(在法律上是重婚),后来又有了一对儿女,故对与克拉拉复合一事,或许已经没有兴趣。李仙得虽然后来赴朝鲜,与池田丝分开,但关系始终不错。日本当年红极一时的女高音歌唱家关屋敏子(1904—1941),正是李仙得的外孙女③。

因此,李仙得对日本的报效,或许包夹着私人际遇和感情。相反,战争创伤者李仙得在厦门任上,与家庭关系始终紧张,处于一种凄凉的状态。这对李仙得在厦门任上展开的外交行动,或许是另一个不得不考量的因素。

四、罗发号惨案的多方视角

战功和勇敢让李仙得获得上司格兰特将军的赏识,后者在当上美国总统后,给了李仙得一个驻厦领事的饭碗。但李仙得来厦门上任不久,他就遇上了"罗发号事件"这个棘手的惨剧。"之后还有1868年的樟脑走私战争——导致英国海军茄当(Gurdon)率舰炮击安平事件,以及数不清的教案、商务纠纷等,不管哪一件事,我们都可以看到这位独眼龙将军的身

---

① 见李仙得:《台湾番事物产与商务》,《台湾文献丛刊》46种。
② 见夏东元:《洋务运动史》,华东师范大学出版社1992年版,第152页。
③ 见贾忠伟:《你可能不知道的台湾近代故事》,高手专业出版2011年版,第53页。

影。"①其中"罗发号事件"是李仙得在厦门领事任上的最大外交事件,也是把李仙得卷入台湾事务的关键事件。自荷兰人1662年向郑成功投降后,两个多世纪以来,未见外国势力赫然插手台湾事务。但是,"罗发号事件"结束了这个漫长的"空档期",在美国驻厦门领事李仙得的主导下,台湾再次被带入国际争夺的视野。

1867年3月12日,美国商船罗发号(Rover,又译为罗妹号)自汕头开往牛庄(今烟台),途经台湾海峡时,遭风漂至屏东七星岩触礁沉没,遇难船员在狮龟岭海岸一带登陆(位于恒春半岛上,垦丁附近),一上岸就遭到龟仔角社(今垦丁森林游乐区旁社顶部落)的原住民"出草",船长亨特(J.W.Hunt)夫妇等13人惨遭杀害。唯一幸免的粤籍华人水手逃至打狗(今高雄),并向官府报告,送交英国领事馆。要说明的是,被杀的13人,根据李仙得的记载,只有4人是美国人,9人为中国人②。

恒春这个地名是1875年沈葆桢命名的,在此之前,台湾南部的半岛区域称为琅峤(王字旁,下同)。琅峤是排湾语,当时排湾人是琅峤的主人。清政府认为排湾人是不开化的"生番",划定"土牛"界限,采取封山隔离政策。琅峤共有排湾"番社"十八个,史称"琅峤十八社"。

龟仔角社的原住民为何要杀掉前来求救的罗发号成员?清朝官员的观点是"生番之凶、豺目兽心、见人即杀者"③。在清代有关台湾的文献里,宦游文人对此多以"嗜杀"解释,并曰"野性固然"④。日本人伊能嘉矩则称:"龟仔角社当时是排湾族中以勇猛著称。有异族人上陆,便予以偷袭杀害。"⑤笔者无意美化或过度阐释"台湾原住民"的"出草/猎首"习俗,但也反对把原住民描绘成疯狂残暴的动物,无来由地杀人。

台湾学者贾忠伟试图解释"因为沟通问题、再加上原住民没有看过白种人,误以为是妖怪"⑥。这个观点笔者不赞同,因为两次鸦片战争中国被迫开放后,时有海盗战舰商船等停靠、侵扰原住民领地,原住民对白种人并不见怪。贾忠伟自己也说,1857年春,美国派出水兵队长辛兹(John D. Simms)以搜救失事船员为名,借机强占打狗(高雄)长达7个多月(这段时间,美国商人吉顿不断地向美国鼓吹并吞或租借台湾,但当时美国陷入南北开战之际无力也无心经营台湾)。⑦

倒是福建台湾镇总兵刘明灯在奏章中说:"奴才伏查此次罗妹船伙被生番所杀,并非无因。只缘五十年前龟仔角社生番曾被外国洋人登山酷杀,几无孑遗,以致世世挟仇,希图报复。"⑧刘明灯还称,这是番社头目卓杞笃对李仙得当面讲的事,应该可信。这似乎表明,此次杀戮是为了报仇。刘明灯据此认为,不应该与生番开战,否则冤冤相报何时了。

---

① 贾忠伟:《你可能不知道的台湾近代故事》,高手专业出版2011年版,第3页。
② 李仙得:《南台湾踏查手记:李仙得台湾纪行》,黄怡、陈秋坤译,台湾前卫出版社2012年版,第3～5页。
③ 李仙得:《台湾番事物产与商务》附录一,《台湾文献丛刊》46种。
④ 李娜:《"出草":一个猎头习俗的文学社会学旅程》,《台湾研究集刊》2011年第2期。
⑤ 梅阴子:《罗发号事件——台湾本属于支那帝国吗》,云程译,原文载于日据时期1900年7月15日《台湾日日新报》,该文是为李仙得1874年所发表的《台湾番区是中华帝国的一部分吗》一文的唱和,作者梅阴子应为日本人类学家伊能嘉矩的化名。
⑥ 贾忠伟:《你可能不知道的台湾近代故事》,高手专业出版2011年版,第3～10页。
⑦ 见贾忠伟:《你可能不知道的台湾近代故事》,高手专业出版2011年版,第3页。
⑧ 李仙得:《台湾番事物产与商务》附录一,《台湾文献丛刊》46种。

李仙得自己倒清楚得很。在与头目卓杞笃见面之前,李猜想"想必(生番杀人)因从前受过我辈不义之事"①。果然,一见到卓杞笃,李仙得就问:"为何杀了我们的同胞?"卓杞笃迅即回答,很久以前,龟仔角社差一点就遭白人灭族,仅有三个人活下来,要他们的后代报仇,但是他们没有船可以追击白人,只能尽其可能地复仇。李仙得则回应:"这样不是会错杀很多无辜的人吗?""我知道",卓杞笃答说,"我也反对这样做,所以才会到保力来找你,表示我的遗憾。"②

以上这段文字摘自李仙得原著的《南台湾踏查手记》中文版,2012年才在台湾出版。这个新史料表明,罗发号惨案事出有因,龟仔角"生番"与洋人是血海世仇,并非无人性无理由的杀戮者。

笔者认为,史学是要探寻过去的真实,应获得多方史料印证,因为史料记录者的视角皆不同。对于罗发号惨案的起因,可惜,排湾人没有文字。在讨论罗发号事件时,很容易看出原住民的缺席。在这些叙事过程里,"唯一共同的描述,则是他们与汉人、清帝国不合,但与西方旅人能够沟通。这个现象其实表述了西方与清帝国两个文化对琅峤原住民及其大头目卓杞笃的不同需求和想象"③。我们也应该清醒地认识到,李仙得的叙述也是出于他的需求和想象。

"惨烈的战争和出色的英雄,随着海潮和山风漂逝。"台湾作家褚耐安写过一本"以历史事件为背景的人类学小说"《牡丹社事件之排湾女头目》,故事就是以罗发号事件为起点。该作者也只能根据美国、清廷、日本留下来的记载,尝试重建排湾人在这段纷争岁月中的主角地位。④

五、海难救助与"八宝公主"

卓杞笃"报仇"的说法很可能与垦丁"八宝公主"的传说有关(现垦丁建有大湾"八宝宫主"祠)。该传说是有一艘荷兰人的船,遇风浪搁浅于垦丁海岸,却遭"龟仔角社"居民杀害。其中一名"红毛番女","其上下牙齿,不分颗数,各连一排。龟仔角番见而异之,悬首示人……相传被杀番女,为该国公主云云……"⑤。传说荷兰人为报复,到山区却找不到部落,后来闻鸡啼声才知番社所在,致龟仔角社灭族(卓杞笃对李仙得说是仅剩三人)。"所以社顶先人

① 李仙得:《南台湾踏查手记:李仙得台湾纪行》,黄怡、陈秋坤译,台湾前卫出版社2012年版,第23～49页。
② 李仙得:《南台湾踏查手记:李仙得台湾纪行》,黄怡、陈秋坤译,台湾前卫出版社2012年版,第91～105页。
③ 简于钧:《重访接触带:从西方旅人视野再见19世纪台湾(1860—1885)》,台湾交通大学社会与文化研究生2012年硕士学位论文。
④ 见褚耐安:《牡丹社事件之排湾女头目》,台湾城邦(麦田)出版社2002年版,序言。
⑤ (清)屠继善:《恒春县志》卷十三:"同治初年,有外国番船一只,遭风漂至鹅銮一带,被龟仔角番戕杀多命。"

不饲养鸡鸭,且不吃鸡。"①

"龟仔角社的番人原本不杀女子,但当大伙儿抬着战利品回到部落时,其中一名勇士因猎物不多,再折回海边搜寻,恰巧碰上逃过一劫的盛装女子(一说主仆二人),勇士为了颜面及炫耀,于是开了杀戒②,并带回八项战利品……荷兰木鞋、丝绸头巾、珍珠项链、宝石戒指、皮箱、宝石耳坠、羽毛钢笔、纸。垦丁人于是称她'八宝公主'。"③

但是,"八宝公主"的传说充满时代上的混乱,却充满史实上的可能。比如类似的例子,明崇祯五年(1632年),西班牙船遇台风漂流到"蛤仔难(宜兰)",船上载有50余名人员(包括西班牙人、汉人等),被当地的土著所杀害。设在淡水的西班牙殖民统治据点,即派兵转至蛤仔难,从事报复的行动,共烧毁了七个土著的村落④。

本来海难失事虽是惨剧,但在拥有漫长海岸线的环中国海域却屡见不鲜,而且明清两朝都有在宗藩体系框架下的难民救助政策。随着西方人往来的频繁,在台湾海域遇难的外国船只反被当地居民打劫杀戮的次数也多了起来,滋生的涉外海事纠纷与冲突也多了。"如何处理船难问题,成为一个国际重要事件,如外交协调及军事冲突等。"⑤据台湾学者汤熙勇梳理,船东国的反应大致分为三种:一,透过外交途径要求赔偿;二,私下派员访查与搜救失踪的人员;三,以武力侵略,寻求报复。⑥ 其中,笔者认为,前两种是正当途径,而且也是大多数事件的处理办法,虽然外国在赔偿问题上经常狮子大开口,但毕竟还是尊重中国主权的做法。

以武力寻求报复的不多,而且多是外国商人愤怒报私仇,规模也不大。而外国以官方名义,未事先知会中国政府,而擅自采取大规模军事报复的手段,其记录共有两次,一起就是罗发号事件,第二起是牡丹社事件,这两件事的主角,都是美国驻厦领事李仙得。而李仙得以处理罗发号事件为缘由,竟然开始挑战起中国对台湾的主权归属。

台湾的海岸没有变,中国的体制没有变,赔偿救助政策也没有变,变化的是19世纪晚期蒸蒸日上的美国,急不可耐地要秀出它的帝国主义肌肉。军人出身的美国驻厦领事李仙得,正是这个青壮年美国的象征。

---

① 汤熙勇:《近代东亚海域的海难救助及争议——以台湾的外籍船难与救助为中心》,www.imce.ntou.edu.tw/ks/images/Tang-nandout.pdf。

② 另一种说法是原本在战乱之中,即已误认该女子为男人而杀之,李仙得在《南台湾踏查手记》就采用此说法。

③ 刘启瑞:《八宝公主传说》,http://hctotrue.myweb.hinet.net/story3.html,2015年2月10日。

④ 见汤熙勇:《近代东亚海域的海难救助及争议——以台湾的外籍船难与救助为中心》,www.imce.ntou.edu.tw/ks/images/Tang-nandout.pdf。

⑤ 汤熙勇:《近代东亚海域的海难救助及争议——以台湾的外籍船难与救助为中心》,www.imce.ntou.edu.tw/ks/images/Tang-nandout.pdf。

⑥ 见汤熙勇:《近代东亚海域的海难救助及争议——以台湾的外籍船难与救助为中心》,www.imce.ntou.edu.tw/ks/images/Tang-nandout.pdf。

六、"不隶版图"和"不载版图"的一字之差

对于中国,台湾孤悬海外,安全一直是很大的问题。曾武装侵台的外国势力,除了荷兰、西班牙、法国还有长期占据的日本等等。也许很少人知道,美国也曾发起侵台的战斗,恒春也是美海军陆战队的流血之地。

1867 年 3 月 13 日,罗发号惨案发生。同月 26 日,一艘停泊在高雄的英国军舰赶往了事发地点恒春,上岸试图搜寻幸存者,但遭到原住民的伏击,草草收队。英国人相信罗发号再无幸存者,唯一能做的,就是惩罚报复。美国驻厦领事李仙得也这么认为。他听闻惨案后,立刻搭乘美舰亚士休洛号(Ashuelot),急匆匆赶到台湾府(台南)。[①] 与台湾军政官员会面时,已是 4 月 19 日,带兵前来的李仙得咄咄逼人,要求台湾官员严惩土著,却遭到婉言拒绝。[②]

台湾镇总兵刘明灯对朝廷的奏折上说,这事急不得,得从长计议,"总当从长图之,以彰国家柔远之意,以杜外人挑衅之端"[③]。这原文有两层意思,一是对朝廷怀柔的治番政策一以贯之,二是拒绝外人干涉我内政,尤其是挑起汉人与原住民的争端。

回溯中国历代朝廷治番,向来以安抚感化为主,对自己的文明相当的自信,也有相当的耐心。生番未读圣贤书,不可理喻是自然现象,那就让他们自治,等他们开化。虽然清代不乏对番人的流血征伐,但"征之使畏,抚之使顺",所谓"千古驭番之法"。在诸多清廷官员的笔下,仍可以看到对番人的真切同情,往往建议朝廷对番人加以保护。"这种带有儒家的人本、生民意识的吁求,与本身亦为'少数民族'出身的清政权在边疆少数民族问题上相对开明的政策,某种程度上是有共同基础的。"[④]

因此刘明灯等官员反而劝阻李仙得别去对生番开杀戒,而是遵守"土牛之禁",严守土牛墙为界,不要进犯生番的地盘。

这个土牛墙,在清官员看来,这仅仅是一道隔绝汉番的界限[⑤],有好几种功能。一纯粹是因治安问题而起,以杜绝"番害",生番时不时出草猎头是汉移民的梦魇;二是保护番产,防止汉移民对土地开垦的贪婪侵害原住民的利益;三是避免汉人和番人勾结起来,对满族政

---

① 见李仙得:《南台湾踏查手记:李仙得台湾纪行》,黄怡、陈秋坤译,台湾前卫出版社 2012 年版,第 23 ~ 49 页。

② 见李仙得:《台湾番事物产与商务》附录一,《台湾文献丛刊》46 种。

③ 见李仙得:《台湾番事物产与商务》附录一,《台湾文献丛刊》46 种。

④ 李娜:《"出草":一个猎头习俗的文学社会学旅程》,《台湾研究集刊》2011 年第 2 期。

⑤ 在彼时的李仙得和今天某些"台独"历史学者眼中,这矮矮的土牛墙就是"主权"的标志。其实在美国,至少在新英格兰地区,早期的白人移民也是筑长矮墙对付印第安人的,笔者在美就读时,曾亲眼看到矮墙遗迹。但美国白人除了认为印第安人的皮可以做靴子,哪承认他们有什么"主权"?李仙得事后抓住土牛墙的话题不放,让沈葆桢痛下决心,彻底拆掉了土牛墙的界限——这已是后话了。

权造反。①

为了打消李仙得进兵番界的念头,刘明灯们还晓之以理:别惹生番,这是为你好,生番地界凶险,我们对他们的地理环境一无所知(我们没有相关地图),你去了也打不赢。

但是李仙得把地方官的这番好意的话,曲解成生番之地不属于中国版图。今天一些学者也引用"查台地生番,穴处猱居,不隶版图,为王化所不及"②的话,以说明清朝官员没有主权意识。笔者却在地方官们的奏章上,看到原文是"台地生番穴处猱居,不载版图,为声教所不及",或者说"人迹所罕到,亦版图所未收"。

"隶"与"载""收"的一字之差,失之千里。前者是说归属问题,后者只是说地图还没画好——当时荷兰人和洋教士的地图上也没画好。从奏章上看,地方官虽然认为"凶番不归王化",但对土地的主权归属是清楚的,"南路凤山县所属"③。即使有个别官员确实说错话,也只能代表某个地方官犯浑,不能代表中央的意思。处理外交的总理衙门负责人恭亲王对此就高度警觉,针对罗发号事件,他发文告诫地方官:"生番虽非法律能绳,其地究系中国地面,与该国领事等辩论,仍不可露出非中国版图之说,以致洋人生心等因各在案。"④土地的主权归属问题,中央才有权利解释,恭亲王的话已经说得很清楚了,而且预见了洋人将来的招数。

台湾地方官员苦口婆心了一通,又答应责成凤山县查处这件案子,以为把李仙得成功劝走("欣然扬帆而去"⑤)。其实李仙得心怀叵测地留在台湾整整十天。他在书中说得很清楚,一是看看中国官员是否信守承诺,二是搜集情报,以便将来美军军事报复时使用。⑥

身为美军准将的李仙得,念念不忘的是以暴制暴,而日后他念兹在兹的"主权"一词,此时仿佛不存于他的脑海中。他与中国地方官的对话表明,这不是文明的冲突,而是文明和野蛮的冲突。

七、为"惩戒"原住民李仙得献计

富有作战经验的李仙得在实地探查之后,军事策略上有所改变。当然,基本思想还是典

① 见周翔鹤:《制度、地方官、"汉番关系"——关于清代台湾"番政"形成的一些考察》,《台湾研究集刊》2004 年第 3 期。

② 引用为"不隶版图"的文章可见陈政三:《李仙得将军与卓杞笃酋长》,http://ihc.apc.gov.tw/Journals.php?pid=619&id=762,2015 年 3 月 12 日;亦可见安京:《清朝消极治台政策与台湾行政区划的设置》,《中国边疆史地研究》2008 年第 3 期,注称引自沈云龙主编:《近代中国史料丛刊6(611)》筹办夷务始末卷五十,台湾文海出版社 1966 年版。但笔者查上海古籍出版社 2013 年影印版《续修四库全书》的《筹办夷务始末》同治卷五十第 257 页,为"不载版图"无误,应以影印版为准。另见李仙得《台湾番事物产与商务》附录一也是如此记载。

③ 李仙得:《台湾番事物产与商务》附录一,《台湾文献丛刊》46 种。

④ 《筹办夷务始末》同治卷五十,载《续修四库全书》,上海古籍出版社 2013 年版,第 259 页。

⑤ 李仙得:《台湾番事物产与商务》附录一,《台湾文献丛刊》46 种。

⑥ 见李仙得:《南台湾踏查手记:李仙得台湾纪行》,黄怡、陈秋坤译,台湾前卫出版社 2012 年版,第 23 ~ 49 页。

型的美国人"大棒加胡萝卜"那一套,李仙得说:"我们深切相信,唯有依赖强大的武力为后盾,谨慎地与这些原住民进行协商,才能改变他们对待外国人的方式。"①

李仙得认为,恒春地形困难,如果未取得汉人和混生(汉人和原住民的混血)的协助,单凭美军的力量,绝不可能用武力让原住民屈服就范。因为汉人、混生和原住民是互利的族群,前者为后者提供所有的弹药和军需品。

按李仙得的战略设想,若要取得对原住民的军事胜利,第一,必须依靠中国地方政府的压力,迫使汉人、混生不援助原住民;第二,依靠清廷官兵袭击原住民沿岸所有据点,并出面劝告原住民停止对外人的暴行。否则,李仙得警告,美军的军事惩罚将严重挫败。

绕了一圈,李仙得还是认为有求于中国地方政府。笔者仔细想想,在积弱之晚清,这是把当时的地方官员放在历史的火架上烤。地方官若是协助美国人报复原住民,在后世的一派历史学家眼里,这是封建朝廷勾结帝国主义镇压本国人民的铁证。若是地方官不理睬美国人的要求,另一派历史学家会指责清廷官员懒政,又没有主权意识,导致了美国人侵略。台湾地方官员似乎也深知他们的困境,后来采取出兵而不打的策略,但依然遭受当今流行历史观的指责。"中国地方官吏在版图问题上的模糊态度,导致了外国列强对中国领土的觊觎。"②

可是,美国亚洲舰队少将司令贝尔(Henry Haywood Bell)当时完全无视李仙得的建议,大概觉得他小题大做,对付那些穿着破布手拿弓箭的原住民,英勇的海军陆战队还不手到擒来,哪需要什么中国政府的帮忙? 6 月初,贝尔决定亲自率舰队前往原住民地域,"执行中国政府未能做到的惩戒工作"。③

李仙得一看既然要打,又上前献了一招声东击西的计策。他建议美军陆战队在两个地点登陆:一是在白砂(今恒春镇大板埒),此地登陆原住民无法看见,可派 100 名士兵以高崖为掩护,直攻原住民的老巢龟仔角社,吸引部落主力抵抗,同时,另派一小组海军陆战队武力控制大树房庄(汉人和混生居住的村庄);二是(强迫)大树庄村民为向导,派 200 人在猪捞束港河口(今港口溪)登陆偷袭,此地无灌木丛,都是田地,有道路便于快速行动,河口就是原住民的最要紧聚居地,美军可放火烧之。这时候部落的战士应该都在第一登陆点抵抗,等发现部落被烧,回去救火时,美军可从容撤退,达到惩罚报复的目的。

李仙得此计不可谓不毒。可惜的是,当然是原住民之幸,骄傲的贝尔司令根本未采用李仙得的计策,远征时没找他商量,也未带上他随行。④

不过话说回来,我们是从李仙得自己写的书上得知他的战略战术构想的,是不是为了推责或是自我吹嘘的事后诸葛亮,我们不得而知。再说,战场瞬息万变,兵贵神速。若是美军动向被原住民提前察觉,或者大树庄的村民故意带错路,李仙得冒险分兵,也许小股部队反而容易被原住民包了饺子。另外,在李仙得笔下,贝尔司令是那么无知无识刚愎自用,完全

---

① 李仙得:《南台湾踏查手记:李仙得台湾纪行》,黄怡、陈秋坤译,台湾前卫出版社 2012 年版,第 23～49 页。

② 安京:《清朝消极治台政策与台湾行政区划的设置》,《中国边疆史地研究》2008 年第 3 期。

③ 李仙得:《南台湾踏查手记:李仙得台湾纪行》,黄怡、陈秋坤译,台湾前卫出版社 2012 年版,第 23～49 页。

④ 李仙得:《南台湾踏查手记:李仙得台湾纪行》,黄怡、陈秋坤译,台湾前卫出版社 2012 年版,第 23～49 页。

视领事的意见如粪土,很不合常理,按李的解释是"很奇怪"①。

反正,贝尔司令带着他那不怕死的海军陆战队,在龟仔角前方登陆。此地是李仙得最反对的登陆地点,也是最初英国军舰登陆而被击退的地点,美军也同样遭到了铩羽而归的命运。

八、"两栖作战的先驱"败给了"野蛮人"

20 世纪以来,美国人在亚洲的战争都有一种"悲催"的观感——即使是正义的对日作战,也有扔下 8 万人集体投降日军的巴丹之役,遑论非正义的韩战和越战。这种"悲催"的历史其实可以上溯到 1867 年 6 月 13 日,美海军陆战队在台湾恒春"惩罚野蛮人"的失败。

该次战役并非美国人所声称的,只是一次简单的惩罚行动。而是一次企图占领台湾的试探性战斗。就在李仙得离台之后,美国驻香港领事艾伦(Isaac J. Allen)向当时的美海军司令佩里(Matthew Perry)和国务卿帕克(Peter Parker)鼓动"获得"台湾——"为了保护本土利益"和"美国商业的最大繁荣"②。艾伦建议美国武力夺取或购买台湾,既然欧洲列强在远东都有基地,美国也应该有,以保护自己的利益,并阻止列强染指台湾。

美国亚洲舰队少将司令贝尔(Henry Haywood Bell)正是在此背景下,展开了登陆行动。他召集了 178 名(一说 181 名)海军陆战队员,带了 5 门炮、120 支长枪,以及 4 天的供应和水。6 月 13 日早上,贝尔的旗舰哈佛号(Hartford)和军舰怀俄明号(Wyoming)出现在恒春。

整个战斗,美军稀里糊涂地冲锋、追击和撤退,连到底有没有看到过原住民也是一个谜。据李仙得转述贝尔司令写给他的一封信里称,"这些人赤身裸体,只缠着腰布,身上涂着红彩","他们的武器是闪亮的滑膛枪,不见任何人持弓箭"③。从目前的资料看,包括美国海军军史,贝尔的所见是至少在两英里(约 3.2 千米)外,从望远镜看到的,而且这表明,原住民对美军的偷袭早有预备。但是对于投身战场的官兵们,什么也没看到。

树丛成了美军失败的原因。指挥官贝克那(Belknap)的部队一上岸向山上进军时,就遭到了看不见的敌人的枪火。敌人们极其灵活,对地形非常熟悉,在美军接触他们的藏身地之前,就已经溜走了。④ 事后一名军官也对《纽约时报》抱怨说:"敌人若不开枪冒烟,我们不可能知道他们的藏身地点。我们在平坦之处,被一览无遗,对敌人来说就是公开的靶子。他们藏身灌木丛之中,十英尺之内也无法被发现。"⑤

---

① 李仙得:《南台湾踏查手记:李仙得台湾纪行》,黄怡、陈秋坤译,台湾前卫出版社 2012 年版,第 23 ~49 页。

② 刘健:《美英在 1874 年日本侵台中的外交策略差异及其原因》,《赤峰学院学报》(汉文哲学社会科学版)2009 年第 3 期。

③ 李仙得:《南台湾踏查手记:李仙得台湾纪行》,黄怡、陈秋坤译,台湾前卫出版社 2012 年版,第 23 ~49 页。

④ Robert Erwin Johnson:*Far China Station*:*The U. S. Navy in Asian Waters*,Naval Institute Press,2013,p.307.

⑤ *THE PIRATES OF "FORMOSA"*:*Official Reports of the Engagement of the United States Naval Forces with the Savages of the Isle*,NEWYORK TIMES,August 24 1867.

《两栖作战的先驱》一书则引用了另一名军官福尔尼（Forney）对指挥官贝克那的报告："浓密的无法穿越的灌木阻止了我军迅速前进，我追击他们大约半英里，没有看见任何敌人，只好停下来等待命令。"①

经过数小时徒劳的追击搜寻，美军只好停下来休息，但又遭到原住民的冷枪。李仙得叙述说，美军还迷了路。为了躲避敌军狙击手，中尉指挥官麦肯基（Mackenzie）以手势和叫声，让士兵们冲锋，埋伏的敌人响起一阵精确的枪火，"一颗子弹正中勇敢年轻军官的心脏"②。后来，该军官的尸体埋在了台湾英领馆的花园内。

南台湾的太阳，也被描述成了美军的敌人。许多人中暑了，军官福尔尼说是"强烈的、烤人的热浪"，连指挥官贝克那也中暑了，所以，"不得不撤退"③。笔者对此借口存疑，要知道那只是公历6月，而且美军在岸上时间是早上9点到下午两点（一说4点），晒几个小时的太阳能导致美军战斗力丧失？要不美军是"草莓兵"，不然就是军队报告的"春秋笔法"。

总之，美军自称是遭到"重大伤亡"。"原住民比这些人（汉人）描述的还可怕。"司令官贝尔说，原住民的战术和勇气，与他们的印第安人旗鼓相当。在写给李仙得的信中，贝尔最后说，原住民有公牛，数了数，"有14只在沙滩上吃草"④。

九、李仙得和清地方官的吊诡论战

美军铩羽而归，远在厦门的领事李仙得得知后，马上写信给在上海的美国亚洲海军贝尔司令，要求他拨出一艘炮舰，让李仙得去台湾"劝服中国人"⑤。在6月22日，他又写了一封长信给台湾总兵（镇台）刘明灯及兵备道（道台）吴大廷提出尖锐批评，指责他们未履行1858年的中美《天津条约》的规定。

李仙得这封信同时是对之前刘明灯及吴大廷来信的回应和批驳。同年9月24日，美国国务院认可了这封信，即该信代表了美国官方观点。

1858年的中美《天津条约》是个不平等条约，全文30条，尽数规定了美国人的权利，无一条关于美国人的责任。比如规定美国官船至中国近海，该处中国地方官应就采买食物、汲取淡水、修理船只等给予协助。若美国船只被毁、被劫，应准美国官船追捕盗贼。若美国人受到匪徒侵害，地方官须立即派兵驱逐弹压，严拿治罪，以保护美国人。

条约即使不平等，若按契约精神，也是应该执行的。但地方官执行起来的态度、力度就非常可疑了。中国官员阳奉阴违、互踢皮球那可是专长。台湾的地方官员刘明灯及吴大廷

---

① Leo J. Daugherty III：*Pioneers of Amphibious Warfare*，1898—1945，McFarland，2009，p.10.

② 李仙得：《南台湾踏查手记：李仙得台湾纪行》，黄怡、陈秋坤译，台湾前卫出版社2012年版，第23～49页。

③ Hih-Shan Henry Tsai：*Maritime Taiwan：Historical Encounters with the East and the West*，New York：Routledge，2014，pp.117～120.

④ 李仙得：《南台湾踏查手记：李仙得台湾纪行》，黄怡、陈秋坤译，台湾前卫出版社2012年版，第23～49页。

⑤ 李仙得：《南台湾踏查手记：李仙得台湾纪行》，黄怡、陈秋坤译，台湾前卫出版社2012年版，第23～49页。

等人,为了逃避《天津条约》的责任,自作聪明越权擅自解释条款,6 月 3 日写信给李仙得,声称土番不属于中国领土领海,因此不适用该条款。①

这封台湾官员的来信显然激怒了李仙得。在 6 月 22 日长信中,他首先不满台湾官员拖拉延迟的答复,说如果对这个有疑虑,为什么不早说,当初虚与委蛇,害得我们丧失了援救的第一时间。他还警告中国政府,不能说番地不属于你们管辖,"文明国家有义务让台湾这块地域不受任何野蛮族群盘踞,假设中国政府没有这样做,无论是声称管辖权不及于此,或是没有能力或权力去执行这任务,外国势力只好加以接管"②。

李仙得接下来谆谆告诫中国官员,"台湾土著的情况类似当今仍在美国广大领域生活的印第安人。我们会对外国坚称,印第安人生活领域完全在我们管辖范围内"……"如果你们认定这块土地属于蛮荒未垦之地,那就等于承认任何势力可以先占先赢"。③

李仙得还从事实出发,驳斥了番地不属中国的观点。他说,事实上,中国政府早就采取了类似美国人对待印第安人的做法,比如允许汉人在台湾开垦番地,并持刀带械,驱赶在地土番,在"法体上(de facto)"确认了番地主权在中国。

不仅如此,中国政府还订立了"极为苛刻的律令",控制汉人和土人的交易活动。李举例说:"台湾最重要的外销商品之一樟脑,即是取自深山土人境界。任何外人禁止入内采伐,或是经营出口贸易。只有中国政府享有全权出口贸易的权益。任何侵犯这项专卖独占权利者,一律处死。"李仙得在信中指出:"事实上,过去两百年来,中国政府一直强悍地宣称享有土人全境的最高权力和统治权。"④

这两封信的交锋非常吊诡和反讽。中国的地方官员声称:中国对这地方没主权,这事不归我管。而美国的驻华外交官则反驳:中国对这地方有完全主权,就是该你管。所不同的是,中国地方官员的观点被中央(总理衙门)否定了。⑤

相反,李仙得的观点为美国国务院所肯定。李仙得后来再抛出"番地无主论",无异于自打耳光。清廷地方官员有关于"番地无主""化外之地"的说辞,仅是一时的推托,不能作为援引的法理依据,可惜还是引起了李仙得的注意,后来并援引利用,作为殖民主义扩张的借口。

---

① 根据李仙得在《南台湾踏查手记》一书中所附的版本。

② 李仙得:《南台湾踏查手记:李仙得台湾纪行》,黄怡、陈秋坤译,台湾前卫出版社 2012 年版,第 23～49 页。

③ 李仙得:《南台湾踏查手记:李仙得台湾纪行》,黄怡、陈秋坤译,台湾前卫出版社 2012 年版,第 23～49 页。

④ 李仙得:《南台湾踏查手记:李仙得台湾纪行》,黄怡、陈秋坤译,台湾前卫出版社 2012 年版,第 23～49 页。

⑤ 见前文,总理衙门负责人恭亲王发文告诫地方官:"生番虽非法律能绳,其地究系中国地面,与该国领事等辩论,仍不可露出非中国版图之说,以致洋人生心等因各在案。"

十、为李仙得翻案——关于苦力贸易

据目前史料推断,李仙得任驻厦门领事的 6 年中,把大部分时间和精力都放在了台湾事务上①。在其厦门任上所著《关于厦门和台湾岛的报告》(*Reports on Amoy and the Island of Formosa*),全书分为两部分,前半部描述厦门,后半部则描写台湾。厦门方面,其主题围绕着港埠经营的细节问题,如设灯塔、减税等等。虽然该书的重点放在后半部台湾部分,但并不意味着,李仙得对厦门就无所作为。笔者认为,最显著的一项工作就是他刚到厦门不久的1897 年初②,就表现出雷厉风行的军人风格,展示了他的权威——强令禁止了非法贩卖华工。

"贩卖猪仔"(契约华工、苦力贸易)在南中国海港包括厦门,是当时一个流行的生意,也是一部残酷黑暗的历史。华工在船上悲惨地死去,或者死于海难,或者绝望地暴力反抗,屡屡见载于《厦门市志》,"苦力船被称为'海上浮动地狱',华工海上死亡率相当高,个别高达64.21%"。③ 就在李仙得还没来厦门的 1866 年 2 月 21 日,"英国'伊豆'号轮船从厦门贩运480 名华工往地麦拉拉。船至安吉尔港附近,因华工哗变,轮船被焚,有 200 名华工丧生"。④

对苦力贸易,不同于以往的揭露黑暗、控诉帝国主义血泪史的传统话语,今天的学者有另一种视野。学者戴一峰认为,近代厦门对外贸易总体发展幅度甚微,很难被视作驱动厦门城市近代化的因素。而厦门城市近代化的主要动力是近代福建南部持续不断、人数颇巨的海外移民。⑤

厦门一度是贩卖人口的中心。⑥ 据《厦门市志》记载,1845 年—1946 年(其中缺 8 年资料),留在国外(或死亡)的达 147.5 万人,其中就包括数量颇巨的契约劳工。⑦

以往的厦门文史学者认为,李仙得在厦门亲自参与了贩卖人口、拐卖华工的勾当。这一点,笔者认为值得商榷。

李仙得此人在现有的厦门地方史料中踪迹不多,往往藏身于厦门本地文史学者"控诉帝国主义血泪史"的传统话语当中。比如,洪卜仁在《厦门史地丛谈》说:"美国在我国进行

---

① 作为彼时的驻厦领事,管的地方跨越海峡,辖领五个港口:厦门、鸡笼(基隆)、台湾府(安平)、淡水和打狗(高雄)。

② 1866 年 7 月 13 日,李仙得被正式任命为驻厦领事,随即于同月在纽约出发,前往英国利物浦。在欧洲和亚洲绕了一大圈之后,抵达厦门已经是 1866 年的 12 月了。

③ 彭家礼:《119 世纪西方侵略者对中国劳工的掠夺》,载陈翰笙编:《华工出国史料汇编》第四辑,中华书局 1981 年版,第 204 ~ 207 页。

④ 厦门市地方志编纂委员会编:《厦门市志》第一册,方志出版社 2004 年版,第 31 页。

⑤ 见戴一峰:《闽南海外移民与近代厦门兴衰》,台湾《二十一世纪》1996 年 6 月号。

⑥ 见陆国俊:《美洲华侨史话》,商务印书馆 1997 年版,第 21 页。"厦门成为贩卖人口的中心后,殖民者又把距厦门 100 英里左右的汕头、加上澳门及离澳门北部不远的金星门作为进行苦力贸易的重要据点。"

⑦ 见厦门市地方志编纂委员会编:《厦门市志》第一册,方志出版社 2004 年版,第 217 页。

拐卖华工的罪恶活动,是从厦门开始的。1868 年,美国驻厦门领事李让礼又公然在厦门设立'招工馆',制造了许多令人切齿痛恨的罪行。"①童文在《外贸史话》中写道:"有的洋行或领事馆的地下室,就是关闭'华工'的场所。如鼓浪屿的德记洋行和美国领事馆就有这样的密室⋯⋯又如驻厦门美国领事李让礼,也在厦门挂起'招工馆'的招牌"。② 孔立在《厦门史话》中则描述得更加具体:"他(李让礼)表面上反对虐待华工,主张运载华工出洋'必须有一定舱位,若干饮食,安置工人,以得食卧各便,不容将民作畜,随意堆积,任从饭饲',实际上却怂恿包庇美国流氓伊软郁等人拐骗华工出洋。李让礼还伙同海关税务司干涉中国内政,反对别国通过正当手续招募华工⋯⋯"③更早的是张宗洽在 1960 年的一次座谈会上就曾说:"同治年间,美国领事李让礼也干过拐骗华工的勾当。"④

遗憾的是,上述学者的说法,有的未讲明其来源出处,有的则证据不充分,也并非引自第一手资料。比如孔立转引朱士嘉 1958 年的《美国迫害华工史料》,用了几名船夫和跟班的目击证词,都未提及看到李仙得,不足以证明他参与。

在美国人 Samuel Stephenson 写的"李仙得生平"中,恰恰相反,李氏上任 1867 年初就禁止了非法的华工人口贸易,"展示了他的权威"。⑤ 实际上,李仙得自己也在所著《怎样对付中国》(How to Deal with China)一书中说:"要让 1862 年的法律彻底生效。"⑥

李仙得上任不久,就对苦力的悲惨遭遇大为震惊,他在写给纽约友人的信件中提到:"在古巴的中国苦力忍受比奴隶更糟糕的待遇⋯⋯厦门的走私制造了最庞大的财富。如众所周知,德记洋行与其他人因从事此行累积许多利润。"⑦

李仙得运用个人在通商口岸的法律管辖权,逮捕他认为最明显的罪魁祸首:St. Julian Hugh Edwards。1867 年 6 月 3 日的《纽约时报》报道了李仙得主持领事法庭,监禁和处罚了一名贩卖人口的美国人,"让所有国家正直的人们都感到满意,并且无不对他交口称赞"。这个倒霉的人贩子 J.H.爱德华(St. Julian Hugh Edwards),他没有请律师,而是自己辩护,"他把那些不幸的苦力们说成是'旅客',辩称自己是在征得了法国某代理副领事特许的情况下去召集这些'旅客'的"。⑧ 4 名洋人组成的领事法庭驳回了爱德华的辩护,当庭判处他一年监禁,罚款 1000 美元并负担诉讼费。报道称赞说:"在制止令人憎恶的苦力贸易方面,

---

① 洪卜仁:《厦门史地丛谈》,厦门大学出版社 2007 年版,第 117 页。

② 童文:《外贸史话》,载厦门人民广播电台编辑部《天风听涛·听众服务台文选 2》,第 33 页。

③ 陈孔立:《厦门史话》,上海人民出版社 1979 年版,第 59 页

④ 《厦门文史资料》第一辑,1982 年重印版,第 25 页。

⑤ Samuel Stephenson(Edited by DouglasFix),http://academic. reed. edu/Formosa/texts/legendrebio. html,2015 年 5 月 11 日。

⑥ Charles William Le Gendre:How to deal with China,1871,Amoy:Printed by Rozario,Marcal&Co. p.121.原文为"which,I believe,is required,to make the laws of 1862 thoroughly effective"。其中 1862 年法律是指在 1862 年,林肯总统颁布了美国禁止苦力贸易的法律。李仙得要么执行该法律,要么违背该法律。就他的官员履历和经历看来,后者的可能性很微小。

⑦ [美]John Shufelt:《李仙得传略》,林淑琴译,《历史台湾》(台湾历史博物馆馆刊)2013 年第 6 期。

⑧ 转引自郑曦原编:《帝国的回忆——〈纽约时报〉晚清观察记》,三联书店 2001 年版,第 288 ~ 289 页。

能达到这样的惩办程度的确令人感到振奋。"①

　　该报道还转引了《清国邮报》的评论说："假如美国政府能继续派出像李让礼这样的领事到大清国来的话,那么减少类似的'粗暴行为'就指日可待了。"评论表示,多年以来,厦门人"头一次领略到美国法律的权威,动起真格来还是蛮厉害的"。②

　　St. Julian Hugh Edwards 后来成了李仙得《台湾纪行》的摄影师之一,说明这个人贩子和领事官已尽弃前嫌了。真正讽刺的是,1874 年 8 月,李仙得因涉入日本侵略台湾事件(牡丹社事件),遭时任厦门领事逮捕。而当时押解他前往上海美国领事馆的人,正是 Edwards——他在厦门领事馆任职。李仙得后来回忆说："我像个犯人,遭受一个因从事走私贩卖被我判刑的犯人,从一个口岸拖到另一个口岸。"③

　　李仙得 1867 年初颁布在厦美国人不得从事非法贩卖人口的禁令,清廷则要到 1867 年 12 月 20 日才颁发《泉州厦防分府禁止招工告示》,禁止外国人贩勾结歹徒暴力贩卖人口。从此以后,《厦门市志》上再无记载华工的惨剧发生。

　　关于李仙得禁止非法贩卖华工的动机,笔者认为,至少可以从三点考虑:第一,如前所述,李仙得作为美国官员,有义务维护美国禁止苦力贸易的法律;第二,美国其时正在西部建设铁路,需要大量的华工,与在华掠夺劳动力的西班牙等老牌帝国主义有竞争关系。而且美国需要的是"自由"的劳工,禁止了苦力贸易,也就打击了流向南美殖民地的人口④;第三,从个人感情上,李仙得原来就是坚定的废奴主义者,同情契约劳工的遭遇。在南北战争期间,李仙得还撰写了小册子,呼吁征召黑人士兵入伍,在北方军队中甚为流传。而契约劳工的悲惨生活连黑奴也不如,在 1860 年,古巴的契约劳工自杀率高出黑人奴隶的 14 倍,这让李仙得瞠目结舌。⑤

十一、天津教案和李仙得对中国的认识

　　李仙得的外交思想更体现在他在厦门任上写的另一本书——《怎样对付中国》(*How to*

① 转引自郑曦原编:《帝国的回忆——〈纽约时报〉晚清观察记》,三联书店 2001 年版,第 288 ～ 289 页。
② 转引自郑曦原编:《帝国的回忆——〈纽约时报〉晚清观察记》,三联书店 2001 年版,第 288 ～ 289 页。
③ 见[美]John Shufelt:《李仙得传略》,林淑琴译,《历史台湾》(台湾历史博物馆馆刊)2013 年 6 期。
④ 1867、1869 年清廷总理衙门先后接到由美国公使镂裴迪(Frederick F. Low)转来的秘鲁华工求援的消息,美国人还有要施以援手的表示。而这个消息,正是驻厦门领事李仙得报告给镂裴迪的。李仙得认为,西班牙违反 1866 年的招工章程,也违反美国禁止贩运人口到南美洲等海岛的法律规定。参见雷颐《从海外华人的命运说起》,《经济观察报》2006 年 9 月 22 日。与拉丁美洲地区一样,1850 年前,美国同样推行契约华工制度。从 19 世纪中叶以后,美国以赊单工制逐步取代了契约华工制。1868 年,美国为满足开发西部地区的特殊需要,通过蒲安臣与中国签订了《中美天津条约的续增条约》,规定"大清国与大美国切念民人前往各国,或愿常住入籍,或随时来往,总听其自便,不得禁阻"。清政府被迫接受这个条约后,就使美国招募大量华工"合法化"了。于是在中国立即掀起了大量赊单工赴美的高潮。参见陆国俊:《美洲华侨史话》,商务印书馆 1997 年版,第 21 ～ 23 页。
⑤ 见[美]John Shufelt:《李仙得传略》,林淑琴译,《历史台湾》(台湾历史博物馆馆刊)2013 年第 6 期。

Deal With China）。此书是李仙得给来中国视察工作的美国特使 De B. Rand. Keim, Esquire 的信件集合。在 1871 年，即驻厦门的第五个年头，李仙得把它们整理印刷出来，献给当时的美国第一助理国务卿。李仙得在序言中表示，做这项整理工作，是为了国家能从他的东方经验中获益。很显然，李仙得颇以他的"东方经验"自得，他说这来自于屡次访问台湾。"这个岛就是中国的缩影，在清朝的统治下，它的民族多样性、多种方言，它的文化特性和行政军事结构以及它繁荣的农业和商业，发生在这个长不到 200 英里宽不到 20 英里的狭小空间里。"①李仙得说，通过与各种人接触交流，他获得了一种对中国的洞察力。

美国特使来中国视察领事工作，笔者估计与 1870 年发生的天津教案很有关系。②美国特使在 1871 年春来中国，向李仙得等领事们问询情况。在李仙得的书里，天津教案被称为天津大屠杀。他对美国特使说，除非你已寻求了深层次的调查，否则我怀疑你会认为这是一宗普通的街头暴乱，只不过之前没人告诉我们中国人有这么野蛮的一面。李仙得在此还为中国老百姓辩护。他说，中国人是最和平和温顺的，热爱秩序和宁静，如果不是被煽动起来反对洋人，他们还是最友好的。李仙得认为，任何用剑去镇压中国人叛乱的企图都是徒劳无效的，这里扑灭了，那里还会起来，因为"叛乱的原因不在这些人身上，而在北京的那个腐败老巢。要扑灭叛乱，只有把那些藏污纳垢给清理干净"。③

在当时一片指责中国人野蛮邪恶的喧嚣之中，李仙得显然是理性的，并不认为这种疯狂事件是中国的独有。他举例说，在路德和加尔文开启的新时代来临之前，"黎明前的黑暗"事件在欧洲历史上也发生了很多：15 世纪，德国和瑞典都有火刑柱；1478 年法国、意大利和西班牙的宗教法庭；1572 年圣巴托洛缪大屠杀（法国天主教暴徒对国内新教徒胡格诺派的恐怖暴行）；1685 年废除南特赦令④。李仙得说，现在轮到中国了，在它伟大的转变过程中，给了我们一个伤心的大场面——一个令人哀悼的宏大祭奠。⑤

李氏接下去却话锋一转，声称：如果审视这个伟大帝国的统治阶层的宗教原则，这个（即将到来的转变）会变得更加明显。他立即把话题带到了《易经》上面："是故易有太极，阴

---

① Charles William Le Gendre：*How to deal with China*，1871，*Amoy*：Printed by Rozario，Marcal&Co. p.3.

② 该案起因是天津在同年四五月间发生多起儿童失踪绑架事件。6 月初，天热了，恰巧法国教堂办的慈善机构育婴堂中有几十名孤儿得疫而死。民间谣言称"外国修女以育婴堂为幌子，实则绑架杀死孩童作为药材之用"。又恰巧，野狗把未埋好的孩尸翻出咬食，更坐实了孩子被"开膛破肚取内脏"的传言。更不巧的是，一名匪徒武兰珍落网，胡乱口供，说就是法国教堂雇佣他去掠拐儿童的。天津知县刘杰带武兰珍去教堂对质，发现他就是信口胡说。可是民众认为政府没有公信力，不信这个，于是数千人包围了教堂。法国驻天津领事丰大业怒气冲冲，找到知县刘杰理论，激愤之下，竟对朝廷命官开枪。刘杰的随从（也是他的侄儿）替他挡了这颗子弹而负伤。法国人这一下彻底触发了众怒，老百姓把丰大业及其秘书都给当场乱拳打死，又杀死了 10 名修女、2 名神父，以及两名法国领事馆人员、两名法国侨民和中国信徒 30 多名，还误杀俄国人 3 个。民众还放火烧了两座法国教堂和法国领事馆，另外英国人的 4 座教堂和美国人的两座教堂也连累被烧掉。曾国藩受命处理天津教案，中国人和洋人两边都不讨好，气病了，第二年就死了。国内关于天津教案的研究很多，可参照杨莎：《近二十年来国内天津教案研究综述》，《牡丹江教育学院学报》2011 年第 4 期。

③ Charles William Le Gendre：*How to deal with China*，1871，*Amoy*：Printed by Rozario，Marcal&Co. p.3.

④ 南特赦令：法国国王亨利四世在 1598 年颁布的一条赦令，承认国内胡格诺教徒的信仰自由。但路易十四在 1685 年废除了这条赦令，几十万教徒被迫离开法国。

⑤ Charles William Le Gendre：*How to deal with China*，1871，*Amoy*：Printed by Rozario，Marcal&Co. p.7.

阳未分，混而为一，难以名状，强名之曰太极。"①

李仙得仿佛被《易经》痴迷了，从《怎样对付中国》的第 7 页开始，接下去洋洋洒洒地一口气写到 22 页，大谈特谈阴阳八卦推演，伏羲河洛图的故事——不厌其烦地注释，给出中文原文，并画出详细图解。他认为："对中国人来说，八卦是所有灵感的源泉，所有知识的载体。"他还说，（汉字）伟大的书写概念，就是形成于八卦的图形中，这个艺术的奇迹几近于魔法。于是中国人非常着迷于八卦。驻厦门的舰队司令 Litchenn Miou 说，中国人除了摆弄八卦，忽略了其他一切东西。李仙得认为，这个评论很正确。②

李仙得显然认为，他找到了理解统治中国的精神力量的钥匙——阴阳八卦。他评论说，印度人靠光来获得神启，希腊人靠竖琴，而神展示给中国人的是神秘的书写。通过研究和冥想，这些神奇的符号揭示了真理的无穷联系。"这就是真的科学，所有原则的源泉，所有书写的开始，所有知识的最初。"③李仙得说，孔夫子直到 50 岁的时候才理解八卦，从此以后他告诉我们，他开始变得有智慧了。④

李仙得的动机，是想寻找统治中国的思想力量，不知怎么回事，他一下就找到《易经》身上，眼光颇为独到。笔者分析，其中原因一可能是晚清厦门社会，阴阳八卦因为已深入到生活的方方面面，显而易见；另一原因是他或许接触了某个深研《易经》的传教士或者是翻译，否则他很难在有限的领事任内，把《易经》了解个通透。

笔者认为，作为一个外交官，李仙得绝对没有"懒政"，相反精力充沛，渴于求知。在台湾，他翻山越岭，了解和记载宝岛风物，著作丰厚；他锲而不舍地与原住民打交道，甚至学会了"十八番社"的大部分语言。在厦门，他不惧艰深，竟然研究起《易经》，并写下来解释给他的国家听。有这样的外交官，不能不说是美国的幸运，而且也许是美国崛起的秘密之一。

在《如何对付中国》一书中，李仙得还认为，很好地理解了阴阳八卦神秘符号的人被指派为上层阶级。通过科举考试，筛选出最博学的人才，是为文人儒生。他们看似没有任何力量，实际上却用铁棒在统治这个帝国。"笔尖之锋利远胜于刀口。"底层中国人经常这么说。军机处，帝国的最高委员会，就是从文人儒生集团中提拔而来的。他们不但向皇帝提供政治建议，还细小入微地督促皇帝遵守各种婚丧嫁娶、生老病死的各种礼仪。⑤

李仙得说，孔子的后裔是清帝国中唯一可以继承的贵族。而普通老百姓，则各自纪念他们伟大的祖宗。一到节日，整个国家的百姓都忙起来，焚香点烛，杀猪烹羊，大搞祭祀。

不同于传教士，李仙得还为中国人的偶像崇拜辩护。李仙得说，中国人是设置一种纪念，在人民中维持一种记忆，即对那些曾经伟大并给国家带来荣誉的人的记忆。"那些写在纸上的名字，难道仅仅是善行和伟大的标志吗？中国人纪念他们，用礼仪和祭祀给予他们荣

① Charles William Le Gendre：*How to deal with China*，1871，*Amoy*：Printed by Rozario，Marcal&Co. p.7. 李仙得读的《易经》版本很可能是明末晋江人何楷的注释版本。

② Charles William Le Gendre：*How to deal with China*，1871，*Amoy*：Printed by Rozario，Marcal&Co. p.7.

③ Charles William Le Gendre：*How to deal with China*，1871，*Amoy*：Printed by Rozario，Marcal&Co. p.10.

④ Charles William Le Gendre：*How to deal with China*，1871，*Amoy*：Printed by Rozario，Marcal&Co. p.22.

⑤ Charles William Le Gendre：*How to deal with China*，1871，*Amoy*：Printed by Rozario，Marcal&Co. p.22.

耀,难道不是如我们的战士垂下刀剑,向旗帜敬礼致意一样吗?中国人的祖先是被当作神一样崇拜,还是仅仅被乞灵,就如意大利人、法国人、爱尔兰人和南美人等天主教徒乞灵于圣徒一样?"李仙得说,虽然他认为后者的假设是对的,但他也不想与传教士们争论。他只是想说,无论中国人崇拜偶像与否,这个传统与中国人的日常生活是多么亲密无间,以至于他们很少放弃,即使他们从了基督教。李仙得预言道:"这些传统从过去延续到现在,而且还直至将来,这是在他们中间传播我们的信仰的最大的阻碍。"①

中西"礼仪之争"是发生在中外交流史上的大事。早期天主教来华,就如何看待中国人的祖先崇拜引起教内极大争议。本来双方各有妥协、宽容,天主教一度传播很快,在清初1664 年发展到了 24 万教徒,更以 1692 年康熙帝的"容教令"为标志进入蜜月期。但后来发生了耶稣会传教士与当时清政府之间的"礼仪之争",主要原因是耶稣会传教士强硬地反对崇拜祖先的信仰,导致清政府下逐客令,将耶稣会赶出中国。自雍正帝开始,全面禁教。

鸦片战争之后,虽然重新准许外国人传教,但"礼仪之争"从未停息,只是清廷渐衰,无力反击,于是民间承担了维护传统的责任。笔者认为,1870 年天津教案,可以看作是地下汹涌的反教潜流,以暴力形式爆发。

笔者还认为,李仙得抓住了天津教案的意识形态斗争本质。但他不同意以往传教士的角度,把中国人的传统习俗看作异端邪教,他甚至把祭奠祖宗比喻成"如我们的战士垂下刀剑,向旗帜敬礼致意一样",或者是"天主教徒乞灵于他们的圣徒"。他对中国传统的审视是独特的,也理解到该传统不可征服。李仙得是为世俗政权即美国政府服务,而不是为宗教服务,因此他看待中国文明的方式,最终得出了务实而宽容的结论。

十二、厦门反洋教与李仙得的冲突

李仙得大谈天津教案,但事实是他并非亲历者。他是驻厦领事,离天津甚远。而且据笔者所知,厦门历史上从未发生教案,没有北方、内地反洋教的激烈氛围。1858 年厦门小刀会起义,打的是"反清复明""杀赃官""还我大明衣冠"等旗号,对洋人的人身和财产秋毫无犯,还加以保护,虽然他们的善意最终也没有获得洋人的回报。②

这并不意味着,厦门就不存在反洋教的思潮。李仙得在《怎样对付中国》一书中,引用了他亲眼看到的两张反洋教宣言告示。但是李仙得对厦门反洋教的所作所为,并非如他前所述一般那么宽容了。

李氏读到的第一张大字报,甚至不在厦门张贴,他说在 1868 年厦门附近。这是一张由某个文士写的告示,号召大家起来反对洋人:"你们为什么不起来抵制那些无君无父的狗,如果不这样干,你们就跟那些最低贱的禽兽没有两样。哦,你们,中国人,听从圣人的教导吧,明辨是非,拒绝堕落。"③接下来,该告示又号召人们不要把房子租给或卖给美国传教士

---

① Charles William Le Gendre:*How to deal with China*, 1871, *Amoy*:Printed by Rozario, Marcal&Co. pp.22～23.

② George Hughes:*Amoy and the Surrounding districts*, 1872 ,Hong Kong:Printed by De Souza&Co. p.51.

③ Charles William Le Gendre:*How to deal with China*,1871,*Amoy*:Printed by Rozario,Marcal&Co. p.23.

做教堂,房子不应该用于"堕落"的目的。告示还提议,当地官员有责任采用严刑苛法,惩罚那些违背圣教,把房子租售给教堂的人。

这张大字报的出现,大概是因为当时美国传教士想获取某栋房子当教堂,而当地某个士绅秀才什么的义愤填膺,发文阻止。该大字报的作者想当然地认为,当地官员应该是跟他站在一起的——都是孔孟之徒么。但事情的发展让作者吃了苦头。

李仙得为此特地注释说,这张告示出来不久,那栋房子就租给了美国传教士,"1869 年趁 Roban 舰长来厦访我的时候,我把这张告示的作者抓了起来。他被当地官员判刑,在 Talmage 医生和 40 个中国教徒面前,他被打了两百竹板"。[①] 李仙得说,当地官员还要求他为该判决书写下严厉的判词,因为该官员可能在他写的信件中,读到了他的严厉措辞,认为可以引作判决书。[②]

若以今天的目光审视,大字报的作者太冤了,李仙得、传教士和地方官都太不厚道了。该文作者虽然在今天是一个不知名的小人物,但当时很可能是以实名写下的公开抗议,否则不那么容易被李仙得抓住。1868 年,美国宪法第一修正案已确立 77 年,远在中国的李仙得显然不把言论自由当回事。即使大字报中有侮辱性的言辞,要求作者公开道歉就是了,把一名文人抓起来,让清廷官员打他 200 板子,实在太过分。

这名清廷的厦门地方官也是不像话。虽然政府签下的不平等条约规定洋人有传教的自由,但老百姓也有宣传不信教的自由。以暴力推行任何一项自由,都是种下坏种子。笔者猜想这些地方官员是被洋人折腾怕了,多一事不如少一事,打完板子了事。因此该官员要求李仙得帮忙写判词。李仙得洋洋得意,以为是自己激烈言辞的力量,让该官员不得不借用。其实笔者估计,该官员不过是懒得写,或者觉得不好写,欲加之罪,难造其辞,洋大人怎么说,我就怎么抄吧,向上司也好交代。

清廷的地方官员不知道是在自掘坟墓。该大字报作者想当然跟你们是一伙的,是有充分理由的——都是科举下的蛋,只不过你在台上,我在台下。不料被自己人这么侮辱,最终会导向反清灭洋的愤怒——君不见辛亥革命中最坚决的力量,湖南和浙江,都是来自地方士绅阶层。

相比之下,李仙得在书中所述的第二张反洋教大字报反对目标更为具体实在,不似第一大字报意识形态斗争意味浓厚——斥洋教"无君无父"。

这张大字报明显出现在厦门,落款是同治七年十月,即 1868 年农历十月:"本告示的目的是移除一个巨大的危险。我祖先 Hong-Tou 的祠堂早就屹立于此……Hong-Tou 的德行和智慧,四海闻名,小儿皆知。流氓 Lim-Pye 怎胆敢带着洋教野蛮人,在这里树立教堂……破坏我祖宗祠堂。Hong-Tou 的所有子孙们,必须起来反对,百姓义愤填膺,怒不可遏,都在支持我们。我个人悬赏 20 两西班牙白银给我族人,不管是谁,只要他把 Lim-Pye 抓到并打个灵魂出窍。广而告之。"[③]

该告示的作者也许是族人中的大佬级人物。笔者原以为是洪氏的族人,但查厦门的洪

---

① Charles William Le Gendre:*How to deal with China*,1871,*Amoy*:Printed by Rozario,Marcal&Co. p.24.

② Charles William Le Gendre:*How to deal with China*,1871,*Amoy*:Printed by Rozario,Marcal&Co. p.24.John Van Nest Talmage,美国传教士,事迹可见《厦门传教 50 年》。

③ Charles William Le Gendre:*How to deal with China*,1871,*Amoy*:Printed by Rozario,Marcal&Co. p.24.

氏族谱,没发现近似 Hong-Tou 的姓名。后来猜想是黄氏,查其族谱也没有头绪。不管洪氏还是黄氏,两者都是厦门古老的姓氏,本地大家族,实力雄厚,有力量和洋教势力叫板。20两白银的赏金,大概相当于现在的人民币五六千元,看起来不丰厚,但同治年间的七品知县年薪才 45 两白银,作为抓个人打一顿的报酬,也还过得去了。

大字报的主旨很明确:为了保护祖宗祠堂,反对在祠堂附近建教堂。告示中除了一句洋教野蛮人,没有对洋教本身大作抨击。说明它反对的是侵害其宗族利益,具体而实在,没有上升到意识形态高度。

那个叫 Lim-Pye 的人,不知道后来有没有遭受皮肉之苦。笔者猜想他也许是一名城市流氓无产者,要是有头有脸的人物,或者其背后有宗族势力,即使洪氏或黄氏的宗族大佬也不敢悬赏捉拿。早期信教的,流氓无产者占的成分很多,因为地方士绅很难被转化为教徒,相反是洋教传播的主要障碍。洋教和城市流氓无产者是互相利用的关系,前者利用后者挑战地方士绅的权力,扩展教会势力。后者则属于"屌丝逆袭",像 Lim-Pye 这种人,如果没有洋教做靠山,他没有胆子挑战大宗族,在其祠堂地址处盖教堂,等于太岁头上动土。正如时谚云:"未入教,尚如鼠;既入教,便如虎。"

实际上,一宗宗教案惨剧的发生,表明洋教和流氓无产者的结合始终非常失败。基督教在中国近代史上得以有力的传播,还是得靠开设洋学堂和医院,在科学和民生的旗号下,影响了新一代的知识分子。不过,据考证,即使在教会学校,尤其是大学,中国人信教的比例还是非常之低。

李仙得在稍后评论说,中国的文人阶层对洋教的恐惧只有一丝一毫,主要是出于嫉妒,因为洋教颠覆了应有的秩序——清廷官员们和洋人站在一起。文人在人们中的地位是如此之高,中国人对传统是如此忠诚,因此文人阶层对洋教并不害怕。但印度的情况就不一样,李仙得评论说,印度作为一个民族已经死了,被英国统治者改变得底朝天。

这两张出现在李仙得书中的反洋教大字报表明,洋教在华传播过程中,在"租买土地,建造自便"的条约下,强买强卖、巧取豪夺时有发生。据估算,到 19 世纪末仅天主教在中国的地产价值就达 3700 万法郎。[①] 地方上反洋教,并非单纯是由于意识形态斗争,而是切切实实的利益受到侵害。在这种背景下,即使对外国人温和的厦门,也出现了反洋教思潮。这与李仙得前述对中国的认识(即天津教案是意识形态冲突)很有出入。李仙得对厦门反洋教思潮的态度和做法,也并非以他认识的是非对错为基准,而是完全站在西方人立场上,维护己方的利益。

十三、李仙得在鼓浪屿"圈地"

鼓浪屿人民体育场以前叫番仔球埔。在厦鼓老人的记忆中,番仔球埔是不让华人使用的,这让人联想起上海外滩公园"华人与狗不得入内"的耻辱。顺便说一下,有人考证,上海外滩公园确实挂过"华人与狗不得入内"的牌子。虽然没有该牌子的照片留下来,却有不少目击证人,许多证人还大名鼎鼎:周作人、蔡和森、孙中山、陈岱孙、周而复、曹聚仁、苏步青等

---

① [法]雷麦(C.F.Remer):《外人在华投资》,商务印书馆 1953 年版,第 465 页。

等。而且上海的《公共租界工部局巡捕房章程》明确规定:脚踏车及犬不准入内;除西人之佣仆外,华人一概不准入内;小孩无西人同伴则不准入内花园。① 当然,很可能是敏感的中国人把不同规定联系起来了,表达了一种救亡的耻辱感。

番仔球埔也是类似的故事。据何丙仲先生说,该球场未直接悬挂"华人不得入内"的牌子,但据回忆也有"Not dog allowed(不许带狗进入)"的牌子。② 今天厦门大部分公园也是这么规定的,我们觉得没什么,但在国破山河在的特殊历史时期,民族心理是大不同的。

日本人占领鼓浪屿之后,也许独霸了番仔球埔一段时间。但之前在公共租界时期,"高等华人"有时候也是可以和洋人一起踢球玩耍的。说明不允许华人入内并非硬性规定,也许更多的原因是普通中国老百姓对西洋体育运动不感兴趣,也无法融入洋人群体中去。

另外,番仔球埔以前是私有产权,未经允许不擅闯别人的地方,反而体现了鼓浪屿老百姓尊重他人财产权,尊重契约精神。

这就关系到番仔球埔的起源问题。有一种说法是,李仙得在 1872 年擅自划界,围筑短墙,铺上草皮,辟成球场专供外国人使用,似乎"番仔球埔"是被外国人强占去的土地。

但据新加坡国立大学建筑系陈煜博士的研究,这个说法站不住脚。在关于鼓浪屿的一篇论文里,陈煜追问一个问题:外国人如何在鼓浪屿获得土地财产权?③

陈煜认为,根据不平等条约,"永租制"和"道契"可以满足外国人在中国的土地权需求。在厦门又有两种租约形式,一种是"国向国租",即外国政府向当地政府租用土地;另一种是"民向民租",即基于双方同意,签订契约,外国人直接向本地居民租用,这种方式在鼓浪屿尤其流行。④

驻厦领事李仙得显然是个富有公共服务意识的人。他在厦门 6 年,在鼓浪屿永租了大片土地,包括向 8 位中国业主租 9 块田地,将 1600 平方米土地围筑了短墙,铺上草皮,整合形成一大块绿地,这便是番仔球埔的雏形。这些契约至今有据可查,每一位业主都有名有姓。⑤

李仙得平整这一大块绿地,不可能早于 1870 年,因为根据 1870 年的一张老照片,该处还是一大片农田。也不可能晚于 1892 年,因为该年他受日本政府雇佣,为侵略台湾出谋划策去了。

李仙得在离开厦门之前,两个老外找到他,要他转租土地。他们又重新签订了一份契约。李仙得象征性地接受了 1 元的租金,将其余的 1305 元分给了 8 位中国原业主。这表明,中国原业主们同意了李仙得的转租权利。

1892 年李仙得的契约规定,此地产的任何使用,都必须获得美国驻厦领事的批准。另外还规定,此地产必须作为厦门外国人团体的公共设施使用,不能转为私人用途,如有违约,美国政府随时可以收回。此后,虽然番仔球埔在外国人中间几经易手,但都遵从了李仙得的契约,保证了这块土地的公共属性。1903 年鼓浪屿工部局成立后,接管了番仔球埔的产权。

---

① 见熊月之:《"华人与狗不得入内"牌示的迷雾与真相》,《文汇报》2014 年 12 月 30 日。
② 见《鼓浪屿"申遗"要还原亮点揭秘"国际社区"历史风云》,《东南早报》2011 年 4 月 6 日。
③ 见 Chen Yu: *Land*,*Title Deed*,*and Urban Transformation*:*Foreigners' Acquisition of Real Property in Xiamen*,出版信息不详。
④ 见 Chen Yu: *Land*,*Title Deed*,*and Urban Transformation*:*Foreigners' Acquisition of Real Property in Xiamen*,出版信息不详。
⑤ 见陈煜:《鼓浪屿番仔球埔的前世今生》,《厦门晚报》2008 年 11 月 2 日。

1917 年时任美国驻厦领事对此提出质疑,查证各项契约并上达美国国会咨询。但美国人发现,此地的转让过程均满足了李仙得契约,因此不得不承认工部局对番仔球埔的合法产权。①

产权明晰、尊重产权是一个地方永续发展的前提条件,从番仔球埔到人民体育场,这块土地避免了乱拆乱建乱占的命运。李仙得在鼓浪屿订立的古老契约,也许能为今日鼓浪屿的发展提供历史的借鉴。

---

① 见陈煜:《鼓浪屿番仔球埔的前世今生》,《厦门晚报》2008 年 11 月 2 日。

鼓浪屿公共地界治理模式法律文本
解读及其对中国社会近代法治发展的文化影响分析

黄鸣鹤[*]

【内容摘要】 厦门是福建沿海重要的港口城市。第一次鸦片战争后,厦门成为五口通商港口对外开放。1903 年,厦门鼓浪屿辟为公共地界,公共地界在国际法律上如何定义?鼓浪屿会审公堂与其他城市公审公廨的制度差异何在?《鼓浪屿工部局律例》到底是何种效力的规范性法律文件?鼓浪屿作为一个纳税人高度自治的开放性国际居留社区,其对中国近代法治的发展,意义何在?鼓浪屿独特的文化气质,与法治文化有何契合之处?这正是本文所试图探讨的问题。

【关键词】 会审公堂 鼓浪屿 自治形态下的开放性国际居留社区

"厦门是中国的,鼓浪屿是世界的。"这句话浓缩了有"琴岛"美誉的厦门鼓浪屿在近代中国历史上的地位,这座面积不到两平方千米的小渔村,在第一次鸦片战争中被英国侵略军占据长达五年时间,1902 年,在日本企图独占鼓浪屿的情况下,清政府与各国领事签订《厦门鼓浪屿公共地界章程》①,允许外国人在鼓浪屿租地建房,经商居住。从十九世纪中叶到二十世纪中叶的百年历史风云中,西方 16 个国家的领事外交机构进驻鼓浪屿,基督教会各派系在此设立教堂、医院、教会学校,作为南中国传教基地。银行、国际贸易商行汇集于此,归国华侨选择此地作为回国定居或投资的福地。

鼓浪屿的历史承载,在于她是东西方文化撞击、交流与融合地,是中国大陆与南洋华侨文化的衔接地,是中国近代国家治理体系全方位变革时的样本文化的影响度。

一、鼓浪屿公共地界的国际法定位

(一)"公共地界"与"公共租界"之法律区别

如何定位 1902 年厦门鼓浪屿公共地界的法律定位,至今学界研究仍有"公共地界"与

---

* 黄鸣鹤:厦门市中级人民法院、厦门大学法学院 福建 厦门 361005

① 鼓浪屿公共地界在成立之初是否与上海公共租界一样同属租界,至今学界仍有争议。史料证明,《厦门鼓浪屿公共地界章程草案》中,明确写明鼓浪屿属公共地界,但英文版的《章程草案》中,被篡改为"公共租界",对此,清政府曾屡次交涉。但笔者认为,从法律生效的角度,《章程草案》序言中已经言明:"谨拟章程以左,呈候中国外部大臣与有约各国驻北京大臣商妥,奏请中国朝廷批准,谕旨遵行。"既然章程是经中国朝廷批准后方能生效施行,当然以中国朝廷批准的中文文本为正本。

"公共租界"之争。笔者认为,厦门鼓浪屿公共地界是一种较为特殊的国际法样态,迥异于同一时代中国其他地区的外国租界。

第一,上海、天津、山东威海等其他外国租界的设立,均由清政府与各国在两国共同签署的条约中约定,多属战败后丧权辱国,不得不允诺开放通商口岸,允许西人在通商口岸定居。而鼓浪屿公共地界的设立,是在日本人企图独占鼓浪屿,清政府地方官员冀图"引虎驱狼",遂主动与各国领事公议,辟鼓浪屿为"公共地界"①。日人劳师无利,恨恨而去。

第二,在《厦门鼓浪屿公共地界章程》中,第十一条款明确阐明鼓浪屿与当时国内其他租界或居留地的区别。② 该条款除申明中国皇帝对于鼓浪屿土地的所有权外,将中国封建税收体系中最重要的地丁钱粮及海滩地租的税收权,保留在地方衙门手中,规定此税款收取后可以拨付给公共地界自治机构充当管理费用,先征收后拨付。此外,鼓浪屿虽然参照上海租界成立建立工部局和会审公堂,但是工部局的重要事务,由工部局董事会决议,体例上,董事会如市政议会,而工部局则为行政管理机构。董事会中,华董由厦门道台委任,余由洋人纳税者会选举产生③。董事会成立之初,董事会华洋比例为 1 比 6,随着大批华侨迁入鼓浪屿定居,由厦门地方官员指派的华董,改为华人议事会公推产生,董事会华洋比例转变为 3 比 4。另外,在董事会下还另设财政、建设、卫生、教育、公安 5 个委员会,由华人议事会推荐 5 人分别参加这 5 个委员会。可以说,民国期间,对鼓浪屿公共地界的行政事务管理权,华人的影响力极大,甚至可以起到导向作用。

（二）鼓浪屿"会审公堂"与租界"会审公廨"制度之异

鼓浪屿公共地界规定"会审公堂"制度,但该会审公堂,就其案件审判主体、受理范围、审判权运行机制、刑罚执行体制等诸多司法独立性的衡量指标,与上海等地外国租界的"会审公廨"制度,颇有差异。

根据 1903 年鼓浪屿公共地界建立的纲领性文件《厦门鼓浪屿公共地界章程》第十二条之规定,"公共地界内由中国查照上海成案,设立会审公堂一所",本意即以上海租界的会审公廨的设置为参照设立。但厦门鼓浪屿公共地界会审公堂在其发展历程中,却走上了与其他租界会审公廨不一样的道路。

---

① 辩证地说,清政府当地官员将鼓浪屿辟为"公共地界",也是一种"两害相权取其轻"不得已的做法。弱国无外交,更何况,彼时中国北方正值庚子拳乱,清朝中央政府对全局失去控制,慈禧太后携光绪皇帝逃到西安。日本在明治维新后,成为新崛起的近代化国家,与英美各国谋求商业贸易利润不同的是,日本基于对本国生存空间的争夺,对中国国土的占领更有其现实的野心,甲午战争割台后,日本更是将福建视为下一步争夺的势力范围。与其落入倭人之虎口,不如将鼓浪屿主动开放为公共地界,"以西夷钳制东洋",在中国国力贫弱时,不失为弱者自保之策。

② 《厦门鼓浪屿公共地界章程》第十一条(地租)明确规定:鼓浪屿虽作公地,仍系中国皇帝土地,所有地丁钱粮及海滩地租,照由地方官征收转交公局,贴补经费。嗣后如有新填海滩应完地租,仍归中国地方官收纳,不充公局,以定限制。笔者认为,此条款看似无足轻重,却十分紧要,笔者将鼓浪屿公共地界定义为"自治形态下的开放性国际居留社区"。

③ 《厦门鼓浪屿公共地界章程》第四条规定,工部局董事会中的洋人董事由洋人纳税者会自行组织选举产生,外国领事无权干预,且对选举权和被选举权做了明确规定,条件主要是纳税或在鼓浪屿拥有不动产。

首先是审判组织。厦门鼓浪屿公共地界会审公堂,按《厦门鼓浪屿公共地界章程》规定,会审公堂设法官一名(习惯称委员),由厦门道概总办福建全省洋务总局札委。民国之后,与其他租界外国趁机夺取租界司法权不同的是,会审公堂的审判权始终掌握在由中国政府委任的委员①手中。民国时期会审公堂法官由中央政府的司法部和外交部共同委派,再经福建省政府加委。会审公堂的司法辅助人如书记长、书记、录事、庶务、公丁等职位,由公堂根据需要设置并自行聘任。

其次是办案经费。会审公堂的办案经费由国库支付,福建省财政厅负责转发。公堂内状纸、司法印花、抄录费等收入,报规定价收取并充实公堂办公费用,亦作各办事员津贴。

再次是案件受理范围。会审公堂受理在鼓浪屿公共地界内发生的普通民商事纠纷,刑事案件只受理轻微刑事案件或由工部局移送的违警案件。刑事处罚仅限于罚金及拘役,须课以徒刑的刑事案件需移送厦门地方审判机关。另会审公堂还受理区域内建筑规划无异议公告、土地买卖公证公告等非诉讼事项。

复次是领事听审。会审公堂审案时,于法官审判席之右位,设置一听审席,凡案件涉及外国被告人或当事人时,该国领事可以听审,可以发表意见,但该意见对法官判决无强制力②。

最后是其他事项。比如,刑事犯罪的犯罪嫌疑人作案后隐匿在公共地界内外国人住宅内者,由厦门地方警察机关发票,送领事签字后由工部局派巡捕查获解送,如遇紧急情况,可先拿获犯人,再补签字。

二、《工部局律例》:鼓浪屿公共地界公共事务管理的法律文本解读

(一)《鼓浪屿工部局律例》的法律定位

如何界定《鼓浪屿工部局律例》的法律位阶呢? 从其规范制定主体而言,规范是由工部局的董事会经讨论后,以条例或通告的方式发布,由工部局巡捕房负责实施,违犯者,处罚款,情节严重须处以拘役者,以违警罪由巡捕押送会审公堂依法办理;从立法技术看,《鼓浪屿工部局律例》并不是一个整体制定的规范文本,而是在公共地界的公共管理过程,管理者可以根据需要随时通过立法动议。比如居民普遍投诉小贩在午休时间沿街叫卖影响社区安宁,遂成居民区禁止叫卖的规范;有女士投诉沙滩浴场上的泳士裸泳或于公众视野更换衣服,遂成浴场禁止有伤风化及换衣务必避人的规范。

---

① 从 1903 年至 1941 年日军占领鼓浪屿,中国政府共委任鼓浪屿会审公堂委员 22 名,与清政府时期多任用非法律专业人士担任委员不同的是,民国时期委任的会审公堂委员,均有法律专业背景,多任委员有美国哥伦比亚大学或英国剑桥大学的留学经历,拥有国际视野。最后一任委员罗忠堪,福建福州人,毕业于英国剑桥大学,1942 年 12 月,太平洋战争爆发后,日军进占鼓浪屿,罗忠堪被囚禁月余后被遣送回原籍。

② 鼓浪屿的各国领事,对于会审公堂中领事参与裁判的权限太小,颇有微词,多次通过北京领事团与中国政府商议,扩大会审公堂领事参与裁判的权力,但中国政府外交部门和司法部门拒不让步,终不了了之。

笔者认为,究其实质,《鼓浪屿工部局律例》应是被赋予强制执行力的社区公约,约束对象为居住、工作或临时往来岛屿上的人,是一种自治性质的规范性文件。它与外交特权无关,因为制定者全部是经社区居民选举产生的民意代表,到后期,代表的比例中华人比例逐渐增加。

(二)鼓浪屿的公共治理:从法律文本解读出发

《鼓浪屿工部局律例》涉及鼓浪屿公共地界财政、建筑、交通、卫生、教育、公共安全的方方面面。

建筑物管理。鼓浪屿至今存留许多风貌性建筑,老别墅或属各国领事馆、各基督教派、归国华侨。与厦门港建筑的杂乱无章相比,鼓浪屿的建筑从一开始就被纳入整体规划中。不动产投资人在取得土地所有权后,应先请职业建筑师,设计建筑物,附图详绘。建筑设计图中,沟渠水道,必须标明;下水道必须连接公沟;鼓浪屿缺水,虽有水船从厦门岛日日载水供应,但每建筑须掘水井,以备不时之需;新建之屋顶,须具水池,以承雨水。建筑规划图成,业主须先将地契及建筑物设计送工部局,申请建筑执照。工部局将申请初审后转至会审公堂,由公堂张榜公示,若无人申明土地权属纠葛或相邻权纠纷,则图纸存档,原件送还工部局核发建筑执照。执照签发后,工程才可进行,应在十二个月内完成。

公共空间管理。禁止在岛上的街道上放风筝,商店招牌离地不得少于7.6尺,不得遮蔽沿街路灯,违者责令拆除并罚款;岛上建筑物外墙体不得粘贴广告,不得绘非礼之图或不适当之物;不得在街道上倾倒垃圾或其他秽物;小贩挑担沿街贩卖食物时,必须以网遮盖,以免招来蝇蚋,途经居民聚居区时,不得吆喝,惊扰清静;不得随意砍树,岛内禁止开山取石;岛上家禽家畜必须圈养,岛上养犬,必须申领执照,无证之犬,若肆行公路,巡捕可立即击毙;岛上居民,于夜间十一点至晨七点以内禁止燃放烟花爆竹。

公共交通管理。公共码头实行分侧管理,双桨载客船准泊码头左边,电船、舢板泊右侧,所有载客船只,起客、落客后当即驶离,不得滞留占位。

岛上无汽车,私人允许有脚踏车,然不准行于人烟稠密处;岛上出行,主要依靠双人抬轿,岛上设轿馆,每轿发号牌,须悬号明示,轿资行业统一定价,以服务时间计酬,夜间、守候另加酬,丧喜吉节服务价格,双方应事先彼此商酌。

特种行业管理。岛上娼馆、鸦片馆、赌场,完全禁止;酒馆采取牌照管理,且收取保证金,酒馆内不得赌博,客人不得嚷酒(猜拳);旅馆采用执照管理,夜间十二时关门,晨六时开门,夜间营运时,大门口须燃电灯;岛上允开戏院,执照管理,夜间最迟11时前应关门;由于岛上居民有饮食羊奶、牛奶之习惯,为保证奶源卫生,养殖户需申领牌照,同时明确规定奶瓶洗涤之管理,源头防疫病;猪、牛、羊采取定点集中屠宰,岛上设屠场,屠宰纳捐,检疫盖印后方可贩卖。

其他公共秩序管理。结队游行或发传单,须提前48小时先行申请。

(三)《鼓浪屿工部局律例》的法社会学解读

通过对鼓浪屿工部局律例内容的解读,我们发现,作为一部实用性极强的规范性文件,法社会学的一些基本原理已体现其中。

社区自治自律公约以公共利益维护为核心价值导向。作为一个华洋混居的国际性社区,虽然土地私有,建筑物也允许在设计方面各具风格,但设计方案须得事先公示,以取得社区其他居民的认可,消除可能的相邻权争端。① 在建筑物管理上,注意到了海岛的取水(凿井与屋顶接存雨水)、排污(建筑物下水道的设计布局且连接公沟)、外立墙面美观(不得张粘广告或涂抹不雅图案)。

社区公约面前人人平等。鼓岛之公共管理,以董事会公议通过,成为公共地界内有强制执行力之律例,着工部局巡捕执行,违者处以罚款或以专区违警罪诉至会审公堂究责。规则既定,岛上居民,一体遵守,贩夫走卒,士绅官员,华洋概莫能外。

规范简便易行。立法宜简便易行,例律中,细到牛奶瓶应如何清洗,轿班如何计费,国人或感觉过于雕琢细节,实则不然。规则细化,易于参照执行,可为不可为,一说便懂,守法易,执法亦易。

适当区隔陋习与良俗,陋习禁之,良俗从之。国人多陋习,如缺乏公德心,公共场所喧闹,不顾他人感受,如嚷拳(猜拳),公共场所高声喧哗,尽兴却不顾他人休息权;小贩沿街贩卖,高声叫嚷却不顾及是否午休时间。华人社区长期习惯,西人却视之为严重侵扰他人清静之行为,视为陋习加以革除与规制,但对于华人传统之婚丧之事,哭丧、沿途撒纸钱之阵仗,西人虽无法理解,但在律例中却尽量予以容忍。

社区公约绝对禁绝娼馆、禁止贩卖鸦片②、禁止开赌场或聚赌。与外埠租界普遍利用治外法权,开设妓院、鸦片馆和赌场不同,鼓岛明确禁止,一则在于工部局董事会,教会的影响力极大,强烈反对这些导致人性堕落的恶业的经营。而黄赌毒的禁止,使得有组织犯罪在鼓岛缺乏立足的行业根基,减少了衍生犯罪的数量,保证了岛上居民的和平与安宁。

勉为其难的政治中立。陆续选择鼓岛作为定居地的西人,主要包括外交官员(领事)、贸易商人(洋行大班及职员)、基督教传教人员(包括传教士、教会学校医院工作人员),以及后期入住的华人,有退隐政客、归国华侨,希借租界之庇护,远离动荡之政局及内地猖狂之匪患③,虽人人有各自国家利益、政治观点,但居民无论华洋,均不希望社区成为政治斗争的角斗场。故《鼓浪屿工部局律例》中,以大段文字阐述政治中立的立场,"鼓浪屿既属公共地界,五方杂处,人民日繁……况当兹时局纠纷,遍地骚扰,而于此偏小之公界,尤易构怨而形成巨患,清夜思之,怵焉忧虑。……此谆谆忠告,无非为保治安。自示之后,各宜遵照,本局实为厚望焉"。

《鼓浪屿工部局律例》中,费数百字陈述公地管理者"政治中立区"的愿景,希望居民及外来者不要在鼓浪屿发动政治请愿及游行示威之政治表达,以免有碍社区安宁。但鼓浪屿公共地界,如同一艘泊于时代潮流之上的小船,夹于中国时局之变化中,面临中国时局变幻

---

① 相比之下,与鼓浪屿只有鹭江相隔的厦门港,在缺乏统一规划的情况下成为社区,其居民主要是漳泉渔民,建筑物杂乱无章,巷子如同迷宫,公共通道狭窄,发生火灾时消防车根本无法进入,也无法临时取水。这项毛病似乎普遍存在华人社区中,视全球各埠之唐人街,建筑凌乱错置,整体缺乏线条感,店招五花八门,电缆交错。堪与拉丁社区或黑人社区比乱。

② 岛上居民吸食鸦片者,在私人住宅自吸,任之。民国之后,鼓浪屿成为一些下野军阀、失意政客和南洋归侨的聚居地,也带入一些吸食鸦片、家庭聚赌、蓄养婢女、纳妾的恶习。

③ 鼓浪屿由于地形原因,且工部局巡捕警力充足,同时期闽南地区盛行之土匪绑票,不敢擅入此地。曾有漳州悍匪潜入,旋被居民发现,举报至巡捕房,巡捕组织警力围捕,缉获匪徒。故多有闽地富户,迁到岛上居住。

无常、各种政治势力角逐倾轧、国家权力中心北南易位、地方实力派此消彼长、各种革命思潮暗中涌动的社会现实中,置身事外,偏安小屿,建设乱世之都市桃源,只是痴梦。鼓浪屿公共地界,作为由社区内纳税人公推代表集体自治的国际性社区,如同一块在特殊时期以特殊方式存在的"国际飞地",其良好的行政管理与社会自治传统,一直存留到1941年末太平洋战争爆发后日寇的军事占领。

三、视野和态度:鼓浪屿公共地界的近代法治样本价值

(一)如何认识租界在中国近代发展史上的意义

第一次鸦片战争之后,中华帝国天朝大国之幻象,已属自欺欺人,从变法图强到民主革命,从"亚洲第一个民主共和国"到"起了个大早,赶了个晚集",被拿破仑誉为"东方睡狮"的中国还未睡醒,而东邻日本,脱亚入欧,师法泰西之后,即开始对中国鲸吞蚕食的侵略计划。国人视中国近代史为痛史,自然视"租界"为列强殖民中国之桥头堡,视为国家独立自主权丧失之事件标签。

我们也应该辩证地认识到:租界的出现,形同在中国领土上出现一个个独立的"国中之国",这些"飞地"的存在,成为外国在中国政治、经济、文化、宗教及生活方式的展示橱窗,先前国人须留洋方能学习体会诸般事物,国人现在可以直接面对,无论是批判还是抵御、学习还是吸纳,租界在中国星罗棋布,与中国近代化发展历程合为一体、血脉相连、能量交换甚至互为因果。可以说,租界因外国列强侵略、掠夺中国而设,虽为恶因,但租界同时让国人体验到了近代工业文明的种种,从一根火柴的制造到国会中民意代表的辩论,租界打开了国人数百年来受封建专制政体所蒙蔽的眼睛,唤醒了他们被荼毒的心灵。

(二)鼓浪屿公共地界的法治样本意义

鼓浪屿历史上到底属"公共租界"或"公共地界"?学界至今并无定论,持"公共租界"论者认为:鼓浪屿除允许洋人居留外,还设立工部局和会审公堂,中国丧失了行政权和司法权,租界属性明显;持"公共地界"论者认为,鼓浪屿公共地界之设立,并非基于中国与外国之条约,而是基于形势,地方官员以"门户开放"之政策,应对日人之眈视与独食企图,地方官员与各国领事协商议方案后,奏请朝廷批准,赋予合法性。虽参照上海租界设立工部局与会审公堂,但工部局并不向领事负责,而是向董事会负责,董事会由社区纳税者推举产生,董事会与工部局之组合,更类似于一种社区自治体。同样,会审公堂之设立,自始至终,审判权掌握在中央政府和地方政府共同委派的官员手中,并无司法权丧失之说。①

鼓浪屿的社区自治在鼓浪屿公共地界存续期间,在特定的历史情况下,成为一个优质管理的国际性社区,治理机构中,会审公堂实属政府派驻之法庭,经费除部分状纸、罚款收入

---

① 会审公堂自设立起,除珍珠港事件后日军进占鼓浪屿,将中国政府委派之法官遣送回籍,另由汪伪中央政府指派法官外,历任堂长,均由合乎法统之中国政府委派、地方政府加委。会审公堂审判过程中,外国领事虽可以观审,但对案件实体审理,并无决定权。

外,由政府财政拨付,工部局属社区自治机构,所需经费,源于房屋物业税、各类牌照捐及违例行为的罚款收入,与董事会形成一个高效的行政管理机构。社区自治之模范意义,在于不同肤色、种族、民族、国家、宗教信仰、生活习惯的居民如何在一有限空间中和睦相处,平等相待;也在于居民对社区公共事务的高参与度,每逢内战兵灾或外敌入寇,鼓岛均涌入大量难民,所有难民救济及安置,主要依靠的并不是行政人员有限之管理部门,而是有赖于社区中的行业协会、士绅捐助及居民志愿参与。在厦门历史上的历次动乱中,鼓浪屿为普通民众提供了避难的庇护所,活人无数,自是功德。在许多厦门人的口述家族史中,祖上苟全性命于乱世,谱系延续,皆受益于鼓岛动荡时期的国际缓冲区和安全庇护区功能。

(三)鼓浪屿独特的文化气质与法治之关联

文化气质与法治基础。鼓浪屿在成为公共地界之前,实仅为一小型岛屿,居民多为早期附近渔民,因捕鱼时上岸休整、补网及晾晒渔获,而聚成村落。岛上淡水资源缺乏,无地面径流,井水盐度高,居住条件恶劣。第一次鸦片战争期间,英国远征军占据此屿五年,军士因痢疾或瘴疠而殁者,多于阵亡人数。成为公共地界多年后,鼓浪屿逐渐形成独特的文化气质,研究者表述有三:

一为"富者仁,贫者不贱"。即家境殷实之人,能以仁爱之心对待他人,而家境贫寒之人,或为贩夫走卒、保姆花工,心中却有自尊与光明之境,不自贱,不媚官,不仇富,贫富于公义责任,均有担当之心。

二为"众人平等,公约至上"。鼓岛基督教力量雄厚,俨然成为新教在南华之传教总部,教会设立学校、济世医院,通过教育、医疗传播基督教义,辐射周边。新教伦理中,众人平等。存世之彼时老相片,中西孩童戏耍,西童当木马供华童头上跨过,路过西人笑而未觉受冒犯,平等之精神,管窥一斑。法律面前人人平等,契约至上之精神,亦为法治之精要。

三为"礼乐传家,科学生活"。鼓浪屿有琴岛之称,爱好音乐之氛围形成,源于公界时期。音乐者,陶冶人之情操,内心平和光明,自重自爱,爱好音乐美术之人中,犯奸作科者较少。

鼓浪屿生活之华人,在西人影响下,生活方式逐渐改变,如注重卫生(防止疾病),接受现代体育(鼓岛上有著名的马约翰①)和医学(著名如林巧稚②),传播文化(如林语堂③),精神世界丰富之人,于现实中,是雅致生活的主张者和优良品格的修为者,也是法治精神之拥趸者。

---

① 马约翰(1882—1966),男,出生于鼓浪屿,曾担任清华大学体育部主任,在我国体育理论、体育教学、运动训练方面,颇有建树。

② 林巧稚(1901—1983),女,出生于鼓浪屿,曾任中国医学科学院副院长,是中国现代妇产科奠基人。一生未婚,却亲自接生5万多名婴儿。

③ 林语堂(1895—1976),男,福建漳州人,中国现代著名作家、学者、翻译家。1940年和1950年两度获诺贝尔文学奖提名,有《吾国吾民》《生活的艺术》等著作。他是贫苦传教士子弟,娶鼓浪屿廖氏富商之女廖翠凤为妻,由于在厦门无寓所,洞房时居岳父家宅,四日后携妻离去。现旧址被误勘为林语堂故居,实为廖家老宅。

四、结语

为写此文,笔者研究大量涉及鼓浪屿的地方文史资料,觉鼓岛公界之历史,记载颇丰,史料翔实,却罕有人从公共治理领域出发研究。笔者以观景心态,另辟蹊径,自成一论,见仁见智,不同观点,可以探讨。但笔者认为,对于中国近代法治史之研究,应摒弃受害人心态,脱离狭隘民族主义之偏执激进,破传统中华正统"华夷之防"的文化鸵鸟心态,方能客观、公正地审视这段历史,于中国现代法治化进程,方能有所裨益。

1847：一场以鼓浪屿为起点的"开眼看世界"之旅

何书彬*

[摘要]　1842 年,《南京条约》签订,清政府开放广州、厦门、福州、宁波、上海等五处为通商口岸,按照唐德刚先生的说法,中国从此进入了"历史的三峡"。初入峡口的中国人,以林则徐、魏源、徐继畬等为代表,开始了"开眼看世界"的历程,但他们的著作都不是中国人亲身考察西洋的成果,而是转述于外国传教士用中文写成的图书等材料,在鸦片战争后第一个前往西方国家并且留下记述的中国人,乃是一名鼓浪屿居民——林针。1847 年至 1849 年,林针游历美国,并且写下了中国走向世界的最早"报道"——《西海纪游草》。

[关键词]　鼓浪屿　美国　西海纪游草

1847 年,一名鼓浪屿居民踏上了前往美国的航程,并写下了《西海纪游草》一书。与当时大批被贩运到海外的中国苦力不同,后者几乎都是不识字的贫苦农民,而前者却是一个读书人。

他的名字叫林针,今天的人们,仍可以看到他在鼓浪屿日光岩上留下的石刻:"鹭江第一"。

那时的鼓浪屿,已经成为一个华洋杂处的地方,在当时中国的多数读书人看来,这是很难接受的一件事情,因为从此之后,曾经在他们眼中至关重要的"夷夏之防",已经不复存在。

来到鼓浪屿的西方人,给鼓浪屿带来的不仅仅是西式的建筑和商业模式,还带来了一种全新的生活方式和生活理念,毫无疑问,林针是极为认可这种变化的,要不然,他也不会称当时的鼓浪屿为"鹭江第一"。

他的这些看法,无疑和他的美国之行有着莫大的关系。那么,他为什么会前往美国,他又在当时的美国看到了什么呢?

一、一个鼓浪屿人的"西海纪游"

1853 年,卡尔·马克思在《中国革命与欧洲革命》一文中这样写道:"英国的大炮破坏了中国皇帝的威权,迫使天朝帝国与地上的世界接触。与外界完全隔绝曾是保存旧中国的首要条件,而当这种隔绝状态在英国的努力之下被暴力所打破的时候,接踵而来的必然是解体

*　何书彬:北京五星传奇文化传媒有限公司　北京　100000

的过程,正如小心保存在密闭棺木里的木乃伊一接触新鲜空气便必然要解体一样。"①

何为旧中国呢?卡尔·马克思将之定义为"野蛮的、闭关自守的、与文明世界隔绝的"②国家。他没有用半个字表示对清廷的同情,因为"一个人口几乎占人类三分之一的大帝国,不顾时势,安于现状,人为地隔绝于世界并因此竭力以天朝尽善尽美的幻想自欺……注定要在一场殊死的决斗中被打垮"。③ 在这种情况下,"中国的财政、社会风尚、工业和政治结构"④必将经历深度变革。

应该说,马克思已经准确地捕捉到了中国近代史的潮流所在,在他写这些话之前,在与欧洲相隔万里的小岛鼓浪屿上,人们已经体验这场变革的到来。

根据现有的资料,我们可以知道,1824 年,林针出生在福州,他的曾祖父曾经为官,但到他祖父时家道就已经没落。为了生计,他的伯父到厦门从商,祖母随后又带他们全家迁居厦门,林针从而成为一名鼓浪屿居民,作为佛教徒的他,常常热心参与日光岩寺的管理。

1841 年,英军驻扎在鼓浪屿,随后厦门开埠,外国人纷至沓来,改变了林针的生活轨迹。在这个充斥着外国水手和商人的城市,林针很快学会了英语。由于当时同时精通中文和英文的人极少,林针很自然地受到了外商的看重,各国商人都委托他经理通商事务。

那时的西方各国,因为在中国的商务活动越来越多,也急需汉语人才。1847 年,新婚未久的林针接到了一纸来自美国的聘书,"受外国花旗聘舌耕海外"⑤,并于这一年 2 月启程赴美当汉语教师。

这时中美两国,相互的了解都还很有限。在 1840 年前后,中国虽然出现了一些介绍包括美国在内的西方各国的图书,比如林则徐的《四洲志》、魏源的《海国图志》和徐继畲的《瀛环志略》,但这些书都不是中国人亲身考察西洋的成果,而是转述于外国传教士用中文写成的图书等材料。

从这个角度而言,在中国近代史上,林针才是名副其实的"开眼看世界"的第一人,只不过他是以民间身份前往美国。

乘坐着一艘三桅帆船,林针横越太平洋,开始了长达 140 天的海上颠簸。对他而言,这是一段既新奇又艰辛的经历。在游记中,他这样写道:

> 岁维丁末,月届仲春;爰借西风,远游西极;萧萧长夜,碧海青天;黯黯离愁,临形吊影。驹蟠过刻,廿四年之去日匆匆;傀儡登场,九万里之奔波碌碌。感时抚景,惨淡吟诗;往事聊陈,焉能情已。于是,谱海市蜃楼,表新奇之佳话;借镜花水月,发壮丽之大观。
>
> 嚅蔘集茶,苦中之苦;披星戴月,天外重天。父母倚闾而望,星霜即父母之星霜;家人筹数愆期,冷暖殆家人之冷暖。腹如悬磬,晨夕不计饔飧;身似簸箕,日夜漂流风雨。

① 中央编译局编:《马克思恩格斯全集》第九卷,人民出版社 1961 年版,第 111 ~ 112 页。
② 中央编译局编:《马克思恩格斯全集》第九卷,人民出版社 1961 年版,第 110 页。
③ 中央编译局编:《马克思恩格斯全集》第十二卷,人民出版社 1962 年版,第 587 页。
④ 中央编译局编:《马克思恩格斯全集》第九卷,人民出版社 1961 年版,第 111 页。
⑤ 钟叔河主编:《走向世界丛书:西海纪游草·乘槎笔记·诗二种·初使泰西记·航海述奇·欧美环游记》,岳麓书社 1985 年版,第 14 页。

千金一饭,王孙容易豪雄;百结愁肠,绝域难堪腥臭。灯如求壁,水甚淘金。年来心迹迷茫,有谁知已;此日之关山迢递,即景生愁。鬼气蛙声,频增旅恨;蓬头垢首,强啜糟醨。水手跳梁,呼余伙计;艄公督令,宛尔将军。伍子吹箫,英雄气短;周郎顾曲,儿女情长。梦里还家,欢然故里;醒仍做客,触目红毛。

四旬航海,惊觉寒暑三更;两阅人生,虚度韶光什二。回忆牛衣对泣,游人有知室之乖。举头斗柄频更,荡子抱无家之痛。东西华夏,球地相悬;南北舆图,身家背面。痛思及此,涕出潸然;逝者如斯,情深今古矣![①]

二、鼓浪屿人在纽约

这时的林针已经知道,由于地球是圆形且地球自转的缘故,当他快到美国时,他所经历的昼夜已和家乡相反,这增加了他的离乡之情。1847年6月,他所乘坐的商船抵达纽约,在三个多月的海上漂流后,又一次踏上土地,且是一片与家乡截然不同的土地,他十分兴奋。

在他的游记里,我们可以体会到他这份心情:

时而寂寞光阴,空仍是色;继暂逍遥云汉,醉不关痴。睹环海之连天,天仍连海;念双亲之思子,子更思亲;桴海远游,谩笑囊无长物,图书左右,竟望地不容锥;水绿山青,蘧喜舍舟登彼岸;花明柳暗,来随飞絮去飘萍。屈指桃放春芳,不觉莲香夏至。[②]

这是一个南北战争之前的美国,北方以纽约为中心,大工业体系已经十分繁荣。在纽约所看到的景象,对林针而言,既是新鲜的异域体验,也是一幅颇有冲击力的近代化社会图景:

百丈之楼台重叠,铁石参差;万家之亭榭嵯峨,桅墙错杂。舳舻出洋之口,引水掀轮;街衢运货行装,拖车驭马。浑浑则老少安怀,嬉嬉而男女混杂。田园为重,农夫乐岁兴歌;山海之珍,商贾应墟载市。博古院明灯幻影,彩焕云霄;巧驿传密事急邮,支联脉络。暗用廿六文字,隔省俄通;沿开百里河源,四民资益。酋长与诸民并集,贵贱难分;白番与黑面私通,生成杂种。天堂地狱,奉教兢兢;赎罪捐躯,超生一一。[③]

一边是繁华的现代城市,一边是繁忙的国际港口,除了有向公众开放的博物馆,新兴的

① 钟叔河主编:《走向世界丛书:西海纪游草·乘槎笔记·诗二种·初使泰西记·航海述奇·欧美环游记》,岳麓书社1985年版,第35~36页。
② 钟叔河主编:《走向世界丛书:西海纪游草·乘槎笔记·诗二种·初使泰西记·航海述奇·欧美环游记》,岳麓书社1985年版,第36页。
③ 钟叔河主编:《走向世界丛书:西海纪游草·乘槎笔记·诗二种·初使泰西记·航海述奇·欧美环游记》,岳麓书社1985年版,第36~37页。

电报也得到了广泛的使用。这就是林针在纽约看到的一个发达的工商业社会之图景。此外他还看到了美国人在政治生活上，官民平等，没有人因为身份就可以获得特权，而在彼时的中国，以紫禁城为中心的庞大官僚系统，仍和民间有着森严的壁垒。

接下来，林针又看到了美国社会的更多方面：

舣海舰舸列阵，子母炮连城；坤灵日月旋乾，浑天仪秉鉴。郡邑有司，置刑不用；城乡要害，寓兵于农。刻字为碑，瞽盲摩读；捐金置舍，孤寡栽培。车舂水织，功称鬼斧丛奇；铁铸书镌，技夺天工灵活。或风或雨，暴狂示兆于悬针；乍暑乍寒，冷暖旋龟于画指。山川人物，镜中指日留形；术数经纶，学校男师女傅。

一团和气，境无流丐僧尼；四毒冲天，人有奸淫邪盗。应心得手，创一技便可成名；远国他邦，道不同目为愚蠢。四海工商毕集，阜尔经营；卅声民庶丛生，年增倍蓰。医精剖割，验伤特地停棺；事刊传闻，亏行难藏漏屋。南圃南农遍地，棉麦秋收；北工北贾居奇，工人价重。黑面生充下陈，毕世相承；土官众选贤良，多签获选。暴强所扰，八载劳师；统领为尊，四年更代。四时土产，物等价昂；半据荒洲，地宽人少。①

看来林针是做了很仔细的观察，还游览了美国南方。他不仅看到了强大的美国舰队，对美国的航海技术也十分称道，这时美国船只已完全按照经纬度来确定航向，而中国的地理知识还停留在明末的利玛窦水平。在西方大踏步前进的两百年间，中国却在原地停滞了。

让林针惊讶的又何止这些呢，他还看到了美国人为盲人制作图书，慈善事业十分发达；使用水力和燃煤的机器在生产中已十分普及；新闻业的成长，促进了美国政治的透明；各级官员直至总统，都要凭借选票才能上任而且还有一定的任期；美国民众生活富庶，工人的待遇很高。

对于照相机这个新鲜事物，林针很感兴趣，但他说自己更有志于舟车之学，即学习如何生产蒸汽机，用作车船的新动力，当然他也知道，这也许不是他想做就能做成的一件事情。

林针在美期间还做了一件事情，那就是他解救了26名遭英商拐卖的华工。他来美国，是从潮州出发的，在启程前他就听说有英商在潮州拐卖华工。待林针到纽约后，恰好遇到这艘从潮州来的苦力船停靠在纽约港，他就去探望，华工向他大倒苦水：英商只是说带他们到爪哇，并且过上一段时间就允许他们回家，结果英船过爪哇而不入，大家才知道受骗了，不知道会被卖到英国的哪个殖民地。

这时林针已对美国的司法运作有所了解，就聘请了一名美国律师为这批华工打官司，英商不得不释放了受骗华工，美国法官还宣判，英商需支付费用，雇船送这批华工归国。

林针应该是对他做的这件事情很满意，特意写了一篇《救回被诱潮人记》，仔细地讲述了这件事的前前后后。

---

① 钟叔河主编：《走向世界丛书：西海纪游草·乘槎笔记·诗二种·初使泰西记·航海述奇·欧美环游记》，岳麓书社1985年版，第37～39页。

三、从坐井观天到测海窥蠡

1849 年 2 月，林针结束了他在美国一年多的汉语教学，回到了鼓浪屿，并开始着手写作美国游记，4 月，他完成《西海纪游草》一书。

这本薄薄的小册子，遂成为中国亲历者对西方的最早报道。在书中，林针感慨道："去日之观天坐井，语判齐东；年来只测海窥蠡，气吞泰岱。眼界森临万象，彩笔难描；耳闻奇怪多端，事珠谁记？"[①]

从林针的自述中，我们可以体会一百多年人们第一次"开眼看世界"的心境：以往只能凭借道听途说，知道一些真假莫辨的知识，现在有了一些亲身经历，看到的虽然也只不过是茫茫大海之中的一些贝壳，但眼光和气概就和以前大不一样了。

在一开始，林针的游记只是在友人、同乡之间传阅，像林针在美国的体验一样，人们看完他的游记后，所留下的"美国印象"也是十分新奇。

署名"王广业"者在为林针所写的序言中说："夫人踞蹐于一室之中，老死于户牖之下，几不知天地之大，九州之外更有何物？一二儒生矫其失，则又搜奇吊异，张皇幽渺，诧为耳目之殊观，不知天元地黄，一诚之积也。诚之所至，异类可通，况在含形负气之伦有异性哉？"[②]

这段话认为，只要是"含形负气"的人，哪怕是远在异域，也可以互相往来和理解，这和把夷狄几视为禽兽的旧观念已经是有了很大不同了，在西方有形的军事、商业力量的冲击之外，新观念的产生，也开始在无形之中消解"夷夏之防"了。

更多的序言是在赞叹林针远游的壮举。署名"英桂"者在为林针写序言时，称他为中国两千年来最为"游之远而且壮者"；署名"周立瀛"者说，自古人们认为琉球距离中国就已经足够远了，林针所行比去琉球更远上数十倍，"何其壮欤"；署名"周揆源"者说，徐霞客作为中国历史上的大旅行家，其所记录的事物已经足够使人感到惊讶，林针比徐霞客走得更远。

又何止是赞叹呢？正如马克思所说，鸦片战争之后的中国，已经不可避免地要迎来深层变革，他将之称为中国的"革命"，就在林针的游记被传阅的时候，中国近代史上第一次向西方学习的运动——洋务运动也正在萌芽。

1866 年，闽浙总督左宗棠上疏清廷："自海上用兵以来，泰西各国火轮兵船直达天津，藩篱竟成虚设……欲防海之害而收其利，非整理水师不可；欲整理水师，非设局监造轮船不可。"[③]请求在福州设立船厂和船政学堂，按照西法修建新式轮船和培养造船人才。随后，福州船政正式开办。

或许正是在这一过程中，到处搜罗有关西方国家材料的左宗棠也看到了《西海纪游草》一书，在详细阅读后他将之存阅。湘军将领出身的他，肯定会对林针描写的美国海军的盛况

---

① 钟叔河主编：《走向世界丛书：西海纪游草·乘槎笔记·诗二种·初使泰西记·航海述奇·欧美环游记》，岳麓书社 1985 年版，第 39 页。

② 钟叔河主编：《走向世界丛书：西海纪游草·乘槎笔记·诗二种·初使泰西记·航海述奇·欧美环游记》，岳麓书社 1985 年版，第 32 页。

③ 孙占元：《中国思想家评传丛书：左宗棠评传》，南京大学出版社 1995 年版，第 362 ～ 363 页。

印象深刻，面对亟待进行换血改造的大清水师，他会做何感想呢？

洋务派的另一重要人物徐继畬也看到了《西海纪游草》，他本人很早就对美国的社会和政治运作抱有好感，曾在自著的《瀛环志略》一书中这样称赞美国第一任总统华盛顿："异人也。起事勇于胜广，割据雄于曹刘，既已提三尺剑，开疆万里，乃不僭位号，不传子孙，而创为推举之法，几于天下为公，骎骎乎三代之遗意。其治国崇让善俗，不尚武功，亦迥与诸国异。余尝见其画像，气貌雄毅绝伦，呜呼，可不谓人杰矣哉！米利坚合众国以为国，幅员万里，不设王侯之号，不循世及之规，公器付之公论，创古今未有之局，一何奇也！泰西古今人物，能不以华盛顿为称首哉！"①

以朝廷命官之身份，徐继畬这样称赞一名外国元首，而当时的清廷之专制又登峰造极，他很快遭到了一群言官的围攻并被朝廷贬斥。不知林针描写的那个美国，又引起了徐继畬的什么感想呢？

1867 年，《西海纪游草》在面世 20 年之后终于付梓刊刻。这一年，徐继畬已经 72 岁，他已预料到受时势所限，此后他不可能再有大的作为，在为《西海纪游草》所写的题记中，他写下了意味深长的这样两句话："鹭岛十二峰之外，鹏程九万里之遥。"

那个近代世界，距离彼时的中国，到底是远还是近呢？

---

① （清）徐继畬：《近代文献丛刊·瀛寰志略》，上海书店 2001 年版，第 277 页。

汉语拼音化与鼓浪屿关系初探

洪思明*

【摘要】 从 19 世纪中叶到 20 世纪中叶,鼓浪屿成为中西语言文化交流的热点地区之一。最早来到鼓浪屿的外国人大部分是传教士。消除语言障碍的需要导致了所谓"白话字"(Pèh-oē-jī)的形成。白话字是用罗马字母写的,用来书写厦门方言的闽南话书面语。鼓浪屿上的特别文化环境也推动了 20 世纪前半叶的语文改革运动的发展。多年在鼓浪屿生活的卢戆章是最早出版一种汉语拼音方案的中国语言学家,因此他是 20 世纪前半叶语文改革运动的先驱。

一、鼓浪屿上的传教活动与闽南白话字的关系

1844 年厦门开埠之后,最早来鼓浪屿外国人的活动以传教为主。当时愿意对本地人传播基督教的传教士遇到的最大障碍是语言文字沟通难题。作为官方语言的文言文,不但对传教士来说非常难学,而且本地人也大部分不熟悉它。反而,本地人说的闽南话当时缺乏一个标准的书面语。

为了解决语言文字沟通难题,最适合的办法是用外国传教士们熟悉的拉丁字母创造闽南话的一种拼音系统。这样传教士们会比较简单地学好闽南话,而且本地人用自己的母语会看基督教文献。汉语的拉丁化有比较长的历史。最早用拉丁字记录汉语(北方话)的人物是 16 世纪意大利人耶稣会传教士利玛窦(Matteo Ricci)。利玛窦编辑的《葡汉字典》里使用的所谓"利氏注音系统",是汉语拉丁化的起点。闽南话罗马字化的历史开始于东南亚华侨社区和西方传教士的交流。住在马六甲的英国人传教士马礼逊博士(Dr Robert Morrison)从 1815 年开始和华人华侨在一起编辑了《罗马化会话手册》,目的是帮助到闽南传教的外国传教士学好闽南话。白话字的系统化是美国归正教会传教士打马字博士(Dr John van Nest Talmage)在鼓浪屿工作的成绩。他 1847 年被派到厦门,后在鼓浪屿定居下来,而后来几乎半世纪在岛上积极地推广白话字的使用。他最早学习了马礼逊博士的《罗马化会话手册》,而且以后开始了白话字的进一步标准化。他编纂的《厦门音字典》出版于 1894 年(他逝世后两年),一直以来都是推广白话字的经典。

---

* [匈]洪思明(Sebestyén Hompot):厦门大学中文系　福建　厦门　361005

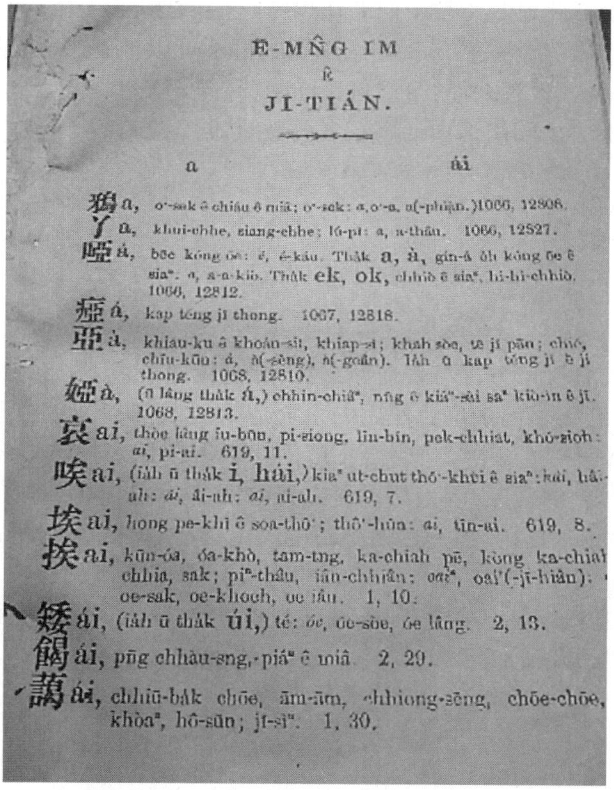

E-MN̂G IM
ê
JI-TIÁN.

a — ái

猧 a, o·-sek ê chiáu ê miâ; o·-sek: a, o·-a, a(-phiàn.) 1066, 12806.
丫 a, khui-chhe, siang-chhe; ló-pi: a, a-thâu. 1066, 12827.
啞 á, bōe kóng ōe: é, é-káu. Thâk a, à, gín-á òh kóng ōe ê siaⁿ. a, a-a-kiò. Thâk ek, ok, chhiò ê siaⁿ, hi-hi-chhiò. 1066, 12812.
瘂 á, kap téng jī thong. 1067, 12818.
亞 à, khiau-ku ê khoán-sit, khiap-si; khah sòe, tē jī pâi; chió, chīu-kūn: á, à(-sèng), à(-goân). Iáh ū kap téng jī ê jī thong. 1068, 12810.
婭 à, (ū lâng thák á,) chhin-chiâⁿ, nn̄g ê kiáⁿ-sài saⁿ kiò-in ê jī. 1068, 12813.
哀 ai, thòe lâng iu-būn, pi-siong, lîn-bín, pek-chhiat, khó-sioh: ai, pi-ai. 619, 11.
唉 ai, (iáh ū thák i, hái,) kiaⁿ ut-chut thó·-khùi ê siaⁿ: hai, hâi-ah: ái, ái-ah: ai, ai-ah. 619, 7.
埃 ai, hong pe-khì ê soa-thô·; thô·-hûn: ai, tîn-ai. 619, 8.
挨 ai, kūn-óa, óa-khò, tam-tng, ka-chiah pē, kòng ka-chiah chhia, sak; piⁿ-thâu, iân-chhiân: oaiⁿ, oai(-jī-hiân); oe-sak, oe-khoeh, oe iâu. 1, 10.
矮 ái, (iáh ū thák úi,) té: óe, óe-sòe, óe lâng. 2, 13.
餲 ái, pn̄g chhàu-sng, piàⁿ ê miâ. 2, 20.
藹 ái, chhiū-bák chōe, ām-ām, chhiong-sēng, chōe-chōe, khòaⁿ, hô-sūn; jī-siⁿ. 1, 30.

图 1 打马字所著 ***E-MNG-IM E JI-TIAN***（《厦门音字典》）首页

美国归正教会传教士毕腓力（Philip Wilson Pitcher）于 1912 年出版的《厦门纵横——一个中国首批开埠城市的史事》（*In And About Amoy - Some historical and other facts connected with one of the first open ports in China*），在本书的第 11 章（“闽南白话字/Amoy Romanization”）这样描写白话字的形成：“或许没有谁能像这位拼写汉字新方案的主要创始人约翰·打马字牧师那样，得到了三个差会，即美国归正教会、大英长老会和伦敦公会的同仁们的衷心拥护。当时（1850 年），大英长老会的用雅各（Rev. James Young）牧师和美国归正教会的罗啻牧师（Rev. Elihu Doty）热心于闽南白话字的教学，他们在厦门一所教会校任课。约翰·打马字博士也教一个班，每星期教四个晚上。那时，没有识字课本或出版物。第一件印刷品是用雅各牧师翻译的《创世纪》里主要是约瑟夫生平那一部分，它是在广州印刷的。当然，最初所有的闽南白话字都是木刻雕版印刷的。直到 1864 年或 1865 年，才引进活字和一架印刷机。美国归正教会的万约翰牧师负责把这第一架印刷机运到厦门。”①

毕腓力在本章引述打马字博士于 1850 年 12 月 17 日写的信。从此也可见，早期传教士创始闽南白话字的主要目的是使传播基督教变得更容易：“问题是到底有没有什么方法能使这些人变成识字的人，特别是通过这种方法使上帝的话可以被基督教徒们所接受，而且自

① ［美］毕腓力：《厦门纵横：一个中国首批开埠城市的史事》，何丙仲译，厦门大学出版社 2009 年版，第 132 页。

已能够很流畅地阅读。此地的传教士们老在思考这些问题……现在我们有些人想试试看,罗马字母的《圣经》以及其他宗教书籍的意思到底可不可以被基督教徒所接受,他们现在还不能够阅读,但对基督教很有兴趣,希望自己能阅读《圣经》。"①

按照毕腓力的说法,"闽南话白话字读者的数量难于精确估计,较有把握的估计大概有5000 至 6000 人"。②

二、厦门白话字之后的历史

从 1949 年开始,各汉语方言与普通话相比,影响减弱下来了,厦门话也不例外。在中国大陆,对闽南话的拼音化目前最广泛使用的系统是 20 世纪 80 年代在厦门大学创造的,基于《汉语拼音方案》的《闽南方言拼音方案》。厦门白话字使用者比较多的另外两个地区是台湾和东南亚。尤其是台湾地区,因为那里研究闽南话、在网上推广闽南话的使用的人不少。国际网上百科全书"维基百科"有用白话字写的闽南话版本,称为"Wikipedia Bân-lâm-gú"③(维基百科闽南语)。最近在厦门,对鼓浪屿的历史和文化遗产的研究日益增多,其中对厦门白话字的兴趣也越来越大。2013 年,鼓浪屿申报世界文化遗产的时候,林世岩编辑的《厦门话白话字简明教程》出版了。

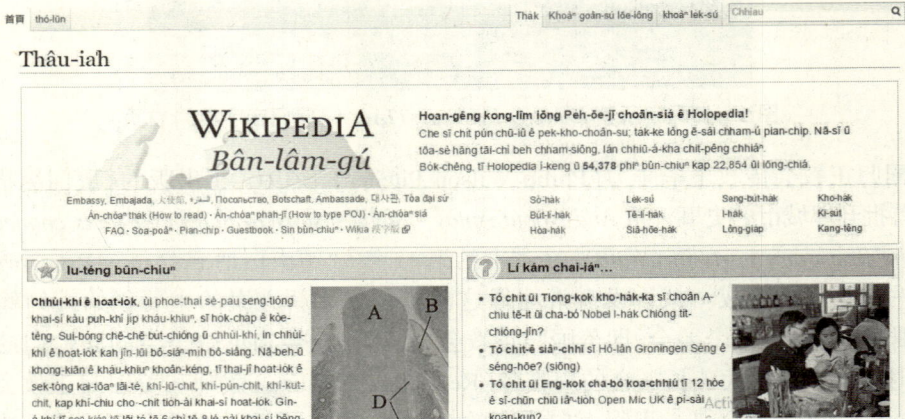

图 2 闽南话维基百科首页

---

① [美]毕腓力:《厦门纵横:一个中国首批开埠城市的史事》,何丙仲译,厦门大学出版社 2009 年版,第 132 页。

② [美]毕腓力:《厦门纵横:一个中国首批开埠城市的史事》,何丙仲译,厦门大学出版社 2009 年版,第 133 页。

③ 见 https://zh-min-nan.wikipedia.org/wiki/Th%C3%A2u-ia%CC%8Dh。

三、卢戆章：汉语拼音文字的先驱

对鼓浪屿和汉语拼音文字的发展有关系的另外一名重要的人物是生于福建省同安县（今厦门市同安区）的卢戆章（1854—1928）。卢戆章是对汉语拼音化作重大的研究工作的第一名中国人，以前研究这个问题的学者都是外国人。1875年他科举失意以后，受当时代潮流的影响而南渡新加坡。在新加坡的时候他学好了英语，受到了现代西方教育的影响，因此和不少当代中国读书人一样，变为语言文字改革的主张者之一。卢戆章认为中国社会发展的最大障碍之一是百姓中的文盲，为了成功扫盲，像西方国家中使用的一种拼音字母系统必不可少。

1879年，卢戆章回福建以后在鼓浪屿寄居，他一边教外国人闽南话，一边教本地华人英语，成了鼓浪屿的著名人物之一。他积极帮助住在鼓浪屿上的一些著名外国汉学家的工作。伦敦布道会的麦高温（John MacGowan）从1863年开始，超过半个世纪均在厦门工作，他精通汉学，著作颇丰，其中就有《厦门方言英汉字典》。翟理斯（Herbert A. Giles）是英国外交家和语言学家，被尊为英国汉学三大星座之一①，他从1878年到1881年驻厦门领事。在麦高温的推荐下，卢戆章参与翟理斯主编的《华英字典》的编纂。该书是为了帮助外国传教士学习当地语言的一种字典。当时鼓浪屿成了在闽南地区传教活动的中心，外国人关于闽南话拼音化编纂的作品中有打马字博士的《唐话番字初学》（1852）、《厦门音字典》（1894）和罗啻（Elihu Doty）编纂的《英中厦门本地话指南》（即《厦门话课本》，1855）。在闽南白话字的形成和发展过程的影响下，卢戆章于1892年出版了《一目了然初阶》（即《中国切音新字厦腔》）。这部著作是最早由一名中国语言学家编撰并谈论汉语拼音化问题的著作，因此1892年被认为是中国现代汉字改革运动的起始。

《一目了然初阶》中所谓"中国切音新字"，是基于拉丁字母的一种拼音字母。切音

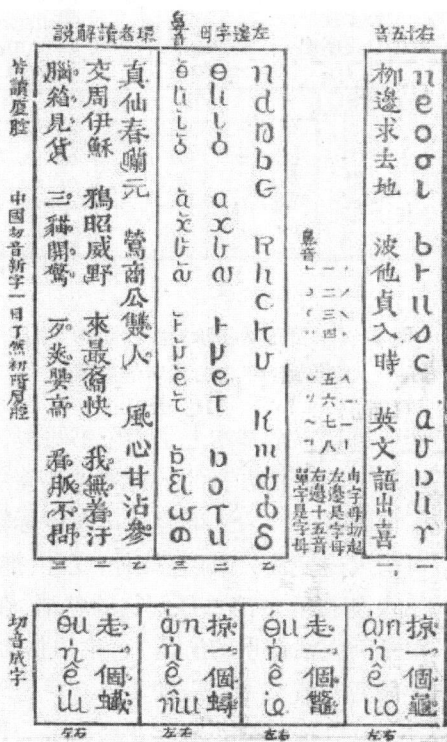

图3 《一目了然初阶》里"中国切音新字"图表

---

① 翟理斯是由威妥玛（Thomas Wade）创造的"威氏拼音法"的修订者，因此英语中把威氏拼音法称为Wade-Giles Romanization（威翟罗马化）。这套罗马化方案，在1958年汉语拼音的介绍之前是在外国最广泛使用的拼音法。英国早期汉学的"三大星座"还包括理雅各（James Legge）和德庇时（John Francis Davis）。见 http://www.cnki.com.cn/Article/CJFDTOTAL-RWCK200900038.htm。

新字采用韵声双拼,声母居右,韵母居左。声母有 15 个,韵母有 33 个,还有在字母上加符号而形成的 14 个鼻化音。厦门话的七个不同声调也是采用字母上边写的符号表示的。切音新字是从右往左写的,实行分词连写,双音节词是采用短横连接的。

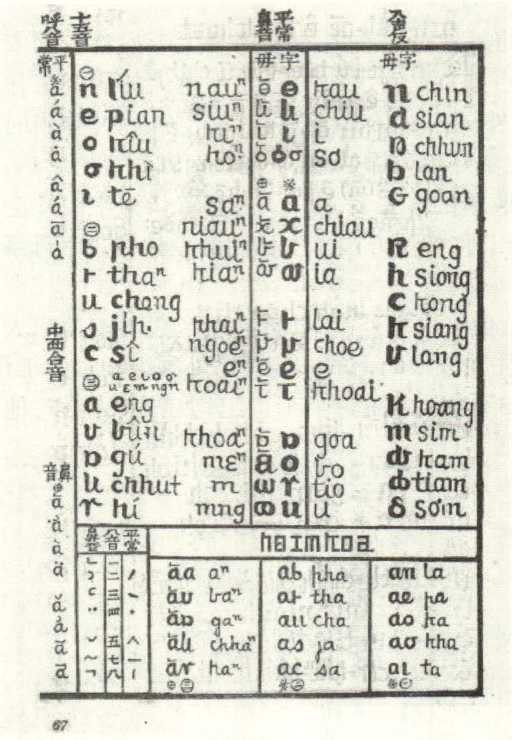

图 4 《一目了然初阶》第 67 页中"中国
切音新字"与白话字的对照

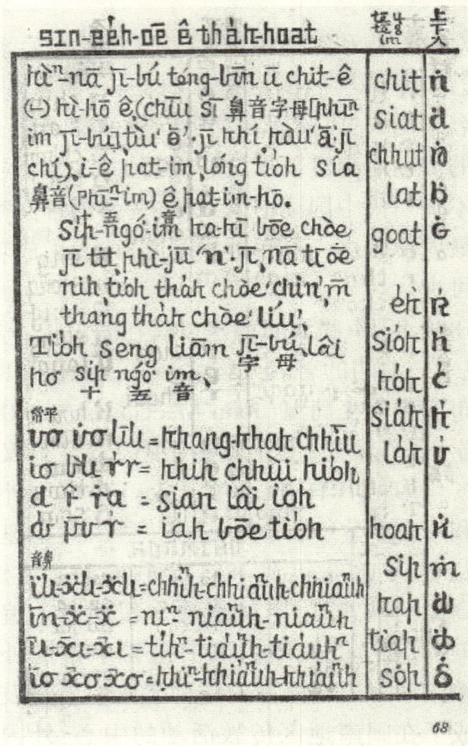

图 5 《一目了然初阶》第 68 页中用白话字(上)
和"中国切音新字"(下)写的练习读物

他的拼音方案基本上是为了书写厦、漳、泉等闽南地区的方言创造的,然而他的最终目的是创造中国各个方言的一种普通拼音字母系统。1898 年,戊戌变法开始,他几乎成功地实现了他的目的。清工部虞衡司郎中林辂存对他的切音字极为赞赏,主张把它传播到全中国。可惜戊戌变法失败以后国情变乱,推行切音字的事被搁下来了。

1899 年接受台湾总督倪宝的聘请,在台湾工作了三年。这三年,他研究了日本统治下为了记录闽南话使用的所谓"台湾语假名"。这个拼音方案是日文里对记录外来词使用的所谓片假名音节文字的一种变体。卢戆章在《中国切音字母》(1906)里对北京话、厦漳泉潮州话、广东话、福州话各地读音提出了一种新的拼音方案,共有 25 个声母和 94 个韵母,其中厦门切音字母包括 18 个声母、45 个韵母。和拉丁字母式的"中国切音新字"不一样,"中国切音字母"是用偏旁式形成的,韵母写在中间,韵母按声调不同写在韵母的上下左右。

回到中国大陆以后,卢戆章再次在鼓浪屿定居。他仍然没有放弃把自己的拼音文字传播到全国。1905 年到 1906 年,他在北京尝试对不同政府机关推行《中国切音字母》出版的拼音方案。虽然有人赞赏他的工作,但没有成功实现他的目的。以后他对之前的著作略加修改,在上海出版《中国字母北京切音教科书》和《中国字母北京切音合订》。1913 年,为核

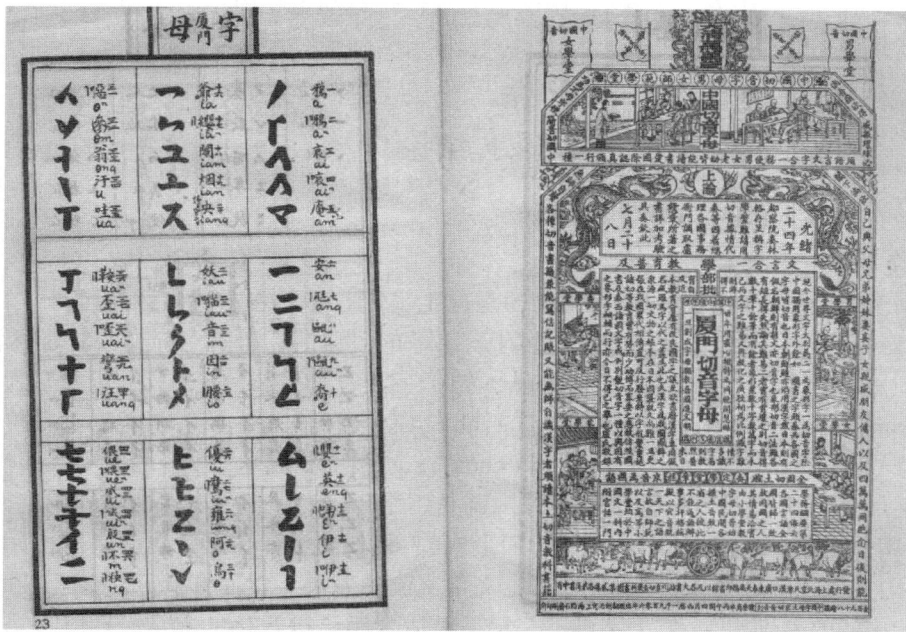

图 6 《中国字母北京切音合订》第 22 ~ 23 页"厦门切音字母表"（左边有韵母）

定标准国音，北洋政府在北京组织"读音统一会"。卢戆章作为福建省委员参加这次会议。最后核定的方案仿浙江省委员章炳麟的工作，使用篆书符号而形成的"注音字母"。注音字母从1918 年开始成为"中华民国"的官方拼音方案，虽然至今通过了不少修改，但在台湾地区仍然是最广泛使用的拼音方案。在中国大陆，从 1958 年开始它被汉语拼音所取代。

1915 年，对注音字母不满意的卢戆章在厦门出版《中国新字》。这套拼音系统和《中国切音字母》一样都是汉字笔画式的，但字母形体已做了调整改变，可以算是他设计的第三套拼音方案。卢戆章之后在厦门积极地继续推行自己创造的拼音方案。1916 年他出版《中华新字》，这是官话和漳泉方言的一本通俗教科书。同年，他和林尔嘉组织"中华新字促进会"，并且创刊《新字月刊》（后因意见不合而停刊）。1920 年和林尔嘉组织"切音字研究所"。

从 1921 年到 1928 年病逝，卢戆章一直在鼓浪屿教课。他 1892 年出版的拼音方案有象征性的意义，是中国语言现代化运动的起点。1992

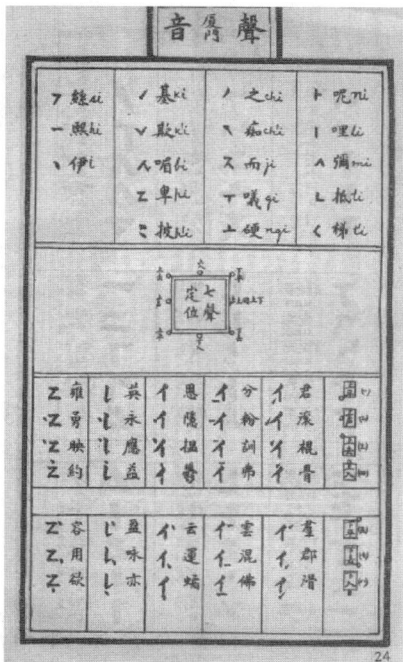

图 7 《中国字母北京切音合订》24 页"厦门切音字母表"（上边有声母图表，中间有厦门话七声的表示方法）

年，为了弘扬他的精神，在北京举行"中国语文现代化运动 100 周年纪念会"。今天，他的铜雕像依然矗立在鼓浪屿上。

四、结论

1. 不同拼音方案的比较分析

打马字博士推行的闽南白话字使用的是拉丁字母。为了表示闽南话的声母，白话字包括单字母辅音符号、双字母辅音符号，也有三字母的，例如：j［dz］（浊音），ch［ts］（清音），chh［ts^h］（送气清音）。为了表示韵母有基本拉丁字元音符号（a，ia，au，iau），并且为了表示鼻韵母（am，an，ang）和入声韵母（ak，ap，at，ah）也有一些辅音符号。不属于基本拉丁字母的两个符号是表示鼻音化的小的 n 字母（khòa^n，Sian-si^n）和表示［ɔ］音的 o· 字母（不加点的纯 o 字母表示［ə］音）。闽南话的七种声调是用字母上边的符号表示的（a，á，à，ap，â，ā，áp）。闽南白话字，因为是使用拉丁字母而形成的，和其他拼音系统比较起来有国际性的好处，对外国人也比较好学，有助于中外语言文化交流的发展。然而，因为欧洲语言和汉语的声音系统中间的差别很大，拉丁字母不一定是最适合汉语拼音化的文字。在欧洲语言里不存在的声音，复杂的韵母，辨别不同声调，就需要双三字母符号和补充符号。

卢戆章创造的第一种拼音系统（"中国切音新字"）对闽南话的每个声母和韵母有一个独立的符号，这就是和白话字相比的好处。例如用白话字六个字母写的 chhiau 音节，用"中国切音新字"写的话，只有一个声母（chh）和一个韵母（iau）符号。卢戆章创作的第二种拼音系统（"中国切音字母"），是一个特别独到的创造（以韵母符号为中间，小的声母符号按照不同声调位于韵母符号的上下右左处），但因为它的逻辑比较复杂，学好不太容易，所以未被广泛使用。

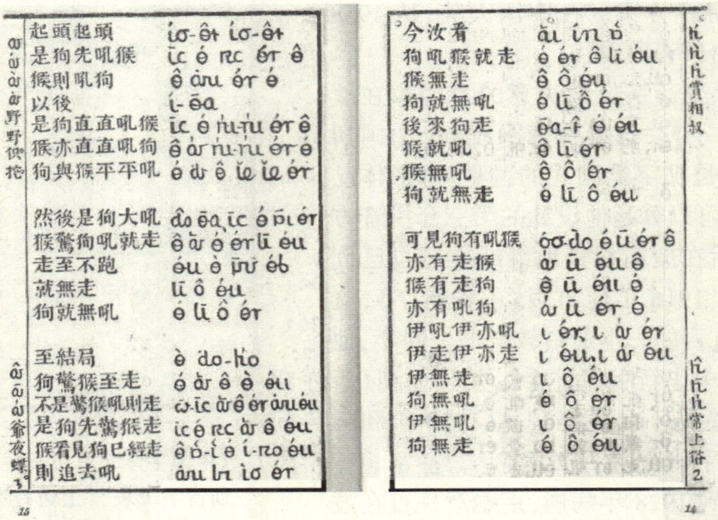
今汝看
狗吼猴就走
猴無走
狗就無吼
後來狗走
猴就吼
猴無吼
狗就無走
可見狗有吼猴
亦有走猴
猴有走狗
亦有吼狗
伊吼伊亦吼
伊走伊亦走
伊無走
狗無吼
伊無吼
狗無走
14

起頭起頭
是狗先吼猴
猴則吼狗
以後
是狗直直吼猴
猴亦直直吼狗
狗與猴平平吼
然後是狗大吼
猴驚狗吼就走
走至不跑
就無走
狗就無吼
至結局
狗驚猴至走
不是驚猴吼則走
是狗先驚猴走
猴看見狗已經走
則追去吼
15

图 8 《一目了然初阶》第 14 ～ 15 页"中国切音新字"练习读物

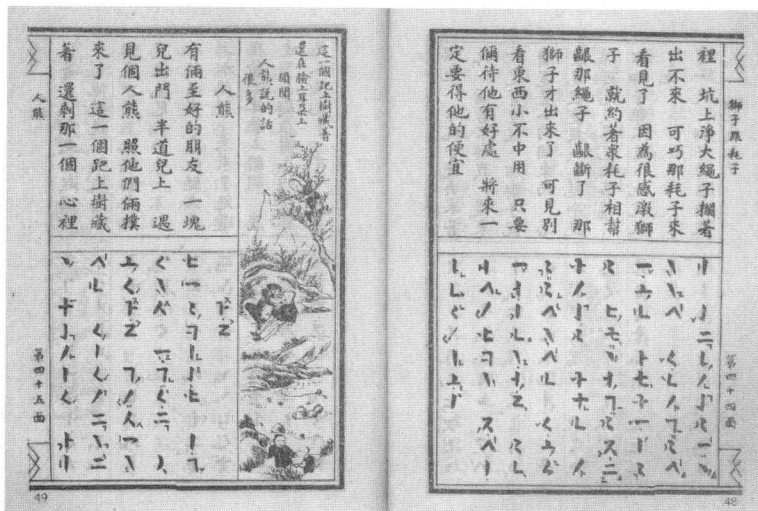

图 9 《北京切音教科书》第 48 ～ 49 页的练习读物，"中国切音字母"在下边

2. 和目前广泛使用的拼音文字比较

白话字是最早推动汉语罗马字化的一个例子，它和目前最广泛使用的拼音方案（"汉语拼音方案"）有个共同好处，就是它的国际性。当时白话字的国际性便于解决外国传教士和本地人中间的语言文字沟通难题。今天使用"汉语拼音方案"而学习普通话发音的中国学生，从小就熟悉拉丁字母，电脑输入方法和英文差不多，外国人学习中文发音，并且用中文打字的时候，不用学习另外一个文字系统。

和白话字比较，目前在中国大陆更广泛使用的"闽南方言拼音方案"（Bbánlám Hōng'ggián Pìngyīm Hōng'àn）的好处就是它更像"汉语拼音方案"，并且它不包括白话字特有的鼻音化符号（小的 n 字母）和表示 [ɔ] 音的，加点的 o·字母。前者是用一个 n 字母在韵母前写而表示的（例如 na, sna, sian-sni 读为 [ã, sã, sjan-sĩ]），把后者用两个 o 字母表示（例如 soo 读为 [sɔ]，然而把 ho 读为 [hə]）。它和"汉语拼音方案"的另外一个共同特色是，把 b 多位 [p]，而且把 p 读为 [pʰ]。在普通话里没有的 [b] 浊音写为 bb。g [k]-k [kʰ]-gg [g] 的关系也是这样。声调和白话字一样，用在字母上边写的符号表示。

虽然卢戆章创造的两个拼音方案没有被广泛使用，但目前仍然在台湾地区官方使用的注音符号，和"中国切音字母"一样，是一种笔画式拼音方案。注音符号比拉丁字母更适合汉语的声音系统，一个音节最多包括三个符号：声母、韵头和韵腹/韵尾的符号，声调是用该音节后面写的符号表示的，例如普通话 mǎ 写为 ㄇㄚˇ（m+a+声调符号），jiàn 写为 ㄐㄧㄢˋ [j+i（韵头）+an+声调符号]。

3. 鼓浪屿对语文改革运动的影响

在鼓浪屿精神文化的发展中，中西语言交流占据重要的角色。中西语言交流发展的物质表现之一是闽南白话字的形成。白话字形成发展的历史符合鼓浪屿普遍文化发展的路线，早期以外国传教士活动为主，以后岛上的文化生活越来越丰富，越来越多华人和华侨接受现代西方知识，并且对中国的现代化做出贡献。卢戆章的小传表明，鼓浪屿的特别文化环境，白话字的广泛使用是如何影响全国语文现代化运动的发展的。

佐藤春夫笔下的近代中国
——以《南方纪行》为中心

吕绮锋　吴光辉[*]

【摘要】　1920 年 6 月至 10 月,佐藤春夫游览了台湾、厦门等地,并以此次闽台之行为题材创作了纪行文《南方纪行》。与谷崎润一郎等大正文学家的中国考察不同,佐藤的此番中国体验,具有其独特的风格。在《南方纪行》中,佐藤春夫通过对中国风物、近代建设以及中国民众的书写,满足了异国情趣的同时,也树立起了中国作为"文化他者"的形象。

【关键词】　佐藤春夫　南方纪行　近代中国　文化他者

　　大正时期(1912—1926)的日本,掀起了一股所谓"支那趣味"[①]的潮流。尤其是日本文学界,怀着"对于中国文化持有的一种充满异国情调的兴趣"[②],一批近代日本文化人纷纷将目光投向中国,或以中国古典,或以自身的中国见闻为题材,创作了大量的小说、散文、纪行等文学作品。1922 年 1 月,日本当时最重要的刊物之一《中央公论》第一期设立"支那趣味研究"专栏,登载了以谷崎润一郎《所谓支那趣味》为代表的五篇短文,"支那"一词与"趣味"连用,第一次在公开刊物上出现。[③]　自此,"支那趣味"就成为描述这一时期日本人的中国情趣的流行术语。

　　佐藤春夫(1892—1964)可谓是对中国怀有浓厚兴趣的一人。少年时代,佐藤接受了良好的汉学教育,令他对中国充满了无限向往。1920 年 6 月底至 10 月上旬,应台湾行医的高中同窗邀请,佐藤春夫游览了台湾及对岸的厦门、漳州等地,回国之后,以这一次的中国旅行见闻为题材,佐藤陆续创作了《雾社》《女诫扇绮谭》《南方纪行——厦门采访册》等大量的小说、游记和小品散文。佐藤春夫的台湾纪行揭露了日本统治政策的危险性,并潜藏了对这一政策的委婉批评。因此,台湾文学研究领域曾在 20 世纪 90 年代之后急速兴起了围绕佐藤台湾题材文学作品的再度评价。[④]　不过,作为同样描写其初次外国体验的文学作品,《南方纪行》则未曾引起过多的关注。与沦为日本殖民地、为日化政策所改造的台湾不同,中国

---

　　*　吕绮锋:厦门大学外文学院　福建　厦门　361005
　　　吴光辉:厦门大学外文学院　福建　厦门　361005

　　①　"支那"一词是指从十八世纪到第二次世界大战结束日本对中国的称呼。本文除了特别需要之外,均将引用文中的"支那"改译为"中国",将"支那趣味"译为"中国情趣"。

　　②　[日]西原大辅:《谷崎润一郎与东方主义——大正日本的中国幻想》,赵怡译,中华书局 2005 年版,第 12 页。

　　③　李雁南:《大正日本文学中的"支那趣味"》,《国外文学》2005 年第 3 期。

　　④　[日]河野龙也:《佐藤春夫〈南方纪行〉的中国近代(一)——一作家が见た军阀割拠の时代》,《实践国文学》2011 年年刊,第 43 页。

大陆——厦门和漳州,究竟呈现出一个什么样的景象? 满怀着对中国的无限憧憬,佐藤在初次的中国旅行之中发现了什么? 佐藤对此展开了什么样的评价? 就此,本文尝试以《南方纪行》为切入点,来剖析佐藤春夫笔下的"近代中国"形象。

一、《南方纪行》的成立

1920 年 2 月,佐藤春夫接到在台湾南部打狗行医的高中同窗东浠市的邀请,开始策划南方之旅,并于同年 6 月成行。继台湾旅行之后,佐藤于同年 7 月 21 日至 8 月上旬游历了对岸的厦门、漳州等地。[①] 回国之后,即以本次福建南部旅行见闻为素材,对之前业已发表的作品进行改写,合并了《厦门印象》(由原载于 1921 年 11 月《野依杂志》,旧标题为《就像侦探小说里出现的人物》)《章美雪女士之墓》《集美学校》《鹭江的月明》《漳州》五篇内容,最终结集以《南方纪行——厦门采访册》之名而出版。

随着旅游业的发展和大陆铁道网的完善,"漫游中国"之风开始盛行于大正时期的日本,亦促进了"中国情趣"的形成。[②] 事实上,早于佐藤春夫,夏目漱石、德富苏峰、谷崎润一郎、芥川龙之介等一批著名作家皆访问了中国,并留下了大量的中国见闻和纪行性作品。不过,他们的目的地都无一例外地集中在北京、上海、南京、杭州等一批大城市,其旅行的轨迹也基本上是这一时期水路交通建设相对完善的中国北部和长江沿线。与之相比,佐藤游历的中国南方,则是陆上交通尚未发达的偏远小城;佐藤借宿的地方,并不是处于西方租界的现代旅馆,而是中国人经营的旅社;佐藤交往的人物,亦不是中国人之中的代表者,而是处于社会下层的一批人物。佐藤并没有邀请日本旧友或熟知日语的中国人担任导游,而是利用英语与中国导游进行交流。这样的一个外部环境,令佐藤的中国之旅充满了神秘性与模糊性——较之其他人更能感受到现实中国,亦在无意中拉大了与中国之间的距离。或许我们认为,这一时期的佐藤只能、亦始终是站在"旁观者"的角度来审视这一时期的中国。

不过,这一时期的中国,却呈现出了波澜万丈式的巨大变革。自 1912 年清帝退位,历经二次革命、护国运动、袁世凯与张勋复辟、护法运动、巴黎和会,政治形势动荡不安,大小军阀分立自治。就在这样的历史背景下,佐藤来到了中国,亲眼见证并详细记述了厦门的景致、军阀陈炯明统治建设下的漳州,为他的中国游记增添了现实意义和地域特色。换言之,《南方纪行》之中的中国体验,可以说是一个独具佐藤春夫之特色,或者说带有了"支那趣味"的"异文化体验"。

---

① ［日］大久保典夫:《佐藤春夫〈南方纪行〉》,载松村定孝、红野敏郎、吉田浠生编:《近代日本文学における中国像》,东京有斐阁 1975 年版,第 84 页。

② ［日］西原大辅:《谷崎润一郎与东方主义——大正日本的中国幻想》,赵怡译,中华书局 2005 年版,第 22 ～ 23 页。

二、《南方纪行》与中国形象

1. 中国风情与风光描写

佐藤春夫对于厦门的第一印象,不是来自于在船上看到的由红砖建筑重叠而成的"比想象中还要贫弱的城市",亦不是来自于上岸后看到的画在墙上的那些五彩斑驳的香烟广告,而是来自于一位中国少女。"我一抬头忽然看见一个美丽的亮点出现在一户人家二楼的阳台上,那是一位身穿淡紫色上衣的支那少女,她似乎注意到了什么似的,以灿烂的笑颜和明亮的目光,从蔓藤花纹的阳台上使劲俯下身去,用一只手逗弄正在地面上玩耍的猴子。——是猴子,我想,我觉得那是一只猴子,但究竟是什么我不晓得……作为厦门的第一印象,那站在阳台上穿紫色上衣少女所逗弄的,无论如何必须是一只猴子。"①这样的传统中国的日常一幕,给佐藤留下了深刻的印象。究其原因,或许中国少女活泼动人的举止、充满异域风情的"蔓藤花纹的阳台",都契合了佐藤心中的中国幻想。至于少女所逗弄的宠物,佐藤为何会执着于猴子,想必也是从其猎奇趣味与异国趣味出发加以联想的产物吧。

《鹭江的月明》,则反映出佐藤感受到的中国古典文学所描绘的诗情画意。在此,佐藤运用了极其优美的笔调,描写了鹭江从黄昏到月明的景致:"水上的薄暮缓缓地靠近我们,在这微微的暗淡之中,一切都显得哀婉优雅,这黄昏甚至注入了孤独的白鹭和古怪的神鱼所散发的一种凄异,沉浸在萨曼的诗情中。然而,萨曼的诗也好,雷尼耶的故事也好,在情趣毫无遗漏的充实程度方面,在微妙的演变效果方面,那样的空想怎能比得上这样的自然——今日鹭江的黄昏!"②面对这样的美景,他记述到:"就我自身而言,在那日之前和之后,我都再也未见过如那日的黄昏般贴合自己趣味的自然了。"佐藤不吝用浪漫唯美的辞藻描绘鹭江的黄昏和月明,直言"我开始相信公认的中国沿海地区中鹭江风光第一的社会,有人说西湖无法与之匹敌,我也表示信服"。就在为这一时刻的美景而感动的时刻,亦隐藏着佐藤对于中国情趣的憧憬。

佐藤还提到了中国的艺术,尤其是与友人一同观赏中国音乐"开天冠"的情景。"中国音乐实际上是无法用语言形容的吵闹,然而令人不可思议的是,对音乐完全无法欣赏的我——直到今日我还从没有从音乐中获得过愉悦,这喧嚣的乐声竟然引领我的心灵达到了一种昂扬的状态,连我自己都诧异不已……这样一来在这吵闹至极的乐声中巧妙地穿行时,耳畔传来了歌妓那又尖又细的声音,结果这歌声驾驭并超越了嘈杂的乐声,在此之上自然而然地构筑起了某种奇妙的静穆,唯有这静穆停留在我心上。"由此可见,原本对音乐完全无法欣赏的佐藤春夫,反而却能从中国音乐"开天冠"中获得心灵的愉悦,并且这种灵魂的亢奋"我从未在自己家乡的音乐中感受过",体现出了一种来自心底的异国情调。

2. 近代教育与城市建设

"中国"作为一个整体性概念,并不是一个静止的、传统的、过去的存在。20世纪初对于

---

① [日]佐藤春夫:《南方纪行》,转引自王向远:《中国题材日本文学史》,上海古籍出版社2007年版,第99页。

② [日]佐藤春夫:《南方纪行》,本书的译文除了特别标注之外,皆由作者本人翻译为中文。

中国而言,更是一个风云激变的年代,各种势力的轮番登台、新旧观念的对峙交融,使得此时的中国开始呈现出一个变化的、近代的、现实的雏形。这样的变化,已呈现在了佐藤笔下的福建南部城市之中。

《集美学校》是《南方纪行》的第三篇,讲述了佐藤春夫参观集美学校的见闻。集美原本是与厦门隔海相望的小渔村,1913 年,华侨陈嘉庚、陈敬贤兄弟为了华侨子弟的教育,斥资建立了集美学校。1920 年,佐藤春夫来到这里之际,教育设施已较为完善,且陈嘉庚开始在策划来年在南普陀寺附近建设大学,招募学生。"作为吝惜钱财,绝不会为公共事业而破费的中国人来说,这不仅在地方上、甚至在中国全国也是十分罕见的奇事……我对公共事业这类东西并不感兴趣,但是去玩玩也不错。"由此看来,佐藤对于集美学校之行并不十分热心。事实上,佐藤到访之时,恰逢学校放假,因此而不能目睹教学的详细情况。不过,参观校舍之时,佐藤看到玄关处显眼地挂着校主陈氏兄弟的巨幅照片,这令他感到"不甚愉快",进而对其建立学校的目的产生了怀疑。但是随后,佐藤就自省到"五十步同百步,不,哪怕是五十步同六十步,如果我们没有感受到那小小的差距,我们就会失去评判那些没有什么显著区别的人类行为价值高低的尺度"。简言之,站在公益的角度,佐藤认为兴学之举措乃是进步的、善意的,故而对于陈氏兄弟的事业表示了"敬意"。

如果说佐藤在集美学校看到的是近代教育的一种尝试,那么他在漳州所体验到的,则是近代化都市建设的一种缩影。提起探访漳州的目的,佐藤写到:"我想看看自从到达厦门以来在各处都能听到传闻的漳州这片土地,我也想瞧瞧在那里建设中的陈炯明的事业。并且,漳州军在这将近两个星期里,已经和广东军进行了一次还是八次的决战,这个传闻进一步激发了我的好奇心。"在这里,漳州这一风云汇集之地与陈炯明这一人物开始进入我们的视野。围绕这一点,日本学者河野龙也曾结合历史大环境进行详细考察①,在此不再赘述。笔者在此想论述的,是陈炯明进驻漳州之后实施了一系列城市建设,这也是佐藤春夫的兴趣之所在。

"位于漳州平原中心的漳州市面积虽大,也只不过是一个陈腐的城镇。陈炯明企图按照自己的想法重建漳州。也就是说,他想要通过他们'中华民国'人民自己的力量,在这边远地方建立起像上海、广东等那样由外国人建设的文明都市。"陈炯明的漳州新政,涉及了支持五四爱国运动、推行政治民主、推行新式教育、传播新文化、改善市政设施等一系列内容。② 他尝试将这样一个传统城市改造为现代文明都市。

到了漳州的门户——石码,佐藤第一次看到了改造后的街市:"路两旁的住屋并不是像在厦门见到的那些带有某种厚重感的砖瓦房,反而是一些崭新洁白,而又十分肤浅的洋房仿建。我觉得从这个意义上来说城市确实变差了——至少丧失了亡国的美观,虽然如此,这些新兴势力稀薄到可有可无程度的伪造品让人感到十分沮丧。"可以说,佐藤对这种所谓近代化改造的第一印象是十分失望的,并且在游览了"不风雅"的公园之后,他进而对陈炯明的人格产生了质疑:"我开始有点讨厌陈炯明了,在这之前只是对他怀有单纯的好奇心,丝毫没有夹杂着好恶的想法。然而,这个男人说不定是个投机分子。若他的人格本质上不是投

---

① 见[日]河野龙也:《佐藤春夫〈南方纪行〉の中国近代(一)——一作家が见た军阀割拠の时代》,《实践国文学》2011 年年刊,第 43 页。

② 见段云章、倪俊明:《陈炯明》,广东人民出版社 2009 年版,第 167 页。

机分子,至少现在他在漳州进行的建设或许并不纯粹。我身为旅人,怀有与旅人相符的不负责任,或许这样有些轻率,关于这个人毁誉褒贬参半的传闻,我准备在毁与贬的那一端多放一些砝码。"

这样的失望与沮丧,即便是到了进入漳州之后也没什么改变。不仅如此,担任翻译的两名台湾教师"说不要讲太多日语比较好,因为在这里大家都讨厌日本人",几乎没有为佐藤进行翻译,致使其无法理解导游的介绍,更是无法对新政有进一步的了解。不过,值得一提的是,漳州之行吸引佐藤的,却是顺道而去的孔子庙。不过,昔日朱熹在此讲学的漳州文化中心,如今却一片荒废,"现在这里有七八个人围坐在一起,在夕照中入迷地做着什么——可能是沉迷于赌博之中吧"。昔日的文化中心如今却沦落为赌徒聚集之地,在此不难看出佐藤的惋惜。

3. 古典爱情与中国民众

之所以将"爱情"与"民众"这两个毫不相关的概念放在一起探讨,是基于佐藤春夫对中国人民两种不同感受的考量。佐藤春夫到访中国的原因之一,就是他与谷崎润一郎夫人千代子之间毫无结果的苦恋。对于恋人的思慕、流浪异国的旅愁,在他认识到中国式的古典爱情之际,究竟会以怎样的笔调记述? 同时,抛开情感之后的佐藤,亦不得不与形形色色的中国人发生接触,在他笔下的普通中国民众究竟会以什么样的形象而出现?

《章美雪女士之墓》之中,佐藤春夫与导游"郑"在鼓浪屿散步,误入了一个基督教徒的墓地。经过郑的介绍,其中一座坟墓埋藏着其朋友黄祯良的未婚妻章美雪。据郑的描述,章美雪是"这一带基督徒中一等一的美人",而黄祯良——佐藤曾与他有过一面之缘——则是一位温柔且少言寡语的美少年,"他那淡淡平静下的沉郁,不就是四五年前这个时候的余韵吗"? 进而,生长在墓石边上的白色野蔷薇花"助长了我的诗情。这样一来,我在自己幻想的世界里,认识到章美雪女士真是一位楚楚可怜的女孩子"。到了《鹭江的月明》之中,佐藤春夫则看到了豪绅之子林正熊与妓女小福贵的情感。小说之中,林正熊"那纤细的姿态与略带疲惫的苍白瓜子脸,完全是极有风度的中国贵公子",小福贵则生有"极为少见的、端丽优雅的容貌",并且"当我想要细看之时,这女孩含羞到别屋去了"。面对这对古典式的才子佳人,佐藤记述到"这两人并肩坐在一起时,看起来极为般配。我想要是他们是恋人就好了。至少若要我写恋爱故事,我会写这两人"。这般和谐的场面,在《漳州》一章之中亦有所记述,看到一对男女船客不停地谈笑,佐藤感慨"好像有看不见的美丽双蝶互相纠缠着飞上了天空。——不管怎么说,这是足以让忧闷的孤独旅客歆羡的姿态"。

但是,区别于古典式才子佳人的美好情感,面对普通的中国民众,佐藤所感受到的,更多是出于文化差异下的好奇、困惑、不安、有时甚至是蔑视。在台湾驶向厦门的船上,佐藤结识了台湾商人"陈",富丽夸张的装扮使他看起来"宛若侦探小说里头出现的令人不安的可疑人物"。这样的奇怪模样,与日本人截然不同,佐藤大为关注,并在回到台湾之后还不断想起他:"滑稽夸张的服装、可怕的殷勤态度和时常放纵的行为。"与这种充满异国情趣的特殊个体相对,一般意义上的中国人,则是"一副殷勤的作态"、说话总是用"中国人特有的大嗓门";当他们沉默不语时,佐藤想到的是"总的来说,外国人沉默时的表情总让我捉摸不透",他们"从容不迫"的表情总是让人"难以依靠"。中国人是仇日的,这使佐藤在旅馆中受到服务员的欺负,并在大街上遭到醉汉的辱骂;中国人是吝啬的,对于社会公共事业,中国人"吝惜钱财,绝不会为公共事业而破费";中式的喝酒礼仪是"如果一个人喝完了,其他人也要一口喝干",这让佐藤极不适应;在下榻的旅馆中,一个绅士旁若无人地在阳台上小便,更让佐藤惊奇不已。通过这样的针对中国人的片断性描写,我们似乎可以看到佐藤春夫对于普通中国民众所采取的对立、排斥的态度。

三、佐藤春夫的中国评价

1. 对传统中国的向往

在《南方纪行》之中,佐藤对于中国的风光、传统的民俗、古典的爱情、没落的文化等都进行了详细描写与极度赞美,由此我们似乎也可以认识到其作为浪漫主义作家力求唯美主义的特质之一。尤其值得注意的是,在这样的描写的背后,我们亦可以发现其对于传统中国的向往。

佐藤春夫的中国情趣,应该说与少年时期的家学教育密切相关。佐藤出生于日本和歌县的一个世袭医生之家,父亲佐藤丰太郎是一位"爱好和歌的高雅之士,他深信春夫之才并放任其自由,被生田长江比作'歌德之父'"①。在随笔集《支那杂记》的序言——《からもの因缘》②之中,佐藤写到其父亲,提到他是一位"自我少年时代起就向我谈论'睡狮'中国,回顾鸦片战争之后的历史,预言在不久的将来世界必将以此国土为中心运转,因此我国之民一刻也不能忽视此邻国",同时欣赏中国的文艺美术,叹息中国文学之研究不可荒废,喜欢赏玩被称为"唐物"的文房器物和茶器,甚至能吟出"黄莺鸣唱出了唐诗的韵味"此类奇句的"中国爱好者"。佐藤春夫早期的中国认识之中,父亲的影响不可谓不大,正如其直言所叙:"我的中国情趣或许是近祖的意志,是父亲教育的结果。"

不过,正如前文所述,其父的中国情趣只是流于器物之表层的"尚古的风尚",因此"我的中国认识也必然就相应地属于旧式之物"。对于中国的古典文学的迷恋,成为佐藤春夫中国情趣的核心内容之一,他自言"我所有著作的一半或是三分之一写的似乎都是与中国有关的东西",正如他译介了中国古典文学诗集《车尘集》和中国作家鲁迅的小说,以中国历史文化为题材创作了《李太白》《木兰从军》等。在《南方纪行》的结尾,佐藤为最终没有看到"憧憬不已的唐代遗物"——江东桥而悔恨不已,不过这一切皆显示出其对中国古代,尤其是古代人文环境的无限憧憬。

不仅如此,这一中国认识也与大正时期日本文坛普遍存在的所谓"中国情趣"的风潮息息相关。明治维新以来,日本逐渐步入近代化,并通过军事、政治、经济、文化上的不断扩张,确立了日本帝国文化在以中国为首的殖民地及半殖民地的统治地位。在全面欧化的西洋情调泛滥之中,以谷崎润一郎为代表的文学家们反而提出了"东洋回归",试图描绘一种桃源乡般的尚未被近代污染过的中国形象,以此来批判日本社会盲目崇洋的倾向。值得注意的是,此处的"东洋"是与"西洋"相对,并非专指日本。这一时期的"中国情趣",作为大正浪漫派异国情趣的一部分,正如西原大辅根据赛义德"东方主义"学说所指出的,是一种"居高

---

① [日]小田切近:《日本近代文学大事典》,东京讲谈社1977年版,第126页。

② "からもの"亦可写为"唐物",原意指自中国进口的陶瓷器或者纺织品等物品,在此指中国之物、中国事情。

临下的态度",其背后"贯穿了日本将亚洲各国殖民化的历史"。也就是说,"日本一方面将中国视作劣等国,视作不可能进步的停滞的国家,而同时又将其作为了保持传统文化的国度加以憧憬。因为在近代化过程中落后了的中国,反过来正好保留了充满异国情趣的景象和风俗"。① 这样一种回归情绪,在佐藤身上亦有体现。在序言《からもの因缘》之中,佐藤喟叹"文坛中看样子中国文学的传统已经断绝,国民的普遍注意力被欧美方面所迷惑",回忆起与好友芥川龙之介翻译汉诗的往事,谈及唐诗"比古今东西任何一个时期都要完美……与之相比,西洋的近代诗总让人觉得是骗小孩的玩意",这些都可以说是佐藤春夫对以东洋意识为背景的、走向"中国情趣"的回归。

2. 对近代化的怀疑

在集美学校的参观途中,佐藤春夫结识了时任学校的校医、兼中国古典文学讲师的老诗人陈镜衡,并获其赋诗一首——"如雷贯耳有隆名,游历萍逢倒屣迎。小说警时君著誉,黑甜吾国愧难醒"。在佐藤看来,陈镜衡的赠诗表面上看来"原本不过是形式上的奉承恭维,其他毫无新奇之处",但却让他想起自从到厦门以来一路上种种见闻:战事不断的现下国情,在夜间深巷里招揽客人的私娼,交杂在私娼窟中随处可见的鸦片馆,无论男女老少、贫富贵贱,皆热衷于赌博的中国人,"看到'黑甜吾国愧难醒',我想这是在欲将新文化的种子播撒在这贫瘠土地上的集美学校任职的人从内心抒发的东西,这句诗必然不是空虚之作,我觉得就算一介游子也能为了他的国家而怜悯他的心事"。正如前文所述,不管创建者的真实意图究竟如何,对于"将新文化的种子播撒在这贫瘠土地上"的集美学校这样的教育尝试,佐藤是颇为赞赏的。但是,近代中国贫困混乱的现状和肮脏愚昧的国民,却让其从理想的"中国"与现实的"中国"中感受到巨大落差,从而与陈镜衡这种失望与希望交织的复杂情绪产生了极大的共鸣。

在《漳州》一章中,则可以看出佐藤春夫对于中国"内发性的近代化"表现出来的强烈的关心和怀疑的目光。究其参观漳州的最初目的,一开始不过是"想瞧瞧在那里建设中的陈炯明的事业",这在其寄给父亲的信函之中也有体现。② 确实,陈炯明推行的漳州新政在当时引起了海内外的关注:俄国波达波夫将军曾专程赴漳州访问;美国公使提交的政府报告中称"建设确系突飞猛进";北京大学学生赴漳考察后,称赞"漳州是闽南的俄罗斯";当地人士也赋诗赞扬。③ 可以说这一时期的漳州呈现出一种由中国人所创造的社会主义的欣荣样态。不过,这样的中外称道的新政成果,在佐藤眼中不过是"新兴势力稀薄到可有可无程度的伪造品",故而反过来惋惜作为其代价而遭到破坏的"亡国的美观",进而开始怀疑陈炯明的人格是"投机家"。这样的巨大反差,在其回到台湾后致父亲的书信中亦可见一斑:"我在中国,游览了厦门、漳州、集美。漳州南方军的陈炯明将军之新政府方兴(仅在一年之前),其用新思想进行革命的做法造成了很大的问题。似乎他遵循的是不断破坏古老事物的主义,宝贵的建筑物都变得破败不堪。"不仅如此,佐藤对于陈炯明的都市改造也产生了质疑,

---

① [日]西原大辅:《谷崎润一郎与东方主义——大正日本的中国幻想》,赵怡译,中华书局 2005 年版,第 8 页。

② 见[日]河野龙也:《佐藤春夫〈南方纪行〉的中国近代(一)——作家が见た军阀割拠の时代》,《实践国文学》2011 年年刊,第 51 页。

③ 见段云章、倪俊明:《陈炯明》,广东人民出版社 2009 年版,第 167 页。

在其之后重新叙述此次旅行的《厦门故事》之中有所提及,且进而扩大到对于北伐后蒋介石政府的评价之中,也就是将这样的"质疑"加以普遍化了。①

这样的怀疑可以说与其原本的目的——参观中国文明成果,是相违背的。不可否认,在这之中也隐藏着语言不通所引发的交流障碍。但是,以现实世界的丑恶、古老事物的泯灭为评价标准,来对中国的近代化加以否定,从而构成了佐藤春夫在《南方纪行》中对于中国近代化本身的怀疑。

3. 身为旁观者的孤独

根据学者陈玫君的剖析,谷崎润一郎试图找到中国与日本的风景的相似性,从中将中国国土作为日本的一部分,或者享乐的对象加以重新审视,从而将两国的边界线加以模糊和延长。对此,应该说芥川龙之介亦存在了相似的倾向。② 不过,在《南方纪行》中,我们则可以看出佐藤春夫的"日本人—中国人""自我—他者"这样一种彼此对立的姿态。

承前所述,语言问题一直困扰着佐藤的中国之旅。虽然在赴漳州之前聘请了导游用英语进行翻译,但是第二外语的交谈经常造成信息的缺失,更不用说漳州之旅的两位导游是"老师气质的人物,他们看上去不太喜欢人问东问西"。在《南方纪行》之中,我们也随处可见"语言不通""外国人/异邦人""受同伴排斥""没有交谈对象""哀愁""旅愁"这样的叙述,语言的障碍与文化的差异常常使其被迫置身于一种孤立的境遇,从而激发了他的思乡情绪,更使他无法融入中国人的社会,只能站在旁观者的立场进行观察。

这样的对立姿态,应该说亦存在着深刻的历史背景。佐藤春夫到达中国的 1920 年,正值五四运动的第二年。1919 年 5 月 7 日,为了响应五四运动,福州学生发起示威游行,并号召抵制日货。抵制日货浪潮冲击日货市场,威胁日本在华利益。11 月 15 日,日本驻福州领事馆为破坏抵制日货运动,派出便衣警察和浪人,殴打表演爱国新剧的学生,16 日,又打死打伤学生多人,制造了一起严重的流血事件。以此为契机,在福州、泉州、厦门等地掀起了反日浪潮,沿海地区排日气氛日益热烈。佐藤春夫就是在这样的形势下来到了中国。

抵达厦门的前两夜,由于陪同导游外出,使他一个人待在旅馆中,"我身边一个人都没有……这虽然还能承受,但在这种现下对日本人的反感日益激烈的城市",不仅如此,佐藤还遭到旅馆男服务生的恶意戏弄,这使他想到"在这个地方日本人声誉不好",他还目睹了当时由于日本侵华而恶化的中日关系:"我想到在这个地方,日本人名声不好。昨天散步的路上,看到街头的墙壁上写着'青岛问题普天共愤''勿忘国耻'之类的标语,也有排斥日货的'勿用仇货''禁用劣货'等。还有醉汉冲着我嚷嚷'这家伙是日本人'!"③由此,可以看到佐藤不安与孤独的情绪,就是这样一种情绪使其在不自觉中将自己与中国人分隔开来,甚至萌发出了毫无根据的臆想。在南华大旅店里,孤身一人的佐藤想到,"事实上,即使现在有人偷偷潜入,不,堂而皇之地闯入,对我提什么无理的要求——死乞白赖地向我讨钱,我也是

---

① 见[日]河野龙也:《佐藤春夫〈南方纪行〉の中国近代(一)——一作家が见た军阀割拠の时代》,《实践国文学》2011 年年刊,第 56 页。

② 见陈玫君:《谷崎润一郎と芥川龙之介による「支那」の表象——纪行文を中心に》,《广岛大学院教育学研究纪要》第 2 部,2003 年,第 218 页。

③ [日]佐藤春夫:《南方纪行》,转引自王向远:《中国题材日本文学史》,上海古籍出版社 2007 年版,第 99 页。

身无分文……最后肯定是由于语言不通使得双方没有互相判断对方意思的方法，即使把我杀了，并把我的尸体抛入大海，这在厦门也是毫无办法的吧"。在厦门驶往漳州的拥挤的船上，佐藤也幻想着如果船沉了，"在这一带日本人不受欢迎，肯定没有人来会救身为日本人一员的我的命"。也就是说，通过自愿与被动、有意与无意的隔离，使得佐藤春夫显现出了这么一种对立甚至是对抗的姿态，从而在潜意识里，将中国、中国人视为文化上的"他者"，使其可以站在文明国人的高度，对中国进行蔑视与批判。

结　论

综上所述，本文以佐藤春夫《南方纪行》之中的中国形象为对象，通过整理、分析，来尝试勾勒出佐藤早期的中国评价。正如大久保典夫所说，若是站在文学的角度来进行评价，《南方纪行》无疑是一部"富有诗趣的优秀文学作品"[①]。确实，佐藤春夫的旅行书写受到日本大正文学风潮的影响，呈现出一种崇尚异国趣味、唯美颓废的文学情调。而且，正因为其横跨海峡两岸的独特经验，致使其中国的文化想象展现出了介乎台湾与大陆、古典与近代、幻想与现实、自我与他者之间的流动样态。概而言之，其所追求的"中国"，可以说是一种怀着文明国人的自豪，以汉学古典为内涵，并借此与西洋文学相抗衡，从中寻求理想与刺激的中国想象；其认识的"中国"，作为"文化他者"，已经由憧憬的对象变成贬抑的对象。

不过，我们也必须指出一点，佐藤的中国感受并不是单纯的憧憬与批判的二者择一，而是在憧憬—批判、接受—拒绝、亲近—疏离、期待—失望这样相互矛盾的感情之中左右摇摆。这一点不限于佐藤，同时也是谷崎润一郎、芥川龙之介等一批大正文学家的共同特征。1927年，佐藤春夫第二次到访中国，得以与郁达夫、田汉等一批创造社作家交往，留下了《曾游南京》《秦淮画舫纳凉记》《西湖风景画》等一批纪行文，均收录在了《支那杂记》之中。但是，随着日本的侵略战争不断扩大，佐藤春夫的立场也由自由主义文学家的立场逐渐转向了国家主义，并写作了一批协助日本军国主义污蔑丑化中国抗日志士的小说剧本。[②] 尤其是1938年《亚细亚之子》的发表，导致了佐藤与郁达夫之间的决裂。佐藤春夫对于中国、中国文化的评价出现了一个骤然豹变，这一点亦是本研究的未来课题。

① ［日］大久保典夫：《佐藤春夫〈南方纪行〉》，载松村定孝、红野敏郎、吉田浠生编：《近代日本文学における中国像》，东京有斐阁1975年版，第87页。
② 见王向远：《中国题材日本文学史》，上海古籍出版社2007年版，第101页。

马约翰（John Macgowan）笔下的晚清厦门

——以《竹树脚下》与《〈华南纪胜〉之厦门篇》为视点

詹朝霞[*]

[摘要] 鸦片战争后,伴随着坚船利炮,西方传教士的身影活跃在中华大地。他们不遗余力传播福音的同时,更从西方文化视角来观察打量审视中国这个陌生的东方帝国。许多传教士留下了书信、日记、游记等文献著作,其中英国伦敦会传教士马约翰即是其中佼佼者,留下大量介绍中国的著作。本文以其《竹树脚下》与《〈华南纪胜〉之厦门篇》为视点,来观察一个英国传教士眼中的 150 年前晚清厦门。从其著作中我们得以了解其时厦门的地理地貌、自然风光、风土人情、家族伦理、社会生活、宗教信仰等方方面面。马约翰在对中国文化一知半解的了解中,不可避免地与其来所自的西方文化进行比较,其目光即好奇又冷静,其态度有赞美亦有批判。

[关键词] 马约翰;《竹树脚下》;《华南纪胜》;晚清厦门

一、马约翰牧师入华的时代背景

1863 年,英国伦敦会（London Missionary Society）传教士马约翰牧师（John Macgowan）[①]从伦敦出发,经地中海、印度洋,穿过台湾海峡,到达厦门港,开始了他在厦近五十年的传教历程。这并非马约翰夫妇初次抵达中国。三年前,1860 年 3 月 23 日,马约翰到达上海,他们学习当地方言、协助创办教会、编辑出版《中外杂志》月刊。而此时的厦门已成为基督教四度入华传教的闽南总部（Headquarter）[②]。

从 18 世纪起,英美等国的基督教会经历了大觉醒运动,伴随而来的是海外宣教的兴起。许多传教士在宗教热情的驱使下远离故土,到世界各地传播基督福音。作为东方文明古国,

---

* 詹朝霞:厦门社会科学院鼓浪屿国际研究中心　福建　厦门　361000

① 中文名译作马约翰、麦高温、麦嘉湖等,本文采用马约翰译名。

② 对于基督教入华传教的历史,朱维铮在其《走出中世纪二集》中有简要论述。基督教借鸦片战争之机入华传教,已是基督教入华传教第四度。基督教在中国的传播历史深远。如果自唐太宗贞观九年（635 年）基督教开始进入长安,留下《大秦景教流行中国碑》算起,到鸦片战争之后的传教宽容条约,基督教已是四度入华。元朝时期,基督教（即也里可温教）二度入华,信徒最多时超过 4 万人。明万历年间利玛窦来华,明朝宰相徐光启成为虔诚天主教徒,并形成上海徐汇区天主教世袭家族,是基督教前三度入华传教的最大成果。可是,好景不长,清雍正帝即位（1723 年）后,清廷实行禁教政策,基督教第三度入华传教已趋沉寂。

中国一直是基督教最感兴趣的地方。正是在这一运动的驱使下，1807 年马礼逊在广州登陆，开始了基督教四度入华传教开拓之旅。

两次鸦片战争之后，清政府被迫签订一系列不平等条约。在获得通商贸易等方面最惠国待遇的同时，传教宽容条约作为其副产品成为传教士们的护身符。他们的宗教热情被空前地激发，立志要把上帝的福音传遍中华大地。"来自天主教各修会的，在 1900 年已达 886 人。来自新教诸差会的，在 1905 年更达 3446 人。同时在华的总人数，较诸明清间传教鼎盛时期，超过四十余倍。"①。

厦门作为第一次鸦片战争《南京条约》所定五口通商口岸之一，不可避免地成为基督教传播的首选地。而其最早落脚点，则是点缀于厦门东南海域的小岛鼓浪屿。1842 年 2 月 24 日，美国归正教会牧师雅裨理（Rev.David Abeel）乘英国海军舰艇登上鼓浪屿。第二天，雅裨理就在鼓浪屿街上布道。这是近代踏上鼓浪屿的第一个传教士的第一场布道。

雅裨理踏上鼓浪屿两年后，1844 年 7 月 4 日，约翰·施敦力（Rev.John Stronach）牧师夫妇抵厦，这是英国伦敦公会（London Missionary Society）入闽传教之始。1850 年用雅各医生来厦，1851 年宾为霖牧师（William Chalmers Burns）来厦，此为大英长老会在厦活动之始。用雅各和宾为霖在厦门主要协助归正教会开展工作。至此，美国归正教会、英国伦敦会、大英长老会组成的"三公会"悉数到齐，他们以鼓浪屿为基地，在厦鼓之间穿梭往来，开始他们闽南地区的传教事业。

1863 年，英国伦敦会牧师马约翰（John Macgowan）夫妇到达厦门，开始他们在厦长达近半个世纪的传教著述活动，成为伦敦会在厦发展的重要力量。

1835 年 7 月 23 日，马约翰（John Macgowan）生于英国北爱尔兰的港口城市贝尔法斯特。1858 年，马约翰加入英国伦敦会，次年，入神学院深造，毕业后成为牧师，同年与莎拉女士结婚，并一起被派往中国传教。莎拉来厦后不久病重，病逝于经美国返回英国途中。1866 年马约翰从丧妻之痛中走出，由英国返回厦门，并于 1868 年在福州与公理会弼来满牧师的长女结婚，重新建立家庭。从此以厦门为基地，开展传教和著述活动。1909 年，马约翰在厦门迎来了来华的第 50 个年头。1910 年马约翰返回英国。1922 年 3 月 17 日，87 岁高龄的马约翰在伦敦逝世。

马约翰牧师是一位虔诚的基督徒，是一位卓有成就的基督教牧师。1863 年马约翰牧师夫妇到达厦门时，伦敦会在厦门已有几百信徒，两座礼拜堂。他接替宾为霖的事工，管理伦敦会真道学校。在厦门的近半个世纪里，马约翰积极推动伦敦会效法美国归正会、英国长老会实现华人教会自治，在漳州桥圩建立教会，参与建立资助惠安辋川、崇武霞西、漳州东美、漳州浦南等堂会。

同时马约翰牧师夫妇积极参与各项社会事业。其中反缠足运动就是马约翰夫妇极力倡导和推动的。1874 年，他与妻子一道，发起了中国第一个禁戒缠足组织——厦门戒缠足会。使不少妇女摆脱了缠足之苦。1891 年他在英国曼彻斯特发表演说，号召更多人关注"天足会"。1895 年，他在上海会晤李提摩太，并认识了立德夫人。是年，他们发起全国性的"天足会"，并与中国维新人士一起，上书清政府废止了缠足。

此外，马约翰还致力于反鸦片运动。他指出，鸦片的泛滥与吸食严重危害了中国人的身

---

① 朱维铮：《走出中世纪二集》，复旦大学出版社 2008 年版，第 210 页。

心与家庭生活,很多人染上毒瘾后,变得人不像人、鬼不像鬼。美满的家庭家破人亡、妻离子散,造成一个个家庭悲剧。他谴责西方商人与英国政府的罪恶,积极为中国寻求禁戒鸦片的方法。在马约翰牧师等正义势力的呼吁下,不少英国人向本国政府提出抗议,要求停止在华鸦片贸易。教会与中国社会团体一道,组建禁烟组织,配制戒毒药丸,在一定程度上遏制了鸦片在中国的蔓延。

马约翰牧师同时更是一位不知疲倦的东西方文化传播者。他敏于观察,勤于著述,著作颇丰,在华期间写下了大量介绍中国的文章和著作。他勤奋而多产,除了撰写《圣经阐详》《诗篇注释》《厦门伦敦会自养史》《厦门教会的医疗传教工作》《耶稣还是孔子——厦门传教史》等神学、教会历史著作外,马约翰更以对中国的热爱,创作了几部影响深远的著作。《中华帝国史》以朝代更迭为主线,向西方世界介绍了从上古时代到近代几千年的中国历史发展概况。《中国人的生活的明与暗》、《华南纪胜》(*Picture of South China*)、《竹树脚下》(*Beside The Bamboo*)则讲述了中国人性格、民生的方方面面,尤其比较客观地展现了当时闽南及厦门的风情。此外他还编撰了《厦门方言英汉字典》等几部书籍。

二、《华南纪胜》与《竹树脚下》的西方本位视角

由于传教士所负有的传播福音的使命,他们大多受过良好的教育,博学多才而又勤于钻研,通过书信、日记、笔记、游记等形式为后世留下了大量真实可信珍贵可考的文献史料。马约翰就是其中之佼佼者。他的《〈华南纪胜〉之厦门篇》与《竹树脚下》,以一个英国人的视角,打量、观察、审视厦门这个东方港口城市,描摹了晚清(19世纪60年代到20世纪初)厦门社会生活、风土人情、地理地貌等,在对中国文化一知半解的了解中,不可避免地与其来所自的西方文化进行比较,其目光即好奇又冷静,其态度有赞美亦有批判。

《华南纪胜》出版于1897年,可能是马约翰牧师在游历了上海、福州、昆山、厦门、汕头、香港、广东等中国沿海港口城市后,留下的游记性文字。厦门只是其中一个城市。作为该书的第四章《厦门》,马约翰对厦门的港口风光、街道景色、墓地寺庙进行了饶有趣味的描述,特别是对鼓浪屿生动有趣的描写,让100多年后的读者得以了解鼓浪屿其时的面貌与风情,为鼓浪屿从一个渔耕聚落逐步发展成为国际社区再现了真实的片断,为后来研究者提供了可贵的史料。

相对于《华南纪胜》的散点式多城市记录,《竹树脚下》则将笔墨聚焦于厦门。《竹树脚下》译自 *Beside The Bamboo*。早在1859年,厦门已有一座教堂叫"竹树下礼拜堂",简称"竹树堂"。马约翰于1863年到达厦门时,此堂已建立四年了。其书名很有可能取意于此。从该书最后一段"1913年4月17日,回应中国政府之邀,在18个省一起为共和国的新国民生活向上帝祈祷"可以推断,《竹树脚下》很可能是马约翰在离开厦门回国后对厦门的追述。并于1914年在英国伦敦出版。

厦门是马约翰半生寄居之地,因此他笔下的所谓中国其实多半特指厦门。比如《竹树脚下》第三章"中国人的房屋和陈设",主要以华南地区为着眼点,厦门自然身在其中。

马约翰对厦门倾注了热情和心血。他以一个英国人的视点,对19世纪末20世纪初的厦门社会风俗、宗教文化、生活形态等进行了细致入微的观察与描述。在马约翰笔下,厦门

既有舢板与夫妻船的别有风情,也有乞丐与狗的贫穷肮脏,厦门人既勤劳温和又粗声大气,既崇拜祖宗偶像又茫然不知所措。厦门逼仄昏暗的街道,合族而居长幼尊卑有序的家庭,以及千年不变的居住模式与房屋陈设,都被作者视为中国的传统文化的标签,不辞辛苦地一一介绍给西方世界的读者。当然,马约翰没有忘记自己作为传教士的使命,在第八章"王太太听闻福音"中,讲述了一个中国妇女如何从烧香拜佛走向基督教堂的过程。在第九章"阿柳的婚事"中,马约翰讲述了教会如何介入信徒王太太的女儿阿柳的婚事,成功将阿柳从一桩不如意的包办婚姻解救出来的故事。而最后一章"一个基督徒能在中国做什么?"是全书的落脚点,马约翰直接讨论了基督教在中国的前途和命运,认为虽然基督教在中国举步维艰、任重道远,但传教士仍应具有矢志不渝、义无反顾的决心和勇气。

三、《华南纪胜》与《竹树脚下》中的晚清厦门社会图景

以《华南纪胜》(*Picture of South China*)第四章"厦门"与《竹树脚下》(*Beside The Bamboo*)为视点,可窥探到 150 多年前一位英国传教士笔下晚清(19 世纪 60 年代到 20 世纪初)厦门的社会图景。

1. 美丽而繁忙的厦门港

对于一位漂洋过海远道而来的西方来者,厦门给人的第一印象是什么?

首先是厦门港的美丽。"这个港口因其美丽景色而令人印象深刻。也许英国湖区可以相媲美,特别是彭里斯(Penrith)附近的厄尔斯沃特(Ullswater),其中有些山脉、山谷,和在太阳光束下闪闪发光的长长河段,无不让整个景致色彩华贵无与伦比。"[①]"我们正穿行于中国景致最美海岸线之一的厦门湾。大自然竭尽全能地将其迷人之处推向极致。"[②]"从汽船的甲板上看过去,景色很美。其明媚愉快尤其能打动一个新来者的心。朝海一面的景物愉快而有趣,不断地变换着面貌,向观者尽显其妙。"[③]

由此可见马约翰对厦门港的风景之美不吝笔墨的赞美。是一个旅行者对于陌生之地初次到来的好奇与激动,还是一个传教者对于久居之地的由衷赞叹与怀念?无论是出于何种情感,厦门港的美丽景致应该都给马约翰留下了深刻印象。不仅如此,马约翰更对厦门港的繁忙景象多有着墨:

"厦门是中国沿海非常繁忙的地方之一。来自世界各地的轮船都能在这个伟大的海湾看到。"[④]

---

① [英]马约翰:《竹树脚下》,詹朝霞译,载《鼓浪屿研究》第一辑,厦门大学出版社 2015 年版,第 156 ~ 157 页。

② [英]马约翰:《〈华南纪胜〉之厦门篇》,詹朝霞译,载《鼓浪屿研究》第二辑,厦门大学出版社 2015 年版,第 158 页。

③ [英]马约翰:《〈华南纪胜〉之厦门篇》,詹朝霞译,载《鼓浪屿研究》第二辑,厦门大学出版社 2015 年版,第 161 ~ 162 页。

④ [英]马约翰:《竹树脚下》,詹朝霞译,载《鼓浪屿研究》第一辑,厦门大学出版社 2015 年版,第 157 页。

等待装卸货物,从家乡英国利物浦来的蓝烟囱大型汽船,挥着星条旗正驶向弗兰西斯哥的巨型邮轮,装满劳工即将驶往新加坡槟榔屿的苦力船等等,都是鹭江海面上的来来往往的常客,使厦门港显得十分繁忙。

2. 舢板与夫妻船

厦门港的美丽和繁忙并不是马约翰的兴奋点。文化交流的魅力来自于文化的异质性与差异性。对于一个西方来者,万吨巨轮不足为奇,反而是穿梭往返于鹭江海面的小舢板,和迎风击浪于江海之间的夫妻船更让他感兴趣。

"有两件事情在这个港口非常特别,并且总是充满乐趣。"①

"第一件是,船在厦门叫舢板。如果你放眼水面,你会看到它们往来穿梭,运载乘客,一些人上汽船,一些人到沿海的大城市,而另一些人,是过渡到对面的鼓浪屿。"②"船身大概长15英尺,宽4.5英尺,船头逐渐削尖到两英尺以下。它们都是平底的,或接近平底,看起来尽可能最温柔地接触水面,结果他们看起来像很容易翻倒。舢板非常安全,很少听到它们发生什么事故。"③"沿着一个码头往下走,我们看见周围有一大堆舢板,头都朝着陆地,被船夫的铁钩牢牢固定在码头的石板缝隙间,以在狭小的空间占据一席之地。"④"舢板上坐两个人很舒服。站在船尾的划桨者面对坐在前面的乘客。他们非常熟练,在任何天气下往返很少出过意外。当然,本地人坐船,人数远远超过两个,有时多到十二人或十四人。"⑤

马约翰似乎一提到厦门的小舢板就兴致勃勃,对舢板精巧的构造、大声吆喝争抢生意的船夫、挤挤一船又嘻嘻哈哈的乘客,以及小舢板的看似危险实则安全,不惜笔墨大书特书之。

让马约翰觉得特别而充满乐趣的另一件事情是厦门的夫妻船。

"这种船独具特色,独一无二。作为中国一种特定的生活方式的图景,非常有魅力,值得我们花力气研究。"⑥"船大概长16英尺,宽4英尺,到船头渐缩小到2英尺。船被严格地划分为三部分。""但是,这种独特的渔船令人无法忘记的魅力,是妻子。当丈夫手中忙着对付渔网,把网中的鱼拖上来的时候,妻子取代了船老大掌舵航行。船艺之高可与最好的航海员媲美。"⑦

从马约翰妙趣横生的描写中,"这种独特的渔船"应该是夫妻船,而生活于船上的人家

---

① [英]马约翰:《竹树脚下》,詹朝霞译,载《鼓浪屿研究》第一辑,厦门大学出版社2015年版,第158页。

② [英]马约翰:《竹树脚下》,詹朝霞译,载《鼓浪屿研究》第一辑,厦门大学出版社2015年版,第158页。

③ [英]马约翰:《竹树脚下》,詹朝霞译,载《鼓浪屿研究》第一辑,厦门大学出版社2015年版,第158~159页。

④ [英]马约翰:《〈华南纪胜〉之厦门篇》,詹朝霞译,载《鼓浪屿研究》第二辑,厦门大学出版社2015年版,第174页。

⑤ [英]马约翰:《〈华南纪胜〉之厦门篇》,詹朝霞译,载《鼓浪屿研究》第二辑,厦门大学出版社2015年版,第175页。

⑥ [英]马约翰:《竹树脚下》,詹朝霞译,载《鼓浪屿研究》第一辑,厦门大学出版社2015年版,第159页。

⑦ [英]马约翰:《竹树脚下》,詹朝霞译,载《鼓浪屿研究》第一辑,厦门大学出版社2015年版,第159~160页。

就是所谓的疍民,彼时在他眼里都成了妙不可言的东方风情。

3. 街道、乞丐与狗

马约翰眼里的东方风情远不止于迷人的港口风景与充满乐趣的舢板和夫妻船。当他深入到厦门的街道与乡村,他的"东方风情"就变得不那么美妙了。

首先是街道的狭窄肮脏与混乱。"最接近路边的部分用来做生意,同时,在许多店铺里,特别是穷人比较多的街道,后半部分一般留作居家所用。即使最宽的大街也很少超过10英尺或12英尺……"①"路面情况糟糕,凹凸不平,通常由石板和石头交叉(混凝土)铺成。经过开肠破肚和暴雨灌注,路基薄弱不堪,这让东方人对旅行望而生畏。"②"卫生问题从来没有严肃地被讨论和管理,路上任何一处拐角散发出的恶臭就是明证。任何街上都见不到清洁工,也没有系统工程保持清洁。因此,垃圾到处都是,在房子的角落或者寺庙的门前。中国人习惯于常年生活在恶臭的空气中,而这在英国极易滋生瘟疫。"③"厦门城整体形象毫无可取之处。房子和建筑歪歪扭扭,破破烂烂,让人觉得死气沉沉。"④

厦门街道给马约翰的糟糕印象还不止于此。乞丐与狗的出现,更是让马约翰的印象雪上加霜。在马约翰笔下,乞丐的地位远远不及狗。"街上有一个悲惨的现象,连狗都是充满厌恶地看着他,那就是乞丐。他出现在任何房子前面,蓬头垢面,肮脏破烂,是狗一见到就要采取行动的信号。"⑤

而马约翰对厦门的狗则充满同情和尊重。他认为中国人对狗的忠诚和友好缺少基本的尊重和爱护,为此他不惜篇幅唠唠叨叨了好长一段来说狗的事儿。以下这段话就颇能说明问题。

"中国人对待狗缺少温和友好的态度不比对我们好多少。主人很少对它们显示慈悲,也不爱抚宠爱它们,或对它们有多大的兴趣。它们的忠诚才能与我们的狗并无二致,但从来不被鼓励表现出来,因为它们意识到任何试图表现亲热的举动都会招来一顿脚踢。"⑥

4. 隐私与大嗓门

厦门街头另一个让马约翰忍不住大发议论的现象是厦门人的大嗓门。因为这种无可救药的大嗓门,使隐私两个字在中国变得遥不可及。

"每一件事每一句话对好事者都是公开的秘密。我们觉得不便对陌生人说的事儿在这儿百无禁忌。所以给人的印象是中国人没有秘密。一个奇妙的后果是他们丧失了低声细语

---

① [英]马约翰:《竹树脚下》,詹朝霞译,载《鼓浪屿研究》第一辑,厦门大学出版社 2015 年版,第162 页。

② [英]马约翰:《竹树脚下》,詹朝霞译,载《鼓浪屿研究》第一辑,厦门大学出版社 2015 年版,第163 页。

③ [英]马约翰:《〈华南纪胜〉之厦门篇》,詹朝霞译,《鼓浪屿研究》第二辑,厦门大学出版社 2015 年版,第 177 页。

④ [英]马约翰:《〈华南纪胜〉之厦门篇》,詹朝霞译,《鼓浪屿研究》第二辑,厦门大学出版社 2015 年版,第 177 页。

⑤ [英]马约翰:《竹树脚下》,詹朝霞译,载《鼓浪屿研究》第一辑,厦门大学出版社 2015 年版,第171 页。

⑥ [英]马约翰:《竹树脚下》,詹朝霞译,载《鼓浪屿研究》第一辑,厦门大学出版社 2015 年版,第169 ～ 170 页。

的权利。"①

"比如,你想告诉中国人一件非常隐私的事儿,你低头耳语,并提醒他以同样轻声细语回答。他立即显得不自在,好像要被拔掉一颗牙一样龇牙咧嘴。他回答时,倒确实是'低声细语',但是你在另一条街上也能听到。你只好放弃低语的想法,因为你意识到这是中国丢失的艺术。"②

5. 婚姻与家庭

马约翰甚至比一般厦门人更仔细深入地观察厦门社会生活的方方面面。作为社会生活的细胞和核心,婚姻和家庭自然是马约翰必不可少的考察对象。

马约翰在《竹树脚下》中用了第四章"中国家庭画卷"一整章来讲中国家庭。为了方便说明,马约翰以一户王姓人家为例,对中国家庭的成员结构、相互关系和经济状况进行了麻雀式解剖,并在以后的章节中不断提及,第九章"阿柳的婚事"仍是此话题的延伸。

被马约翰挑中的这户王姓人家,男主人是一位手艺高超的珠宝商,他有一位媒妁之言父母之命结婚前未曾谋面的妻子,有一个 10 岁的儿子和一个 7 岁的女儿阿柳,还有一位在家庭中掌管一切的婆婆。看上去这是一个不错的家庭。而实际上这个家庭因为婆婆的宽宏大度与儿媳的友好相处,也确实是个幸福的小康之家。但这并不是马约翰看到的事情的全部。中国家庭的长辈的绝对权威,年轻人对自己的婚姻完全做不了主,都让马约翰看到了其与西方文化巨大的差异。

"在英国,一个男人到了结婚的年龄,他会考虑建立一个自己的家。他得租个房子与妻子结婚,共同建立一个家庭。年轻夫妇很少愿意和父母住在一起。"③

"这样的事情在中国绝对听不到。儿子们总是带他们的妻子回家,他们共同生活,在家中长辈的控制下,只要活着,长辈的意志就是法律。儿子们从来等不到自己做主的那一天。"④

马约翰显然对中国这样的婚姻家庭制度颇不赞同。在第九章"阿柳的婚事"中,马约翰甚至忍不住跳出来,以教会的名义干涉了阿柳一桩不如意的婚约,并成功让阿柳嫁给了一位可靠的基督教徒,马约翰为此而感到欣慰。

6. 女婴溺死与女子教育

从上述可知,马约翰与王家的交往可能至少持续了十年以上,因为阿柳从七岁的小女孩到长大成人嫁为人妇,马约翰不仅予以极大的关注,甚至对阿柳的命运改变产生了影响。马约翰这么做,很可能因为阿柳一家在其父亲去世后,在其母亲的带领下举家成为基督教徒,马约翰负有牧师教牧之责。更重要的是,马约翰由此引发了对中国女孩命运的担忧和思考。

---

① [英]马约翰:《竹树脚下》,詹朝霞译,载《鼓浪屿研究》第一辑,厦门大学出版社 2015 年版,第162 页。

② [英]马约翰:《竹树脚下》,詹朝霞译,载《鼓浪屿研究》第一辑,厦门大学出版社 2015 年版,第162 页。

③ [英]马约翰:《竹树脚下》,詹朝霞译,载《鼓浪屿研究》第一辑,厦门大学出版社 2015 年版,第180 页。

④ [英]马约翰:《竹树脚下》,詹朝霞译,载《鼓浪屿研究》第一辑,厦门大学出版社 2015 年版,第180 页。

担忧来自于中国当时有溺死女婴的习俗。"半个世纪以前,当我到达中国,我惊恐地发现,在第一次看见天堂之光前,没有一个小姑娘的生命是安全的。(她们的生命)完全取决于父母的一念之间,她的死活不是由他们对她的情感决定的,而是由她出生时的时辰偶然的动机决定的。"①马约翰接着讲了一件他亲身经历的故事。有一天他在"一条大河"(应是九龙江)上看见一个顺流而下的陶罐,他硬叫船夫靠拢打捞起来,一看罐中装着一个女婴,还一息尚存,马约翰夫妇收养了这个女婴,给她取名叫"lau-a",即小小流浪儿的意思。当然,一段时间后,这个女婴就受了洗,成了基督徒,并因如此幸运而倍受尊重。这一事件让马约翰进一步思考妇女在中国的处境和未来。"异教主义在中国总是试图贬低妇女,在生活中让她们抬不起头。但是许多时候,他们显然失败了,妇女走上前台,变得比最杰出的男人更出色。"②正是在此认识基础上,马约翰夫妇倡导发起了戒缠足运动,并且成果显著。而基于对此问题的共识,英国伦敦差会与美国归正教会、英国长老会在鼓浪屿及闽南其他地区创办了为数众多的女子学校。鼓浪屿敏德女子学校、怀仁女学就是杰出的代表。

7. 坟地与风水

如果说溺死女婴的习俗让马约翰愤愤不平,进而起而拯救,那么厦门漫山遍野无处不在的坟地则让马约翰困惑不已。

"坟墓无处不在,无论是山边还是路旁。最后我们踏上从岩石劈开的石阶上,站在修建寺庙的平台上。"③"我们没有走多远,就发现自己再一次置身于死人的住所之中。方圆数里只要有空地或土地就有一具棺材的一席之地,除了坟墓什么也看不到。对于外国人,这是中国景象中最令人触目惊心的。一个人就别想绕开这些了不起的死人。满山都是坟墓,密密麻麻,只给不得不经过这儿的人留下弯弯曲曲的羊肠小道,而且还经常被旧坟的落土所侵占,新的路又从死人顶上飞过。一个人下到平地,遇到的突出之物依然还是坟墓,活着的人始终处于对死人的敬畏中,他们想尽办法避免招惹死人,或者减轻他们报复。"④

马约翰认为坟地之所以在中国分布如此广泛,占据大量良田、土地和山岭,是因为中国人根深蒂固的风水观:祖坟葬得好,家族就兴旺发达,升官发财,喜得贵子好事连连。与此相反,祖坟风水不佳,则家庭不睦,生病破财,祸不单行。而在马约翰看来,正是这样的风水观阻挡了中国近代化的脚步。他认为中国的地下矿产丰富,但人们因为不敢触犯风水而无从开发,而宁可忍受贫穷。因此,马约翰毫不客气地予以批判:

"风水是整个民族的真正的祸害,因为它尽其所为阻挡进步,比所有形成中国人基本性格的保守性有过之而无不及。"⑤"这个国家大量的矿藏几乎原封未动,仅仅因为相信深入地

---

① [英]马约翰:《竹树脚下》,詹朝霞译,载《鼓浪屿研究》第一辑,厦门大学出版社 2015 年版,第190 页。

② [英]马约翰:《竹树脚下》,詹朝霞译,载《鼓浪屿研究》第一辑,厦门大学出版社 2015 年版,第192 页。

③ [英]马约翰:《〈华南纪胜〉之厦门篇》,詹朝霞译,载《鼓浪屿研究》第二辑,厦门大学出版社 2015 年版,第 181 页。

④ [英]马约翰:《〈华南纪胜〉之厦门篇》,詹朝霞译,载《鼓浪屿研究》第二辑,厦门大学出版社 2015 年版,第 187 页。

⑤ [英]马约翰:《〈华南纪胜〉之厦门篇》,詹朝霞译,载《鼓浪屿研究》第二辑,厦门大学出版社 2015 年版,第 191 页。

底下会打扰他们称之为龙的神秘事物，诸如热病、瘟疫、破财等无数断肠事将接踵而至。"①"（风水师）所要求的空间立即被打破，坟墓已被挖开，死者已被埋葬，虽然田里的收益减少了，但死者的亲戚没有任何人抱怨，不得不忍受死者永久占有生者遗产的损失。"②

由此可见，因为迷信风水而坟地遍野，在马约翰眼里不仅一无是处，而且简直是阻碍中国社会发展的罪魁祸首。

8. 偶像崇拜与寺庙

在《竹树脚下》中，马约翰用了两章的篇幅来讲偶像崇拜与寺庙。他认为"中国人是一个有着高度信仰的人群"③，中国人的信仰体现在无数的偶像崇拜。比如他前面提到的王姓人家，家里就至少供奉着灶神、土地公和观音菩萨三种偶像。而另一个农夫家里居然有大大小小四十多尊偶像。"现在不需要再试图解释何以如此，一个确信无疑的事实是，无数年来，中国一代一代广泛流传的宗教，就是偶像崇拜。无论是贫穷人家还是富裕人家，有文化的还是没文化的，都大行其道。伺奉它们是唯一的办法，已成为人们的宗教本能，不管男人还是女人。"④

但人们从来不相信这些偶像"可以提高品德来影响家里的任何人"⑤，他们在这些偶像面前既不严肃也不恭敬，"比如，一个男人，坏脾气，动不动就暴怒，满口粗话，让人胆战心惊。神们坐在它们的神龛里，目光平静，面容慈和。他从来不会因为他们（神灵）的存在而控制一下自己"⑥。"实际上，中国人觉得那些偶像与他们崇拜的品德毫无关系。他们不过简单地把这看成陌生而神秘的力量，成全或毁坏一个人的命运。"⑦

由此可见，马约翰对偶像崇拜的批判是毫不含糊的，并连带批判了偶像崇拜的公共场所——寺庙。"考虑到家庭的神不足以满足社区每个人的愿望，所以在每一个城市，实际上每一个村庄，都建有寺庙，供上特别的神，敞开大门准备聆听每一个有求于它的人。"⑧无论是《竹树脚下》中提到的南普陀寺，还是《华南纪胜》的"厦门"篇中关于白鹿寺的传说，马约翰都表现出强烈的质疑和否定。点一炷香，烧一堆金银纸钱，以为这样就能够打动神，得到

---

① ［英］马约翰：《〈华南纪胜〉之厦门篇》，詹朝霞译，载《鼓浪屿研究》第二辑，厦门大学出版社 2015 年版，第 191 页。

② ［英］马约翰：《〈华南纪胜〉之厦门篇》，詹朝霞译，载《鼓浪屿研究》第二辑，厦门大学出版社 2015 年版，第 188 页。

③ ［英］马约翰：《竹树脚下》，詹朝霞译，载《鼓浪屿研究》第一辑，厦门大学出版社 2015 年版，第 181 页。

④ ［英］马约翰：《竹树脚下》，詹朝霞译，载《鼓浪屿研究》第一辑，厦门大学出版社 2015 年版，第 182 页。

⑤ ［英］马约翰：《竹树脚下》，詹朝霞译，载《鼓浪屿研究》第一辑，厦门大学出版社 2015 年版，第 185 页。

⑥ ［英］马约翰：《竹树脚下》，詹朝霞译，载《鼓浪屿研究》第一辑，厦门大学出版社 2015 年版，第 185 页。

⑦ ［英］马约翰：《竹树脚下》，詹朝霞译，载《鼓浪屿研究》第一辑，厦门大学出版社 2015 年版，第 185 页。

⑧ ［英］马约翰：《竹树脚下》，詹朝霞译，载《鼓浪屿研究》第一辑，厦门大学出版社 2015 年版，第 187 页。

神的保佑，实在不行也不能责怪神，只能认为这是天意。马约翰认为这不过是人神之间的贿赂关系，毫无敬畏可言。在《华南纪胜》的"厦门"篇中，马约翰饶有趣味地讲述了在一个寺庙里遇到一个远道而来求神问卦的男子，男子三番五次打卦，得到的签模棱两可；马约翰还不厌其烦记述了一个吸鸦片的瘾君子，一个形容猥琐道德败坏劣迹斑斑的不良分子，居然掌管着一座寺庙。所有这一切，都更加增加了马约翰对中国偶像崇拜和寺庙所体现的所谓信仰的质疑和批判。

9. 福音传播的困境与信心

马约翰对中国偶像崇拜和寺庙的质疑与批判，固然是其亲身感受有感而发，但亦是与其浓厚的宗教背景分不开的。他的身份是英国伦敦来华传教士，他的使命是传播福音，这决定了他的立场和观点。所以无论《竹树脚下》还是《华南纪胜》的"厦门"篇，马约翰都没有忘记福音传播的使命。《竹树脚下》之"王太太听闻福音"与"基督能为中国做什么?"两章，是该书的落脚点，其意图昭然若揭。

王太太是贯穿《竹树脚下》始终的一个人物，她是王家的太太，阿柳的母亲。本来幸福平静的小康之家，但不幸死了丈夫。王太太心里苦闷，在家里天天向菩萨磕头作揖，又四处到寺庙烧香拜佛，只为求一个心理平静，但却越求越难平静。直到有一天在厦门附近的一个香火旺盛的寺庙去烧香，中午在小店歇脚时，疲惫中无意听到有人在讲"一个伟大的人，叫救世主，他宣布用他的生命拯救全人类。他会给予相信他的人内心平静，他说，他会原谅世人之罪，他可以让心灵平静如水"①。这句话击中了王太太，她的精神为之一振，认为从此找到了心灵归宿。回到家后，王太太将家中偶像(包括观音菩萨)悉数请出，宣布从此不再崇拜偶像，而改信基督。

仔细一想，王太太从偶像崇拜转变为基督徒似乎缺少基本的铺垫。很可能是马约翰长期布道的结果，奇怪的是马约翰对他是如何向王太太传道的只字不提，好像王太太接受福音完全是件偶然事件，直接就从偶像崇拜变成基督徒了。但这并不妨碍王太太作为福音传播成功的典型个案而让马约翰津津乐道。

另一方面，这一典型个案也说明了福音传播之艰难。马约翰在最后一章"基督能为中国做什么?"里对此毫不讳言。

"传教士的工作进展很慢，非常慢。"②"一年过去了，一个信徒也没有出现。又一年过去了，一年又一年，一晃十年过去了。希望渐逝，黄昏落日不过是对失败的无情嘲笑。在这个布满尘埃的古老城镇，我们徒劳心碎。"③

沉重的失败感并没有击败马约翰们，坚定的信仰让他们一年一年地坚持下来，马约翰在厦门一待就是半个世纪就是最好的说明。

"伟大的战争已经在厦门打了50多年。我到达那儿时只有五六个教堂，到我离开时，

① [英]马约翰:《竹树脚下》，詹朝霞译，载《鼓浪屿研究》第一辑，厦门大学出版社2015年版，第194页。

② [英]马约翰:《竹树脚下》，詹朝霞译，载《鼓浪屿研究》第一辑，厦门大学出版社2015年版，第200页。

③ [英]马约翰:《竹树脚下》，詹朝霞译，载《鼓浪屿研究》第一辑，厦门大学出版社2015年版，第201页。

已经发展到近 100 个。缠足注定走向死亡,杀婴也已终止。"①

回顾在厦门的传教历程,马约翰有理由欣慰和自豪:教堂在增加,教徒在发展,缠足已被废止,溺杀女婴得到遏制……作为一位传教士,马约翰已不辱使命,无憾此生。1910 年,75 岁的马约翰结束使命安然回国。

10. 鼓浪屿之美

"厦门港位于海湾尽头,我们破浪而过顺流而下,经过那些可爱的门,安全地泊进厦门城和一个距其一海里半的叫作鼓浪屿的精巧小岛之间。"②通篇《竹树脚下》,除了上段提到了一下"鼓浪屿"的名字,其余篇幅只字未提鼓浪屿。这不免让人失望。因为正是对 100 多年前的鼓浪屿的强烈好奇心,使我这个非英语专业者鼓起勇气尝试翻译《竹树脚下》。似乎是对这种失望的补偿,《〈华南纪胜〉之厦门篇》,鼓浪屿成为主角,在马约翰笔下生动呈现,让我们于百年之后,得以一窥其时之片断华章。

马约翰行文中少有时间标识,我们很难从中确定准确的时间,但从马约翰在厦活动的时间范围及《华南纪胜》的出版时间,可以知道马约翰描写的鼓浪屿大概在 19 世纪 60 年代至 90 年代。在马约翰笔下,鼓浪屿景致迷人,风光旖旎,道路井然,绿树成荫,几乎所有在厦的外国人都居住于此,并成立管理委员会,在鼓浪屿修筑道路、种植树木花卉,开展各种文化娱乐体育活动,鼓浪屿已初步呈现出国际社区的雏形。

(1)鼓浪屿之名由来与风光之美

关于鼓浪屿之名由来,马约翰显然人云亦云,"港口对面,平均四分之一英里宽,是鼓浪屿岛(The Drum Wave Island)。之所以如此命名,是因为在特定的情况下,海浪穿过南边一个岩石的洞口,产生一种声音,远处听起来就像击鼓"③。

接下来马约翰描述了鼓浪屿风光之美:"它异常美丽,虽然仅一英里半之宽,三英里之长。它精彩纷呈,风景如画,虽然规模小巧。岛上颇有小山,有一两座高如大山,只是老天没有给它们必要的空间,山谷、平原、沙滩和高高的悬崖,还有海角,明媚的景致使这座小岛成为中国沿海最美的屿岛之一。"④"岛上自然风光之美因为外国人星罗棋布住房的点缀而更加美丽。作为一个居住区,岛上建筑高阔轩朗,周围绿树环绕,各种鲜花怒放,空气中花香四溢。"⑤

(2)委员会与道路修建及绿化

鼓浪屿如此之美,与岛上的"一个委员会"(A committee)密切相关。此处委员会应指成立于 1870 年的"道路墓地基金委员会",因为《华南纪胜》出版时间为 1897 年,而鼓浪屿

---

① [英]马约翰:《竹树脚下》,詹朝霞译,载《鼓浪屿研究》第一辑,厦门大学出版社 2015 年版,第 202 页。

② [英]马约翰:《竹树脚下》,詹朝霞译,载《鼓浪屿研究》第一辑,厦门大学出版社 2015 年版,第 155 页。

③ [英]马约翰:《〈华南纪胜〉之厦门篇》,詹朝霞译,载《鼓浪屿研究》第二辑,厦门大学出版社 2015 年版,第 163 ~ 164 页。

④ [英]马约翰:《〈华南纪胜〉之厦门篇》,詹朝霞译,载《鼓浪屿研究》第二辑,厦门大学出版社 2015 年版,第 164 页。

⑤ [英]马约翰:《〈华南纪胜〉之厦门篇》,詹朝霞译,载《鼓浪屿研究》第二辑,厦门大学出版社 2015 年版,第 164 ~ 165 页。

工部局成立于 1902 年。这个委员会的工作显然卓有成效,不仅在岛上修筑了 8 英里在任何条件下都能使用的道路,而且广植树木花卉,把鼓浪屿得打点得美丽宜居。

"委员会每年一选,监督社区征税情况,有权维修旧路开拓新路。"①"(岛上)道路条件之卓越,延伸之深广足以证明委员会工作之明智有效。考虑到他们不得不在其上动手的区域面积有限,他们设法修筑了 8 英里几乎在任何天气下可供使用的道路,就非常值得称赞。"②"这个小岛有个显著的特点就是为数不少的优质道路。这是外国人社区大笔开支的结果。他们自我征税自我管理。"③"这些后来者的一个特殊魅力是种在路旁的树。不仅为小岛平添风光,增加步行的美妙,而且在阳光暴晒烈日炎炎的季节凉爽舒服。委员会所种的树木,是为了达到其服务目的所能选择的最好的(品种)。它们浓荫匝地,足以抵抗太阳强光的穿透。它们生长迅速,两三年内就能枝繁叶茂,而且极易再生。一根树枝砍下插入地面,几天之内就会长出新芽,不需要任何照料,只靠自然之赐就能生机盎然。就连对炎热最不在意的中国人,也非常感激这些树荫带来的阴凉,赞扬洋人为公众考虑的明智与善举,而从来不会向这些异教徒提建议。"④说到这里,马约翰忍不住对中国人缺少这种公共意识小有微词:"中国人从来不拿修路这样的事来烦自己,除了地方官或高官去往他省别处不得不经过的主干道。羊肠小道对他们已足够,自然没有人想到花钱为乡邻愉快出行提供方便。"⑤

(3)公共草坪及户外活动

除了诸如道路和绿化这样的公共空间的建设,鼓浪屿此时已拥有一个"公共草坪"而异常引人注目。这个"公共草坪"由美国领事李仙得于 1870 年倡议并出资购买的地块,并在契约中约定此地块一定要用于公共用途,今后任何个人或机构转让此地块不得改变其公共用地的性质。时过 150 余年,这块公共草坪作为"人民体育场"仍然保持了原有用途,这不能不说是一个奇迹。所幸我们在马约翰的描述中可以一窥其当年风采。"这个岛上另一个显著的特征是(有一个)公共草坪。几乎所有的社区户外娱乐活动都在这儿举行。天气好的时候,每天下午绅士淑女们在此聚会娱乐。网球是这里的首要项目,一年的九个月中人们都乐此不疲,兴致勃勃。"⑥"在冬季的数月里,草坪上的运动变成曲棍球、足球和板球。最后一项仍然保持了绅士们那儿的首席地位,是整个社区的吸引力所在。"⑦

---

① [英]马约翰:《〈华南纪胜〉之厦门篇》,詹朝霞译,载《鼓浪屿研究》第二辑,厦门大学出版社 2015 年版,第 165 页。

② [英]马约翰:《〈华南纪胜〉之厦门篇》,詹朝霞译,载《鼓浪屿研究》第二辑,厦门大学出版社 2015 年版,第 165 页。

③ [英]马约翰:《〈华南纪胜〉之厦门篇》,詹朝霞译,载《鼓浪屿研究》第二辑,厦门大学出版社 2015 年版,第 165 页。

④ [英]马约翰:《〈华南纪胜〉之厦门篇》,詹朝霞译,载《鼓浪屿研究》第二辑,厦门大学出版社 2015 年版,第 165 ～ 166 页。

⑤ [英]马约翰:《〈华南纪胜〉之厦门篇》,詹朝霞译,载《鼓浪屿研究》第二辑,厦门大学出版社 2015 年版,第 165 页。

⑥ [英]马约翰:《〈华南纪胜〉之厦门篇》,詹朝霞译,载《鼓浪屿研究》第二辑,厦门大学出版社 2015 年版,第 166 页。

⑦ [英]马约翰:《〈华南纪胜〉之厦门篇》,詹朝霞译,载《鼓浪屿研究》第二辑,厦门大学出版社 2015 年版,第 166 页。

(4)协和礼拜堂

公共草坪主要用于开展户外活动和运动。而教堂则是教会传播福音、教徒聚会做礼拜的重要场所。马约翰于 1863 年到达鼓浪屿时,由马约翰所在的英国伦敦公会出资修建的协和礼拜堂应该已落成,是鼓浪屿最早的专门礼拜堂。马约翰详细地描述了协和礼拜堂内在的结构和精心的桌椅设计:"鼓浪屿上的公共建筑寥寥无几。协和礼拜堂很简朴,但对于做礼拜是一个非常适用而舒适的地方。其建筑师显然更多地考虑让牧师和会众都感到舒服而在视觉上没有更多地注意基督教堂的风格,但这并无碍于虔诚礼拜。它的通风采光靠外面威尼斯人精心制作的大窗户。教堂的条凳由五个座位组成,每一个都是靠椅,坐在上面的礼拜者会很舒服,因为他不仅不会为邻座所扰,而且保证绝对放松,椅子靠背的角度被精确设计,保证坐者绝对休息。教堂由当地的教会安排服务,一个周日是圣公会使用,下一个周日非圣公会的人使用,这样可以满足不同部分人群的愿望。"①

(5)共济会、俱乐部、图书馆

今天的人民体育场南边有一幢白色的欧式建筑,编号为中华路 5 号,被称为荷兰领事馆。但实际上,它曾是共济会的秘密聚会场所。马约翰在书中对此有详细描写:

"网球场旁边是一幢很有艺术感的建筑,充满了学术研究的气氛和状态,学者们在此聚会,潜心研究和讨论信件中不断升温的世界局势。这里宁静而斯文,没有粗鄙的人进出,只有宁静的学术氛围,比如沉浸于沉思中的学生旁观和围绕在他们周围。在主入口周围用油漆书写中国字的数量可以证明,那一定是个学习机构。这些当然与高端学术紧密相关。"②

"经了解,我们发现对这栋建筑的学究气的印象是错误的。它非为学术而生,而是共济会在此聚会完成他们的秘密使命的会所。厦门似乎有两处这样的地方,都很兴旺。协会的精英皆为两个地方的领导者。理所当然地,这些名流在社区颇受欢迎。许多慈善行为为会员们所为。毫无疑问,许多工作善举也出自他们。"③

而离协和礼拜堂不远处,有一个俱乐部,即现在的海天堂构建筑群,为 1926 年菲律宾华侨黄秀烺购地所建。俱乐部里应有尽有,动静咸宜。有"容量颇大的图书馆"可供阅读,有台球、保龄球可供消遣,有近在眼前的网球场可以挥拍。

"离此不远是俱乐部,一个在这遥远地方一解乡愁的地方,有一些在厦门这样的港口城市里最基本的消遣和娱乐。一天的工作后,那些是会员的绅士们彼此乐意在这儿打发休闲时间。一些人读报,一些人打台球,一些人迷恋保龄球,那些好学者就占据舒服的阅览室,那儿有大量的期刊和容量颇大的图书馆供他们享用。如果有人生性好动,漂亮的球拍就在手边,网球场就在旁边,他可以在那儿享受一场激动人心的比赛。"④

---

① [英]马约翰:《〈华南纪胜〉之厦门篇》,詹朝霞译,载《鼓浪屿研究》第二辑,厦门大学出版社 2015 年版,第 167 页。

② [英]马约翰:《〈华南纪胜〉之厦门篇》,詹朝霞译,载《鼓浪屿研究》第二辑,厦门大学出版社 2015 年版,第 168 页。

③ [英]马约翰:《〈华南纪胜〉之厦门篇》,詹朝霞译,载《鼓浪屿研究》第二辑,厦门大学出版社 2015 年版,第 168 ~ 169 页。

④ [英]马约翰:《〈华南纪胜〉之厦门篇》,詹朝霞译,载《鼓浪屿研究》第二辑,厦门大学出版社 2015 年版,第 168 页。

（6）迷人的沙滩

鼓浪屿的沙滩显然给居住于岛上的外国人带来无穷的乐趣，马约翰不惜笔墨以诗一般的语言描摹了鼓浪屿沙滩的迷人。

"沿着道路只需几分钟步行，我们就到了海边沙滩。在这个小岛上，在夏季的数月中，这里简直是最有吸引力的度假胜地之一。老天似乎使出浑身解数，让这个地方如此魅力无穷，以致在她精心制作的艺术品前没有人稍感倦怠。海滩倾斜入海，但足够宽广到在高潮时，孩子们还可以在这里成群结队嬉戏游玩。当太阳红彤彤的脸躲到临近小山之后，他们就在沙滩上玩沙，或者收集被大海源源不断冲上来的贝壳。前面是宽阔广大的海湾，一个国家的船队可以安全地停泊在这里。因为朝海一面小岛镶嵌，南部边缘山脉相连，山峦起伏，而更加别致美丽。而后者是美景的无尽资源。有时露天冲澡，他们心怀感激，向对他们的致意报以微笑的浪花致意。有时浮云掠过，太阳所涂抹的色彩在庄严的山顶上一掠而过，又折射到海湾与海面亲密接触，色彩缤纷。黎明时分，波浪无心，泛起欢乐的笑声。"①

（7）电报与乡愁

鼓浪屿固然美丽，但旅居异国他乡的惆怅还是时时袭击这些为了各种目的漂洋过海远道而来的外国人。来自家乡引种的花卉，俱乐部里的一杯威士忌，一份刚送到的报纸，网球上挥拍的身影，无不唤起深深的乡愁。而最能激起乡愁，莫过于来一场淋漓尽致的足球赛。每逢军舰靠岸，军官和"蓝夹克"们就忍不住来场挑战，在脚下飞奔的足球中一解乡愁，那就是鼓浪屿盛大的节日。"太阳西下，临时搭盖的棚子里挤满了观众，他们似乎为这项伟大的英格兰运动充满故乡般的热情。这种热情对这项运动本身就一种贡献，更是每一个满怀乡愁的心灵的见证。离乡越远，思乡越深。没有什么比唤起记忆，想起他们远方的亲戚朋友更让人感激的了。比如家乡的花卉，被精心栽培生根发芽，而那些把人们带回英格兰的狂喜的罕见的花，固然被欣喜看待，但对寻常的花草却不过尔尔。"②

而大北电报楼则把来自于家乡的消息迅速带给这些远方的游子。"紧邻这个阳光灿烂的地方，是大北电报楼，它在厦门社区生活中有着举足轻重的地位。在这里，几分钟之内就会做出重要的商业决定，并且通过电波传达到遥远的大陆，给远方的朋友带去或痛苦或喜悦的消息。每一个来自远方国家的重要消息都在事发当天被谈论，虽然也许那是发生在地球另一端。"③"这对外国人是一个安慰，虽然亲爱的人远在天边，无论什么紧急情况，但他能飞快冲到电报楼，迅速与他们联系，而几小时后，就能确切地知道亲人们怎么样，他们在做什么。"④

① ［英］马约翰：《〈华南纪胜〉之厦门篇》，詹朝霞译，载《鼓浪屿研究》第二辑，厦门大学出版社 2015年版，第 169 页。

② ［英］马约翰：《〈华南纪胜〉之厦门篇》，詹朝霞译，载《鼓浪屿研究》第二辑，厦门大学出版社 2015年版，第 167 页。

③ ［英］马约翰：《〈华南纪胜〉之厦门篇》，詹朝霞译，载《鼓浪屿研究》第二辑，厦门大学出版社 2015年版，第 170 页。

④ ［英］马约翰：《〈华南纪胜〉之厦门篇》，詹朝霞译，载《鼓浪屿研究》第二辑，厦门大学出版社 2015年版，第 170 页。

四、结论

马约翰作为身负使命的西方传教士,其观察中国的目光自然带有西方色彩。他在厦门居住生活近五十年后,厦门已成为他观察中国文化的着眼点。总而言之,马约翰对他所观察到的"中国现象",有赞美也有批判。

马约翰对厦门的自然风光之美尤其是对厦门港景色之美不吝赞美,对舢板的制作之巧很好奇,对舢板工大嗓门争先恐后抢生意觉得有趣,对风里来雨里去的夫妻船更是不惜笔墨,尤其是对船工妻子的勤劳勇敢更是大加赞赏。

然而更多的是其对中国文化的批判:一是毫不客气地对偶像崇拜的质疑和批判,对寺庙及寺庙主持的品德的否定和批判。二是对中国人对狗缺乏同情心的批判,并由此推论中国人普遍缺乏爱心和同情心。显然,这有以偏概全之嫌。三是对溺杀女婴、吸鸦片、缠足等陋习的深恶痛绝。四是他对中国没有爱情的婚姻和婚后必须与父母家族合族而居的习俗表示不可思议,认为这样是对人性的约束,阻碍健康个体人格的形成。

无论马约翰对中国文化是同情理解还是质疑批判,其落脚点都是为传播福音服务的,这是作为传教士的马约翰的职责和使命。因此,他在《竹树脚下》中表述了传教之艰难,但从来没有丧失信心,在书尾更是表示了将福音传遍中华大地的决心和信心。

1880年的厦门和鼓浪屿老照片（上）

余巧英　黄绍坚[*]

【题记】美国康奈尔大学图书馆收藏着一本厦门老相册，相册名为《1880年的厦门及周边景观》（*Views of Amoy and Surrounding Country*），共收录74张黑白照片，包括54张厦门和鼓浪屿老照片（其中35张鼓浪屿老照片、19张厦门老照片），20张漳州、石码（今龙海市）老照片，前面另有2页英文目录。

这本相册由当年位于鼓浪屿龙头路的"瑞生和宜芳照相写真馆"（Jiu-San & E-Fong photographers, portrait and ship painters, &c.）制作。根据内页上简短的文字说明，这本相册收录的是原版照片，拍摄于1880年前后。1917年，由查理斯·沃森（Charles William Wason, 1854—1918）在美国的克里夫兰（Cleveland）搜集。

美国康奈尔大学收藏的这套厦门老照片，其检索地址是：http://lunaprod.library.cornell.edu:8280/luna/servlet/detail/CUL_KAR⁻1⁻1⁻960⁻100048:Views-of-Amoy-and-surrounding-count? sort = Creator% 2CType% 2CDate% 2CTitle&qvq = q: ASWA _ 0011; sort: Creator% 2CType%2CDate%2CTitle; lc:CUL_KAR⁻1⁻1&mi=0&trs=1。

以下关于照片的简要说明，曾当面向厦门文史专家何丙仲先生请教，受益良多，谨此致谢！当然，内容如有错误，由笔者负责，尚望方家不吝赐教。

照片顺序，依据原有编号。照片名称，为慎重起见，均附上英语原文。

参照其他照片，例如图4：从鼓浪屿国际俱乐部，到白懿满先生的房子（Plate 4：From Amoy Club to Mr. R. Pye's House），可以知道，照片中的鼓浪屿国际俱乐部（Amoy Club），并不是今天位于鼓浪屿田尾路"观海园"内那座著名的白色建筑"国际俱乐部"（"乐群楼"），而应该是它的早年建筑，鼓浪屿人称为"大球栏"，位于今天福建路一带[①]。后来，这里被晋江富商黄秀烺购得，黄秀烺依原样重建，成为今天鼓浪屿福建路34号别墅，即"海天堂构"中的一座[②]。

---

　* 余巧英：厦门大学台湾研究院文学所　福建　厦门　361003
　　黄绍坚：福建　厦门　361021
　① 见张镇世、叶更新、杨纪波、洪卜仁：《公共租界鼓浪屿》，载中国人民政治协商会议厦门市委员会文史资料研究委员会编：《厦门文史资料》（第16辑），1990年4月版，第34页。"万国俱乐部（又叫大球栏），专供各国领事馆官员、外国洋行老板和高级职员娱乐的场所，通用英语会话。开始设在鹿耳礁福建路，后来迁移到田尾东路自建的一幢'乐群楼'，内有舞厅、酒吧间、桌球床，还有露天板球场、网球场，是岛上规模最大、设备最完善的外国人俱乐部。"
　② 见龚洁：《海天堂构》，载《鼓浪屿建筑丛谈》，鹭江出版社1997年版，第121页。"中楼，这里原有一家外国人的俱乐部，黄秀烺购得后，将其建成一幢仿古大屋顶宫殿式建筑，由莆田工匠建造。"

图 1　鼓浪屿国际俱乐部(Plate 1　Amoy Club)

据 1878 年出版的《鼓浪屿简史》,当年的鼓浪屿国际俱乐部,建成于 1876 年,建筑宽敞,里面包括一个中等图书馆、一间有着国外和当地最好报纸的阅览室、一间有 2 张球桌的台球室、一个保龄球场、一间备有饮料和牡蛎的酒吧间,以及一间每晚 7 点 30 分用来聚餐的委员会的会议室。大厅里,每天都公布各沿海口岸轮船往来的最新电报消息,并悬挂着一张精确的晴雨表①。

这座国际俱乐部,是一座有故事的房子。1898 年,美国驻厦门副领事卡林顿(Carrington),从美国内战英雄罗伯特·李将军的墓地上带来一段常春藤,种植在鼓浪屿国际俱乐部土地上,并镶嵌一块铜牌,以为纪念。当年美国各大报纸对此事多有报道。② 据说当年由于鼓浪屿上偶有老虎出现,鼓浪屿国际俱乐部有一条不成文的规定:凡发现老虎并能打死老虎者,那人当月的俱乐部会费,即由其他成员分担;但是,如果发现者不能打死老虎,那么,他应该为俱乐部里其他所有人的酒钱买单,通常是一人一杯威士忌③。

在英国人泰瑞·贝内特(Bennett T.)所著《中国摄影史:西方摄影师,1861—1879》一书

---

① 　[英]赫伯特·艾伦·翟理斯:《鼓浪屿简史》,载何丙仲辑译:《近代西人眼中的鼓浪屿》,厦门大学出版社 2010 年版,第 188 页。何丙仲先生在"译者按"说:"本篇(《鼓浪屿简史》)译自赫伯特·艾伦·翟理斯(Herbert Allen Giles)所著的 *A Short History of Koolangsu* 一书。该书出版于 1878 年。"

② 　Ivy at Amoy from Lee's Grave. *Evening star* (Washington, D.C.), October 28, 1908, p.11; Honor Lee in China. *Los Angeles herald* [microform] (Los Angeles [Calif.]), October 29, 1908, p.2; Bronze Table to Lee. *East Oregonian*:E.O. (Pendleton, Umatilla Co., Or.), October 30, 1908, Evening Edition, p.9.

③ 　Tigers are Ferocious. *The Hartford republican* (Hartford, Ky.), August 04, 1922, Image 6.

中,收有圣朱利安·休·爱德华兹(St. Julian Hugh Edwards,1838—1903年)的摄影作品《罗伯特·布鲁斯所捕获的猛虎,厦门》(图3.95)。照片中,一只瘦骨嶙峋的老虎被绑在铁架上,动弹不得。贝内特注明,照片约拍摄于1888年,"罗伯特·布鲁斯(Robert Bruce)时为厦门德记洋行的高级管理人员。作者收藏"①。可见,鼓浪屿国际俱乐部的不成文规定并非虚张声势。

图 2　从新路头码头到龙头码头:英国领事馆与德国领事馆

(Plate 2　From Sin Lo Tau Jetty to Ling-tao Jetty:British and German Consulates)

对于厦门在中国东南沿海的重要交通、经济、战略位置,1840年代的中英双方其实都有清晰的认识。

清朝方面,从1840年8月到1841年10月,一年多时间内,道光皇帝在上谕中,先后6次(其中1次引用署理闽浙总督奏折)强调厦门的重要性:"至闽洋紧要之区,以厦门、台湾为最"②;"闽洋居粤、浙之中,厦门为咽喉之地,尤关紧要"③;"署闽浙总督吴文镕奏:厦门关系重大,断不可许与英夷通商,致贻后祸"④;"厦门一岛,孤悬闽南,远控台澎,近接金门,与

---

①　[英]泰瑞·贝内特(Bennett T.):《中国摄影史:西方摄影师,1861—1879》,徐婷婷译,中国摄影出版社2013年版,第166页。

②　《谕军机大臣等》,载《清宣宗实录》卷三三六,道光二十年七月乙未(1840年8月4日)。

③　《又谕》,载《清宣宗实录》卷三四四,道光二十一年正月庚寅(1841年1月26日)。

④　《署闽浙总督吴文镕奏》,《载清宣宗实录》卷三四六,道光二十一年二月癸亥(1841年2月28日)。

粤东毗连,为全闽咽喉门户"①;"闽省为海疆要区,厦门尤为全省关键"②。尤其在 1841 年 10 月 2 日《上谕》中,道光皇帝敏感地注意到:"逆夷(英国人)沿海滋扰,厦门尤其垂涎之地"③。

而在参与侵略厦门的英国军人柏纳德的笔下,1841 年的厦门,是一座美丽的海滨小城:"(厦门港)海湾内与厦门城附近的风景美丽如画,内陆山峦重叠,引人入胜。有几条相当大的河流(指九龙江等)注入海湾,使厦门与内地的交通更加便利。厦门港的优越性,远远超出我们(英国)军官们的期望之外。"④

第一次鸦片战争的结局,众所周知。厦门成为五口通商口岸之一。

虽然中间有所争执⑤,但在 1843 年之后,各国还是陆续在鼓浪屿开设领事馆,鼓浪屿成为各国驻厦门的领事馆区⑥。

据《厦门市志》记载:"清道光二十三年(1843 年)十一月二日,英国率先在鼓浪屿设立厦门英国领事事务所……同治二年(1863 年),迁到鼓浪屿新址内办公,址在鼓浪屿鹿礁路 14 号(原龙头路 9 号)和鹿礁路 16 号(原龙头路 11 号)。"⑦关于英国领事馆和英国领事公馆,参见图 19:从英国领事公馆,眺望厦门(Plate 19:From British Consul's House to Amoy)的说明。

《厦门市志》又记载:"清同治九年(1870 年),德国在厦门英国领事馆毗邻设馆,并在旗尾山建领事住宅(德国领事公馆)。第一次世界大战中德国战败,该领事馆撤销。"⑧关于德国领事公馆,参见图 21:德国领事公馆(Plate 21:German Consul's House)的说明。

在图 2 的名称中,"Sin Lo Tau",为闽南话"新路头";"Ling-tau",为闽南话"龙头"。两处都在今天鼓浪屿龙头路"钢琴码头"一带。

图中位置中左、在海边的前幢二层洋房,房前有旗,前有石栈桥,为德国领事馆;位置

---

① 《谕军机大臣等》,载《清宣宗实录》卷三四八,道光二十一年三月己丑(1841 年 3 月 26 日)。

② 《又谕》,载《清宣宗实录》卷三五七,道光二十一年九月丙辰(1841 年 10 月 19 日)。

③ 《谕内阁》,载《清宣宗实录》卷三五六,道光二十一年八月乙亥(1841 年 10 月 2 日)。

④ 柏纳德:《"复仇神"号轮船航行作战记》,载福建师范大学历史系、福建地方史研究室编:《鸦片战争在闽、台史料选编》,福建人民出版社 1982 年版,第 169 页。

⑤ 见《谕军机大臣等》,载《清宣宗实录》卷三八九,道光二十三年二月癸卯(1843 年 3 月 30 日)。"谕军机大臣等:本日据保昌等驰奏夷船赴闽投书一摺,据称本年正月初五日,夷目巴柏架自浙带船五只来闽,遣其守备甲花厘等投递书函,察看地势,于十四日开驶出口。其巴柏架所坐大船,亦已进泊厦港等语。福州、厦门二处,既准通商,该夷船只往来,自不便于拒阻。惟现在设馆通商事宜,尚未议定章程。此次夷目巴柏架,自称系朴鼎喳令其来闽察看地势。著伊里布即向朴鼎喳告知,并询明巴柏架等是否系该酋遣令赴闽、有无假冒之处,据实奏闻。将此由四百里谕令知之。"同日《又谕》:"又谕:保昌等奏夷船赴闽投书一摺,夷船来闽寄泊,即行进泊厦港,情形尚为驯顺。惟夷性难知,行踪不定。著保昌等严密备防,不可稍存大意。将此谕令知之。"

⑥ 见《厦门市志》卷二一,方志出版社 2004 年版。"鸦片战争后,腐败无能的清廷被迫与英国侵略者签订不平等的《南京条约》,厦门被辟为'五口通商'口岸之一。道光二十三年(1843 年),英国首先在鼓浪屿设立领事馆。随之,美国、法国、西班牙、挪威、奥地利、德国、荷兰、日本、比利时、丹麦、葡萄牙、瑞典、意大利、墨西哥、菲律宾等国先后在厦门设立领事馆,鼓浪屿成为外国驻厦门的领事馆区。"

⑦ 《厦门市志》卷二一,方志出版社 2004 年版。

⑧ 《厦门市志》卷二一,方志出版社 2004 年版。

中右、离海边稍有距离的后幢二层洋房，在小丘上，房子略小，房前也有旗，为英国领事馆，后来一度成为鼓浪屿管委会办公楼，如今楼已腾出，正在筹建"鼓浪屿历史文化博物馆"①。

图3　鼓浪屿全景（Plate 3　View of Kulangen）

图3应该拍摄于当年鼓浪屿升旗山顶。

清代乾隆《鹭江志》中记载："鼓浪屿，在海中，长里许，上有小山、田园、村舍，无所不备……左有剑石、印石，在海面。右有鹿耳礁、燕尾礁。"②

清代乾隆年间，寓居厦门的文人黄彬（黄莲士③）有《鼓浪屿》诗："昔闻鼓浪似瀛洲，海上初来览胜游。石壁风云馀旧垒，人家烟雨事春畴。钟声上下波心寺，树影参差岛外舟。一自当年平剑印，妖氛不作庆安流。"④诗意平平，姑存史料。

1842年，在英国海军医生约翰·威尔逊笔下，鼓浪屿风景如画："鼓浪屿是一个贫瘠的不适合生产的地方，尽管它极其美丽……在（1841年8月）英军攻陷并有条件地占据鼓浪屿之前，岛上密布着房屋和精致的小别墅，据说居民有3000人……鼓浪屿人住的房子，既好看又有利于健康，不会拥挤不堪，也不会挡住新鲜空气和自然景观。这些房子的位置总是令人称心如意，通常坐落于浪漫的自然美景中。"⑤

到1872年出版的乔治·休士《厦门及周边地区》中，鼓浪屿开始大变样："鼓浪屿周长4英里左右，其上有两座不一样的山（现在一般认为有5座山：日光岩、鸡母山、笔架山、升旗山、英雄山，笔者注），主要由花岗岩和风化的花岗岩构成。鼓浪屿所有最好的位置，都星罗棋布着漂亮的房子，商人、传教士和有钱的官员的私人住宅，合起来可能（价值）有15万元。岛上有4个中国人的小村庄，人口增加到约有4000～6000人（这个推测的数字不准确，详

---

① 见崔晓旭：《为申遗鼓浪屿管委会搬家，原英国领事馆拟建成博物馆》，http://www.gly.cn/zhwgk/jrgly/317851.htm，2015年4月28日。"导报记者从鼓浪屿管委会获悉，为加强鼓浪屿文化建设，持续推进鼓浪屿申遗工作，鼓浪屿管委会机关近日从思明区鼓浪屿鹿礁路16号（原英国领事馆）搬迁至鼓浪屿复兴路28号，鹿礁路16号（原英国领事馆）拟建成'鼓浪屿历史文化博物馆'。"
② 清代乾隆《鹭江志》（整理本）卷一，鹭江出版社1997年版，第29页。
③ 见《古代主要著作存目表》，《厦门市志》卷四十附表40-1，方志出版社2004年版。"《黄莲士文集》2卷，清，黄彬。"
④ 黄莲士（黄彬）：《鼓浪屿》，载清代道光《厦门志》卷八，《中国方志丛书》第80号，台北成文出版社1967年版，第202页。
⑤ ［英］赫伯特·艾伦·翟理斯：《鼓浪屿简史》，载何丙仲译：《近代西人眼中的鼓浪屿》，厦门大学出版社2010年版，第171页。

下,笔者注)。"①

清代鼓浪屿岛上"4 个中国人的小村庄",据厦门文史学者李启宇、詹朝霞等人研究,指内厝澳、鹿礁、岩仔脚、田尾 4 个小村落,其中内厝澳等 3 个村落以黄姓为主,田尾一带以洪姓为主,故当年鼓浪屿有"黄山洪海"之说②。

至图片拍摄时,据 1878 年前后统计,鼓浪屿岛上共有 4 间寺庙、4 间鸦片馆,中国居民分为 10 甲,共有 629 户 2835 人,居住在岛上的外国人为 193 人,其中英国人最多,为 133人③。

图 4　从鼓浪屿国际俱乐部到兰德尔·H.派伊先生的房子
(Plate 4　From Amoy Club to Mr. R. Pye's House)

(一)

图 4 应该是在鼓浪屿升旗山上所拍。

查 1878 年底,在鼓浪屿上,有一位兰德尔·H.派伊(Randall H. Pye)先生,偕夫人及一

---

①　[英]乔治·休士:《厦门及周边地区》,载何丙仲辑译:《近代西人眼中的鼓浪屿》,厦门大学出版社 2010 版,第 35 页。何丙仲先生在"译者按"说:"本篇译自乔治·休士(George Hughes)所著的 *Amoy and the surrounding districts* 一书。该书 1872 年于香港梳沙印字馆(LY De Souza & Co. 1872)出版。"

②　李启宇、詹朝霞:《鼓浪屿史话》,厦门大学出版社 2013 年版,第 18 页。

③　[英]赫伯特·艾伦·翟理斯:《鼓浪屿简史》,载何丙仲辑译:《近代西人眼中的鼓浪屿》,厦门大学出版社 2010 年版,第 175、194 页。

位外国女仆共 3 人,居住在鼓浪屿上①,就是照片中提到的派伊先生(Mr. R. Pye)。

在《清季中外使领年表》中,有这位兰德尔·H·派伊的记录。1885 年 4 月(清光绪十一年三月),派伊任丹麦驻厦门领事馆领事。1890 年(清光绪十六年),具体月份不详,派伊的领事一职,被雷班(Frank Leyburn)接替②。也就是说,派伊担任了 5 年左右丹麦驻厦门领事。

从这张图片上可以看出,有三幢洋房是相同的,都在本张图片右后方的远处,即今天鼓浪屿鸡母山至三丘田码头的一路上:

第一幢,位于本照片后方最右边的海边斜坡上,借用中国建筑的描述,为 14 柱 9 开间;正中的开间,左右各有 3 根紧密排列的柱子;洋房门前有一条白色的道路,下行直通海边。

第二幢,在第一幢左侧,为后方悬崖上的洋房(下详)。

第三幢,在悬崖上那幢洋房的左侧,接近山顶处,亦即本照片右侧三分之一处的旗杆左后方。在第三幢洋房左边不远处,就是鸡母山上的"鸡母石"。

派伊先生的房子,应该就是这三幢洋房中的某一幢。笔者考订如下:

上述第二幢洋房,至今犹存,鼓浪屿人俗称"汇丰公馆",门牌号为鼓新路 57 号。厦门文史专家龚洁先生称,它是鼓浪屿上"除日光岩、八卦楼外,最惹眼的"建筑,据说是当年汇丰银行行长的住所,"别墅的选址,独具匠心,建在悬崖峭壁上,高崖面海,居高临下,飘然欲仙"③。厦门大学建筑系师生测绘的《鼓浪屿近代建筑艺术图集》中则称,这幢洋房是"汇丰银行办公楼兼金库","临崖面海","所在地位置显赫,在悬崖峭壁之上,居高临下,视野颇佳。其基础打进整块岩石中,十分牢固"。如今,这幢房子为厦门造船厂宿舍④。

上述第三幢洋房,应该就是图 20:从鸡母山顶,眺望厦门港(Plate 20:From British Cousul's House to Ai-mun-kang〔Haifangting Yamen〕)照片中出现的那幢白色洋房,似乎就是鼓浪屿人俗称的鸡母山"白楼",如今还在,门牌号为鸡山路 8 号。参见图 20:从鸡母山顶,眺望厦门港(Plate 20:From British Cousul's House to Ai-mun-kang〔Haifangting Yamen〕)的说明。

因此,这张图片中所称派伊先生的房子(Mr. R. Pye's House)应该就是上述第一幢洋

① [英]赫伯特·艾伦·翟理斯:《鼓浪屿简史》附"1878 年 10 月 10 日厦门和鼓浪屿外国居民一览表",载何丙仲辑译:《近代西人眼中的鼓浪屿》,厦门大学出版社 2010 年版,第 192 页。笔者注意到,书中该人英文名字记为"Pye Randall H.",何丙仲先生翻译成"派伊·兰德尔",有误。应当翻译为"兰德尔·H.派伊"。又:何丙仲先生《鼓浪屿公共租界》一书附"近代来厦外国人名中英文索引"中,亦作:"派伊·兰德尔,H. Randall Pye,1885 后兼丹麦驻厦门领事。"见何丙仲:《鼓浪屿公共租界》,厦门大学出版社 2010 年版,第 159 页。亦误。派伊的名字,应该是"Randall H. Pye",见佚名辑:《清季中外使领年表》之"丹麦驻厦门领事年表",载《近代中国史料丛刊三编》第 16 辑,台北文海出版社 1986 年版,第 174 页。"光绪十一年三月,1885 年 4 月,Randall H. Pye。"

② 佚名辑:《清季中外使领年表》之"丹麦驻厦门领事年表":"光绪十一年三月,1885 年 4 月,Randall H. Pye。"又《近代中国史料丛刊三编》第 16 辑,台北文海出版社 1986 年版,第 174 页。"光绪十六年,1890 年,雷班,Frank Leyburn。"

③ 龚洁:《鼓浪屿建筑》,鹭江出版社 2006 年版,第 98 ~ 100 页。

④ 厦门大学建筑系师生测绘,李雄飞、邓小路文字:《鼓浪屿近代建筑艺术图集》38,载《鼓浪屿建筑艺术》编委会编:《鼓浪屿建筑艺术》,天津大学出版社 1997 年版,第 254 ~ 255 页。

房，即位于本照片右后方远处的海边斜坡上，借用中国建筑说法为 14 柱 9 开间、正中开间为左右各 3 根柱子紧密排列的 2 层洋房，位置大约在今天鼓浪屿三丘田码头附近的三明路、鼓新路一带的海边山坡上。

但是还有个疑问，本照片拍摄的 1880 年前后，派伊先生尚未接任丹麦驻厦门领事一职。所以不知道这幢派伊先生的房子（Mr. R. Pye's House），是不是丹麦驻厦门领事公馆？

（二）

说起 Pye 这个姓，更早之前，鼓浪屿上还有另一位，即大名鼎鼎的白懿满（Edmund Pye）。

Edmund Pye，中文名"白懿满"，英商怡记洋行商人①，后兼任多国驻厦门正、副领事：1867 年，白懿满署理丹麦驻厦门领事②，是上述那位兰德尔·H.派伊（Randall H. Pye）先生的前任；1872 年，白懿满又兼法国驻厦门副领事③。黄光域先生说，白懿满还兼任过美国驻厦门副领事④，不知何据，待考。

由本国商人甚至是第三国商人，来兼任某国驻外领事，今天看来不可思议，但在当年却非个案。据连心豪先生研究，这种"商人领事"或"领事商人"，在当年各国驻华使节中皆有："咸丰、同治年间，俄国驻汉口领事韦良士，是美国琼记洋行的商人；法国驻厦门副领事、丹麦驻厦门署理领事白懿满，是怡记洋行商人；法国驻福州副领事马吉乐乌得、和法国驻镇江副领事甘霓仁，都是英国商人；美国驻汕头领事巴力烈，是德记洋行商人；美国驻天津署理领事、和瑞典、挪威驻上海总领事佛弼师，是旗昌洋行商人；瑞典、挪威驻广州副领事福雅各和驻福州副领事米士京，都是旗昌洋行商人；瑞典、挪威驻厦门副领事郜罗博和驻烟台副领事顾挈维廉，都是和记洋行商人；丹麦驻烟台副领事瓦德门，是英国商人……"⑤

"Ko-long-tong-tien"，为闽南话"鼓浪洞天"。

这张照片，应该也是在当年鼓浪屿升旗山上所拍，照片的英文说明为："从'厦门峰'到'鼓浪洞天'佛庙"。"厦门峰"，是当年英国人对鼓浪屿日光岩的称呼。"鼓浪洞天"佛庙，即今天"日光岩寺"。

清代乾隆《鹭江志》记载，当年鼓浪屿上，有"石壁立千尺，镌'鼓浪洞天'四字"，其下仅

---

① 见《机构与团体·机构·外国驻闽机构》附表 1-17"法国驻厦门领事名表"，载《福建省志·外事志》，方志出版社 2005 年版。"白懿满，Edmund Pye，副，怡记行商人。"

② 见佚名辑：《清季中外使领年表》之"丹麦驻厦门领事年表"，载《近代中国史料丛刊三编》第 16 辑，台北文海出版社 1986 年版，第 174 页。"同治六年，1867 年，白懿满，署，Edmund Pye。"

③ 见佚名辑：《清季中外使领年表》之"法国驻厦门领事年表"，载《近代中国史料丛刊三编》第 16 辑，台北文海出版社 1986 年版，第 118 页。"同治十一年，1872 年，白懿满，副，Edmund Pye，怡记行商人。"又见《厦门市志》卷二一附表 21-4"法国驻厦领事馆历任领事名表"，方志出版社 2004 年版。"白懿满，职别：领事；到任年份：1872 年。"《厦门市志》之说有误。白懿满为副领事。

④ 见黄光域：《近代中国专名翻译词典》，四川人民出版社 2001 年版，第 627 页。"Pye Edmund，白懿满，英国商人，1867 年起先后兼任美国驻厦门副领事、署丹麦领事及法国驻厦门副领事"。Pye Edmund，误，应为 Edmund Pye。

⑤ 连心豪：《水客走水——近代中国沿海的走私与反走私》，江西高校出版社 2005 年版，第 46 ～ 47 页。

图 5　从日光岩到日光岩寺

（Plate 5　From Amoy Peak to Ko-long-tong-tien Joss House）

有"石屋半间、矮屋数椽而已"，为和尚瑞球创办①。道光《厦门志》中则称，日光岩寺始创者，为和尚瑞琳；至清代道光年间，寺已圮毁②。另据《厦门市志》介绍，日光岩寺初名"莲花庵"，始建年代不详，明代万历年间重修，1926 年由和尚清智翻修拓建③。

"鼓浪洞天"摩崖石刻，是厦门最著名的石刻之一。通常认为，该摩崖石刻镌刻于 1573 年（明代万历元年），由时任泉州府同知丁一中题刻，是日光岩年代最早的石刻④。

今天，在"鼓浪洞天"旁边，还有"鹭江第一"四字，并有落款及印鉴，那是林针于清代道光年间补刻。通常认为，与"鼓浪洞天"年代相差近 300 年⑤。但是，李启宇先生从书法章法、石刻落款布局等方面推测，"当时的'鼓浪洞天'，根本不可能由丁一中'题并书'"，而是丁一中题字在先，"鼓浪洞天"也是后来由林针补刻⑥。

林针（1824—?），字景周，号留轩，祖籍福州，从小随伯父迁居厦门⑦。此人不简单，著有

---

① 清代乾隆《鹭江志》（整理本）卷二，鹭江出版社 1997 年版，第 42 页。

② 清代道光《厦门志》卷二，《中国方志丛书》第 80 号，台北成文出版社 1967 年版，第 42 页上。

③ 《厦门市志》卷四七附"主要寺庙·日光岩寺"，方志出版社 2004 年版。

④ 厦门市政协文史和学习宣传委员会编、何丙仲辑：《厦门摩崖石刻》之"鼓浪洞天"，福建美术出版社 2001 年版，第 157 页。

⑤ 厦门市政协文史和学习宣传委员会编、何丙仲辑：《厦门摩崖石刻》之"鹭江第一"，福建美术出版社 2001 年版，第 157 页。

⑥ 李启宇：《"鼓浪洞天"考》，载《厦门史料考据》，厦门大学出版社 2013 年版，第 164～170 页。

⑦ 见吴巍巍：《林针及其近代中国首部游西笔记》，《福建史志》2007 年第 5 期。"林针（1824—?），字景周，号留轩。福建厦门人士，祖籍福建闽县（福州）。幼年家境贫寒，后随伯父迁居厦门。"

《西海纪游草》一书，是在林则徐之前"睁眼看世界"的第一部著作①。

图6　从新路头码头到升旗山：史蒂文先生的房子
(Plate 6　From Sin Lao Tau Jetty to Flag-staff：Mr. Steven's House)

　　这张照片，拍摄于鼓浪屿"新路头码头"（即今天鼓浪屿龙头路"钢琴码头"附近），朝向升旗山方向。何丙仲先生说，升旗山上那座白色房子，就是当年德记洋行老板史蒂文（Steven）的房子。

　　在1878年出版的赫伯特·艾伦·翟理斯所著《鼓浪屿简史》中，附有一张"1878年10月10日厦门和鼓浪屿外国居民一览表"，其中有N.C.史蒂文斯（Stevens N.C.），孤身一人在厦②。但其名字拼法，与照片原名不同，不知是否就是这位德记洋行老板史蒂文？存疑。

　　资料显示，德记洋行（Tait & Co.；Tait & Co., Ltd.）为厦门英商贸易行，1845年由詹姆斯·德滴（James Tait）开办，经营综合贸易，兼航运及保险代理③。据《清季中外使领年表》

---

　　①　林针：《西海纪游草》，载钟叔河、杨国桢、左步青校点：《西海纪游草·乘槎笔记·诗二种·初使泰西记·航海述奇·欧美环游记》合刊本，岳麓书社1985年版，第25～58页。对《西海纪游草》的评述，参见钟叔河先生所撰前言《从坐井观天到以蠡测海》："故我们只数1840年以来'走向世界'的报道，只能从林针（字景周，号留轩，1824—？）的《西海纪游草》算起。"

　　②　[英]赫伯特·艾伦·翟理斯：《鼓浪屿简史》附"1878年10月10日厦门和鼓浪屿外国居民一览表"，载何丙仲辑译：《近代西人眼中的鼓浪屿》，厦门大学出版社2010年版，第193页。

　　③　黄光域：《近世百大洋行志》，载中国社会科学院近代史研究所近代史资料编辑部编：《近代史资料》总81号，1992年刊印，第57页。

记载,德滴这个人,1863 年兼任葡萄牙驻厦门领事①。另据《厦门市志》中颇为可疑的记录,德滴还兼任过其他国家驻厦门领事:1852 年兼任西班牙驻厦门领事②;同年,兼任挪威驻厦门领事③;1863 年兼任荷兰驻厦门领事④⑤。

但德滴名声很臭。中国学者说,德滴"就是一个臭名昭著的人口贩子",德记洋行"实际上是一个地地道道的卖人行"⑥。连美国学者也知道,德滴"是厦门最大的(华工)苦力贩

---

① 见佚名辑:《清季中外使领年表》之"葡萄牙驻厦门领事年表",载《近代中国史料丛刊三编》第 16 辑,台北文海出版社 1986 年版,第 160 页。"同治二年,1863 年,德滴,James Tait,英人。"

《厦门市志》卷二一,方志出版社 2004 年版。"葡萄牙,设馆时间:19 世纪末,首任领事:德滴,馆址:鼓浪屿田尾路,附注:由英国领事代理。"

显然,《厦门市志》之说有误。又考黄光域:《近世百大洋行志》,载中国社会科学院近代史研究所近代史资料编辑部编:《近代史资料》总 81 号,1992 年刊印,57 ～ 58 页。"1872 年前德滴去世,由原职员华质美(J. C. Wardlaw)及巴地臣(John Paterson)等合伙接办。"

更可知德滴不可能在"19 世纪末"才兼任葡萄牙驻厦门领事。

② 见《厦门市志》卷二一,方志出版社 2004 年版。"19 世纪 50 年代,西班牙(时译为日斯巴)在鹿耳礁新建天主教堂的主教公解设立领事馆。清咸丰二年(1852 年),由德记洋行老板德滴(英国人)兼任领事。"《厦门市志》这一说法,有点奇怪。

查"西班牙厦门领事年表",西班牙厦门领事馆,开馆于 1863 年,首任领事为非拉日栋,Fiburceo Faraldo,1867 年后授总领事。并无德滴之名。见佚名辑:《清季中外使领年表》,载《近代中国史料丛刊三编》第 16 辑,台北文海出版社 1986 年版,第 164 页。

③ 见《厦门市志》卷二一,方志出版社 2004 年版。"挪威,设馆时间:1852 年,首任领事:德滴,馆址:空白,附注:先后由英国、荷兰领事兼办。"

《厦门市志》这一说法,也有点奇怪。根本不存在挪威驻厦门领事馆,而是瑞(典)、挪(威)驻厦门领事馆。

查"瑞(典)、挪(威)驻厦门领事年表",瑞典、挪威驻厦门领事馆,开馆于 1863 年,首任领事为古利嘉查厘,Charles Krüger。并无德滴之名。见故宫博物院明清档案部、福建师范大学历史系编:《清季中外使领年表》,中华书局 1985 年版,第 149 页。

④ 见《厦门市志》卷二一,方志出版社 2004 年版。"清同治二年(1863 年)由德记洋行老板德滴(英国人)兼任领事,后由德商宝记洋行经理代理。"

《厦门市志》这一说法,同样有点奇怪。

查"荷兰驻厦门领事年表",荷兰驻厦门领事馆,开馆于 1864 年,首任副领事为绒信,A.R.Johnston。并无德滴之名。见故宫博物院明清档案部、福建师范大学历史系编:《清季中外使领年表》,中华书局 1985 年版,第 147 页。

⑤ 另据汪毅夫:《清季驻设福建的外国领馆和外国领事》,载《闽台区域社会研究》,鹭江出版社 2004 年版,第 112 ～ 114 页。"西班牙驻厦门领事馆(1863 年设),非拉日栋(Fiburceo Faraldo)等十七任";"荷兰驻厦门领事馆(1864 年前后设),绒信(A. R. Johnston)等十二任";"瑞、挪驻厦门领事馆(1867 年 4 月设),古利嘉查厘(Charles Krüger)等十三任",亦均未提及德滴曾兼任西班牙、荷兰、瑞、挪驻厦门领事一事。

⑥ 徐泰来主编:《中国近代史记(1840—1919)》中册,湖南人民出版社 1989 年版,第 565 页。

子",并利用其领事身份,"可以亲自把他经手的苦力契约合法化"。①

1872 年左右,德滴去世后,德记洋行由原职员华质美(J. C. Wardlaw)及巴地臣(John Paterson)等合伙接办,在台湾淡水、打狗,日本横滨、神户,大陆天津、北京等地,陆续设立分号②。1908 年前后,德记洋行生意渐渐做大,是渣打银行在印度、澳大利亚和中国的代理,也是"大英火轮船公司"(Peninsular and Oriental Company)和"巴勒保险公司"(North British and Mercantile Insurance Company)的代理。据称,该公司"所有公司成员都讲(闽南)当地方言,这样一来就能直接和当地人做生意,无须买办的帮助"。③

德记洋行的大陆分号,于 20 世纪 20 年代后渐渐默默无闻,而台湾分号直到 20 世纪 40 年代还很兴盛④。

图 7　从日光岩到安德逊先生的房子(Plate 7　From Amoy Peak to Mr. Anderson's House)

---

① 见魏斐德著,梁禾主编:《讲述中国历史》上册,人民出版社 2013 年版,第 8 ~ 9 页。"在奴隶贸易被废止之前,那些积极从事华工苦力贸易的大宗贩子……与在厦门的德记洋行有商业上的联系。该商行大老板,英国人德滴(J.Tait)不久便成为厦门最大的苦力贩子。德滴身兼西班牙、荷兰和葡萄牙三国驻华领事,这样他便可以亲自把他经手的苦力契约合法化。"关于德滴"身兼西班牙、荷兰和葡萄牙三国驻华领事"一事,详见第 123 页注③~⑦的考订。

② 见黄光域:《近世百大洋行志》,载中国社会科学院近代史研究所近代史资料编辑部编:《近代史资料》总 81 号,1992 年刊印,第 57 ~ 58 页。

③ [英]塞舌尔·包罗:《厦门》附录"德记洋行",载何丙仲辑译:《近代西人眼中的鼓浪屿》,厦门大学出版社 2010 年版,第 159 页。何丙仲先生在"译者按"说:"本篇(《厦门》)译自塞舌尔·包罗(Cecil A. V. Bowra)所著的 Amoy(《厦门》),全文收录在阿诺德·赖斯(Arnold Wright)主编的 Twentieth Century Impression of Hong kong, Shanghai, and other treaty ports of China(《二十世纪香港、上海和中国其他商埠志》),1908 年,在英国的苏埃德大不列颠出版公司(Lloy'Ds Greater Britain Publishing Company)出版。"

④ 见黄光域:《近世百大洋行志》,载中国社会科学院近代史研究所近代史资料编辑部编:《近代史资料》总 81 号,1992 年刊印,第 58 页。

图 7 的拍摄地点,大约位于今天鼓浪屿漳州路原自来水公司那幢别墅一带。

请教何丙仲先生,他也不确定这位安德逊(Anderson)先生,具体为何人。

查 1878 年底,在鼓浪屿上,住着一位 J.L.安德逊(Anderson J.L.),独身,未注明其所服务的单位①。不知是不是他?

在未被翻译成中文的季理斐(D. MacGillivray)所著《新教在华传教 100 年:1807—1907 年》(*A Century of Protestant Missions in China*,1807—1907)一书中,提到三位姓安德逊的传教士。一位是英国"伦敦会"(London Missionary Society,简称 L.M.S.)的传教士 J.安德逊(Anderson J.),1865 年到中国传教②。一位是"美国长老会(北部)"(Presbyterian Church in The U.S.A.[North],简称 A.P.M.,American Presbyterian North③)的传教士,也叫 J.安德逊(Anderson J.),1878 年到中国传教④。

还有一位最值得关注。在记录台湾彰化(Chianghoa)传教事业时,提到一位"英国长老会"(English Presbyterian Mission,简称 E.P.M.)在台湾传教的 P.安德逊医学博士(Anderson P.M.D.)⑤。据该书记载,1878 年,安德逊医生到中国传教;1895 年,与传教士兰斯伯勒医生(Dr. Landsborough)一起到彰化,安德逊医生只作短暂停留;1903 年,安德逊医生由台湾台南转到打狗(高雄),负责该处教会医院⑥。考虑到英国长老会在台湾的传教事业,系由长驻鼓浪屿的牧师杜嘉德博士(Rev. Carstairs Douglas, LL.D.)于 1860 年开创的⑦,我们有理由

① [英]赫伯特·艾伦·翟理斯:《鼓浪屿简史》附"1878 年 10 月 10 日厦门和鼓浪屿外国居民一览表",载何丙仲辑译:《近代西人眼中的鼓浪屿》,厦门大学出版社 2010 年版,第 189 页。

② A List of Missionaries to China(A. D. 1807—1907):"Anderson, J., L. M. S., 1865." By D. MacGillivray:*A Century of Protestant Missions in China* 1807—1907. Shanghai:The American Presbyterian Mission Press,1907,Vol.3,Appendix II,p.7.

③ A List of Societies referred to in the following pages:"A.P.M., American Presbyterian North." By D. MacGillivray:*A Century of Protestant Missions in China* 1807—1907. Shanghai:The American Presbyterian Mission Press,1907,Vol.3,Appendix II,p.4.

④ A List of Missionaries to China(A.D. 1807—1907):"Anderson, J., A.P.M. (North), 1878." By D. MacGillivray :*A Century of Protestant Missions in China* 1807—1907. Shanghai:The American Presbyterian Mission Press,1907,Vol.3,Appendix II,p.7.

⑤ A List of Missionaries to China(A.D. 1807—1907):"Anderson, P., M. D., E.P.M., 1878." By D. MacGillivray:*A Century of Protestant Missions in China* 1807—1907. Shanghai:The American Presbyterian Mission Press,1907,Vol.3,Appendix II,p.7.

⑥ "There are also the two brethren who reside in Chianghoa—C. N. Moody, 1895, and Dr. Landsborough, 1895, with Dr. P. Anderson (1878), who was transferred from Tainau to take charge of the hospital at Takow(打狗)in 1903."by D. MacGillivray:*A Century of Protestant Missions in China* 1807—1907. Shanghai:The American Presbyterian Mission Press,1907,Vol.1,p.192.

⑦ "English Presbyterian Mission in Formosa. ...Beginning. A visit which the late Rev. Carstairs Douglas, LL.D., paid in 1860 had much to do with the commencement of missionary operations in Formosa." by D. MacGillivray:*A Century of Protestant Missions in China* 1807—1907. Shanghai:The American Presbyterian Mission Press,1907,Vol.1,p.189.

并参见杨森富编著:《中国基督教史》,台湾商务印书馆 1984 年 4 版,第 209 页。"1860 年 9 月,大英长老会驻厦门的宣教师杜嘉德(Rev. Carstairs Douglas)和驻汕头的宣教师马牧师(Rev. H. L. Mackenzie)等二人,到台湾访问淡水、艋舺(今台北万华区)等地宣传福音,并分发《圣经》及基督教文书。"关于杜嘉德博士的生平事迹,见[英]约翰·M.道格拉斯:《杜嘉德纪念集》(John M. Douglas:*Memorials of Douglas Carstairs*:*Missionary of the Presbyterian Church of England at Amoy*,*China*,1877),http://www.amoymagic.com/AM_Douglas_Carstairs.htm#douglas1。

并参见黄绍坚:《首部厦门话汉英字典作者杜嘉德在闽南》(上)、(下),《厦门晚报》2015 年 2 月 1 日 18 ~ 19 版。

推测，照片里"安德逊先生的房子"的主人，会不会是这位英国长老会的传教士安德逊医生（Dr. P. Anderson）？

图 8　传教士公墓（Plate 8　Cemetery）

图 8 拍摄于今天鼓浪屿晃岩路与龙头路交汇处附近的鼓浪屿音乐厅门前。老鼓浪屿人都知道，那里原来叫"番仔墓"，埋葬了一批在中国去世的洋人传教士及其家属遗体。西方人称那里为"传教士公墓"。据 1878 年出版的《鼓浪屿简史》介绍："传教士公墓，隐蔽在黄氏宗祠后面的一个静静的角落，宗祠前面的路边立着一座年代为 1610 年的墓碑。一位高尚卓越的人——著名的《厦门方言中英文字典》的编纂者杜嘉德牧师（Rev. Carstairs Douglas）的遗体也埋葬在那儿。"①

另外，在厦门市国土资源与房产管理局编撰出版的《图说厦门》一书中，收在一份《廿世纪初鼓浪屿地图》，图中同样表明，在今天鼓浪屿音乐厅一带，为"洋人墓地"②。

本照片中的小房子，据何丙仲先生辨认，为早年洋人用来追思礼拜的小礼拜堂，后来才渐渐变成存放棺材的场所。

遗憾的是，"番仔墓"在"文革"时被彻底捣毁。听老辈人说，所有遗骨被扔到海边，不知

---

①　［英］赫伯特·艾伦·翟理斯：《鼓浪屿简史》，载何丙仲译：《近代西人眼中的鼓浪屿》，厦门大学出版社 2010 年版，179～180 页。

②　厦门市国土资源与房产管理局编撰：《图说厦门》之《廿世纪初鼓浪屿图》，2006 年 3 月内部刊印，第 124～125 页。

所终。1984 年,在原地建起今天著名的"鼓浪屿音乐厅"①。

图 9　从大沟墘到日光岩寺(Plate 9　From the Pond to Ko-long-tong-tien Joss House)

如前所述,"鼓浪洞天"佛庙(ko-long-tong-tien Joss House),即今天鼓浪屿上的"日光岩寺"。

图 9 大约拍摄于今天鼓浪屿中华路一带。照片中那座闽南红砖大厝,就是今天位于中华路上、人称"四落大厝"的黄氏老厝。老厝前原有水沟,鼓浪屿人至今称那一带为"大沟墘"。从照片来看,当时黄氏"四落大厝"前的田地,照片左边种地瓜,照片右边种水稻,照片左边稍远处,似乎种着酿酒用的高粱。

这座黄氏"四落大厝",至今犹存。据何丙仲先生《鼓浪屿建筑风貌的发展过程》一文介绍:"现今保存较为完好的清代'大厝',当为鼓浪屿中华路 23 号、25 号,及其后面的海坛路 33 号、35 号的'四落大厝'。其外围有粉墙,正门建有木结构亭式门斗。墙内砖铺的天井植有花木,墙基条石均以精雕细刻的花草图案装饰,屋内屏风多由镂空木雕组成,想见当日的富丽堂皇。"②

---

① 见《厦门市志》卷五,方志出版社 2004 年版。"鼓浪屿音乐厅,位于鼓浪屿晃岩路原'番仔墓'旧址。1984 年 12 月动工兴建,建筑面积 3600 平方米,为园林庭院式建筑,主体建筑酷似钢琴,演出厅有 801 个座位。"

② 何丙仲:《鼓浪屿建筑风貌的发展过程》,载吴瑞炳、林荫新、钟哲聪主编:《鼓浪屿建筑艺术》,天津大学出版社 1997 年版,第 14 页。

图 10　板球场(Plate 10　Cricket Ground)

图 10 拍摄于今天鼓浪屿福建路往晃岩路方向,即今天鼓浪屿人民体育场附近。

照片的英文名字,是"Cricket Ground",板球场。但在 1878 年出版的《鼓浪屿简史》中,将其称为"Recreation Ground",游乐场。该书记载:"冬天的几个月,可以在(游乐)场上看到一些好看的板球比赛。"①

在 1897 年出版的马约翰(John Macgowan)《华南纪胜》(*Picture of South China*)一书中,更是充满感情地描写了鼓浪屿岛上举行的板球比赛:"(鼓浪屿)这个岛上另一个显著的特征,是(有一个)公共草坪……在冬季的数月里,草坪上的运动变成曲棍球、足球和板球。最后一项仍然保持了绅士们那儿的首席地位,是整个社区的吸引力所在。事实证明,一有比赛举行,就会引来一大群人围观,碰巧有军舰到港来访尤其如此……太阳西下,临时搭盖的棚子里挤满了观众,他们似乎为这项伟大的英格兰运动充满故乡般的热情。这种热情对这项运动本身就是一种贡献,更是每一个满怀乡愁的心灵的见证。离乡越远,思乡越深。没有什么比唤起记忆,想起他们远方的亲戚朋友更让人感激的了。"②

何丙仲先生介绍,板球场旁边的那幢房子,后来成了"海关俱乐部",再后来,就变成鼓

---

① 　[英]赫伯特·艾伦·翟理斯:《鼓浪屿简史》,载何丙仲译:《近代西人眼中的鼓浪屿》,厦门大学出版社 2010 年版,第 188～189 页。

② 　[英]马约翰:《〈华南纪胜〉之厦门篇》,詹朝霞译,载《鼓浪屿研究》第二辑,厦门大学出版社 2015 年版,第 166～167 页。詹朝霞先生"译者按"曰:"这一辑我们继续刊出马约翰(John Macgowan,1835—1922)的另一部著作《华南纪胜》(*Picture of South China*)第四章的翻译稿。《华南纪胜》出版于 1897 年……因为全书篇幅,此辑仅就第五章厦门部分进行翻译,以飨读者。"

浪屿上著名的"中山图书馆",1928 年 5 月 5 日正式对外开放①。

图 11　霍奇森先生的房子与正道院（Plate 11　Mr. Hodgson's House and the Masonic Hall）

这是一张有故事的照片。

在 1878 年出版的《鼓浪屿简史》中,对鼓浪屿上的共济会,有专门介绍:"早先在鼓浪屿设立共济会的尝试失败之后,有赖于住在岛上的弟兄们之力,于 1878 年创立并实现'厦门共济会所'的计划,现在它已在正常运作了……厦门共济会于 1878 年 9 月 21 日晚上如期举行会议,并以古典礼仪宣告成立。"书中,详细开列了 25 位当年厦门共济会的外籍人员名单,称:"厦门共济会,很快就会成为远东最为兴盛的一个分会。"②

照片中间偏右,前面的白色洋房,就是"共济会大厅"（Masonic Hall）,老鼓浪屿人称为"正道院",至今犹存,门牌号为鼓浪屿中华路 5 号。1937 年厦门沦陷前,荷兰驻厦门领事

①　见《厦门市志》卷四十,方志出版社 2004 年版。"民国十三年（1924 年）初,李汉青、叶清泉在许卓然等倡议和赞助下,在鼓浪屿福建路蓝田旅馆旧址（今厦门市第二医院隔邻）,设立鼓浪屿图书馆筹备处,并募集一笔筹备费和一批图书报刊。民国十五年,值北伐军胜利入闽,原北洋军阀驻漳暂编第一师师长张毅在鼓浪屿港仔后 74 号（原河埭路）购来的 1 座 3 层楼房被驻厦海军标封,李汉青请求将此楼充为图书馆馆址,在得到海军同意后,经思明县府出示布告,宣布该楼作为永久馆址。为纪念孙中山先生,该馆命名为中山图书馆,于民国十七年五月五日正式对读者开放。"

②　[英]赫伯特·艾伦·翟理斯:《鼓浪屿简史》,载何丙仲辑译:《近代西人眼中的鼓浪屿》,厦门大学出版社 2010 年版,186～187 页。

馆,曾与"安达银行"一起,迁到那里办公,时间达 3 年左右①。

照片中间偏左,位置靠后的 2 层半白色洋房,标注为霍奇森先生的房子(Mr. Hodgson's House)。这位霍奇森先生,何人不详。查 1878 年底居住在鼓浪屿上的外国人名单中,也没有他②。

有趣的是,查厦门海关《厦门关历任税务司到、离任一览表》,有一位厦门关税务司好博逊(H. E. Hobson),英国籍,1879 年 7 月 19 日到任,1880 年 4 月 20 日离任③,时间正好在这套照片拍摄前后。好博逊,从其名字英文拼写及发音来看,非常像霍奇森。但是,图 11 和 12 都明确说明为"霍奇森先生的房子"(Mr. Hodgson's House)及"霍奇森先生的花园"(Mr. Hodgson's Garden),不像写错人名的样子。

霍奇森(Mr. Hodgson)是不是好博逊(H. E. Hobson)? 只好存疑。

更有趣的是,在英国人泰瑞·贝内特(Bennett T.)所著《中国摄影史:西方摄影师,1861—1879》一书中,将这幢"霍奇森先生的房子",称为"米德庄园",并收有圣朱利安·休·爱德华兹(St. Julian Hugh Edwards,1838—1903 年)稍后拍摄的照片《米德庄园》正面及背面两张老照片(图 3.86 与图 3.87)。贝内特为图 3.86 撰写的说明为:"'米德庄园,1886 年'。照片是科尔文夫人(Mrs. Colvil)、她的两个孩子和中国保姆,围着花园长椅,或坐或睡。照片摘自英国商人科尔文在厦门时所编相册。按 1874 年《中国名录》所示,托马斯·科尔文为和记洋行厦门茶商的检验人员。作者收藏。"图 3.87 的说明为:"'米德庄园。1886 年'。照片拍摄的是科尔文住宅后门景观。作者收藏。"下一页,还有一张科尔文一家四个孩子及两位中国保姆在"米德花园"里的近景合影照片(图 3.88),说明为:"'合影。1888 年'。照片拍摄的是科尔文一家四个孩子及两位中国保姆。作者收藏。"④

从 1880 年前后霍奇森先生的房子(Mr. Hodgson's House),怎么变成 1886 年和记洋行厦门茶商科尔文先生(Mr. Colvil)一家居住的"米德庄园"? 具体情况不详。

据何丙仲先生介绍,霍奇森先生的那幢洋房(米德花园),后来卖给林尔嘉先生的弟弟林鹤寿先生。老洋房至今犹在,门牌号为鼓浪屿中华路 1 号。

"Cham-be",闽南话"田尾"。鼓浪屿上,至今仍有田尾路。

历史上,鼓浪屿田尾,是个洪姓人家为主的小村落。鼓浪屿上旧有"黄山洪海"之说,"洪海",即指洪姓聚居的海边小村落——田尾⑤。

---

① 见《厦门市志》卷二一,方志出版社 2004 年版。"清同治二年(1863 年)由德记洋行老板德滴(英国人)兼任领事,后由德商宝记洋行经理代理。光绪十六年(1890 年)正式建馆,首任领事赫墨耳。民国十四年,由安达银行经理兼任。民国十九年,由伊士礼任领事。民国二十六年,该馆随同安达银行迁到鼓浪屿中华路 5 号(原正道院)办公。民国三十年十二月,该馆被日本侵略军接管。"

② [英]赫伯特·艾伦·翟理斯:《鼓浪屿简史》附"1878 年 10 月 10 日厦门和鼓浪屿外国居民一览表",载何丙仲辑译:《近代西人眼中的鼓浪屿》,厦门大学出版社 2010 年版,第 191 页。

③ 厦门市志编纂委员会、《厦门海关志》编委会编:《近代厦门社会经济概况》附表 7"厦门关历任税务司到、离任一览表",鹭江出版社 1990 年版,第 453 页。

④ [英]泰瑞·贝内特(Bennett T.):《中国摄影史:西方摄影师,1861—1879》,徐婷婷译,中国摄影出版社 2013 年版,第 158 ~ 159 页,图 3.86、3.87、3.88。

⑤ 李启宇、詹朝霞:《鼓浪屿史话》,厦门大学出版社 2013 年版,第 18 页。

图 12 从霍奇森先生的花园到田尾沙滩（Plate 12 From Mr. Hodgson's Garden to Cham-be Bay）

从图 12 可以看出，1880 年代的田尾，大片仍是农田，小洋房星星落落地散处其间。

从晚清开始，经美国归正教会等方面的不懈努力，田尾一带，渐渐成为鼓浪屿学校聚集处，先后建有"私立毓德小学"（1870 年由美国人打马利姑娘始创女塾，后由美国归正教会接办①。1911 年，毓德女子小学添设师范班②）、"田尾妇学"（1886 年，由打马字牧师的女儿清洁姑娘创办"田尾妇女福音院"，专为婚后的妇女信徒而开办③；1889 年，由清洁姑娘发展为"田尾妇学"④）、"私立毓德女中"（1920 年由美国人理清莲女士创办，1925 年由美国归正教

---

① 见《民国厦门市志》卷十二，方志出版社 1999 年版，第 209 页。"此校在前清同治九年，初以数个儿童集合一厅，后渐扩充，即由美国归正教会购置田尾路为校址，先后建筑校舍，大小 4 座。至民国十八年，遵教育部令，组织校董会，呈请立案，聘本国人为校长。"

② 见《福建省志》教育志专记 2，方志出版社 1998 年版。"清宣统三年（1911 年），厦门毓德女子小学添设师范班。"

③ 见《厦门市志》卷四七，方志出版社 2004 年版。"田尾妇女福音院，创办于光绪十二年，院址在鼓浪屿田尾路，创办人清洁姑娘（打马字牧师之女）。该院专为婚后的妇女信徒而开办。学员中年龄最轻的 20 岁，最老的 70 岁。开始时学生仅有 18 人，光绪十四年增至 40 人，光绪三十年达 200 人。民国二十八年停办。"

④ 见《民国厦门市志》卷十二，方志出版社 1999 年版，第 210 页。"此校成立于前清光绪十五年，由美国归正教会打马字清洁师姑创办，校址在田尾之小楼，用单级教授制，称田尾小学。"

参见杨纪波：《鼓浪屿掌故数则》二，载鼓浪屿申报世界文化遗产系列丛书编委会编印：《鼓浪屿文史资料》上册，2010 年编印，第 395 页。"田尾妇学于 1886 年创办，在田尾（路）附近而名，又因专为婚后妇女教徒而设，以教学'福音'（圣经之类）为主，所以又称'妇女福音学院'。创办人兼院长是美国人'打马字'牧师的大女儿'清洁'（译音）姑娘。学生年老的有 70 多岁，年轻的有 20 多岁，学龄相差悬殊。初办时学生只有 18 人，1888 年有 40 人，1893 年有 50 多人，1894 年激增近 200 人，其中相当一部分是从漳州、同安和厦门郊区前来就学的，都在学院住宿。据说今日漳州路的地名，就是因当年漳州来的女生部分聚居在这里而得名的。田尾妇学停办于 1939 年。"

会接办①。20 世纪 30 年代又发展成"毓德女高"②。加上毓德小学,毓德女中遂成为完全中学、附设小学的完备女子中等教育学校③)等学校。据说,来鼓浪屿田尾读书的漳州籍妇女,人数众多,田尾路旁边的道路,因此得名"漳州路"④。

田尾沙滩,即今天鼓浪屿田尾路的干休所沙滩,鼓浪屿人俗称"观海园"沙滩。照片右边那幢灰色屋顶洋房,应该是厦门关税务司公馆。参见图 13:从田尾小路,到吡吐庐(税务司公馆)(Plate 13:From Cham-be Valley to Commissioner's House)的说明。

图 13　从田尾小路到吡吐庐(厦门关税务司公馆)
(Plate 13　From Cham-be Valley to Commissioner's House)

图 13 大约是从今天观海园内的小山下,朝坡上拍摄。照片右侧那幢灰色屋顶洋房,应该就是厦门关税务司公馆。至于照片中间那幢两层白色小洋房,疑为今干休所内的"圆窗楼",因无法确定其准确建筑年代,待考。

厦门关税务司公馆,鼓浪屿人旧称"吡吐庐"(Beach House)。何丙仲先生《鼓浪屿建筑风貌的发展过程》说,它是 1860 年由英国人建成的,1865 年归厦门关所有⑤。龚洁先生《鼓浪屿建筑》介绍得更详细。他说,如今观海园内小山一带,鼓浪屿人旧称"石勘顶",原有英

---

①　见《民国厦门市志》卷十二,方志出版社 1999 年版,第 220 页。"此校为美[国]人理清莲女士独力创办于民国九年九月,暂设于毓德小学,划出第四校舍全座为中学部教室及宿舍。十四年二月,由美国归正教育会办理,集资购得鼓浪屿漳州路 32 号为校舍。"又见《福建省志·妇女运动志》第 4 章,福建人民出版社 2008 年版。"民国九年(1920 年),厦门毓德女子中学开办。"

②　见《福建省志》教育志附表 4-1"民国二十五年(1936 年)福建省中学校名表",方志出版社 1998 年版。

③　见《福建省志》教育志附表 14-3"福建教会中等学校概况表",方志出版社 1998 年版。"毓德女子中学,所属教会:美归正教会;创办时间:民国九年(1920 年);校址:厦门;创办人:理清莲;学校性质:完全中学,附设小学……"

④　杨纪波:《鼓浪屿掌故数则》二,载鼓浪屿申报世界文化遗产系列丛书编委会编:《鼓浪屿文史资料》上册,2010 年编印,第 395 页。

⑤　何丙仲:《鼓浪屿建筑风貌的发展过程》,载吴瑞炳、林荫新、钟哲聪主编:《鼓浪屿建筑艺术》,天津大学出版社 1997 年版,第 16 页。

籍船长菲茨吉本的住宅。1865 年 7 月,船长托人将住宅卖给厦门关,价银 5000 两关平银。海关随即进行改建,扩为两层别墅,费银 2896.82 关平两,人称"(厦门关)税务司公馆",至今犹存,就在观海园旁边的小山顶上,门牌号为田尾路 27 号①。

此外,就在海关税务司公馆旁,厦门关副税务司公馆"大帮办楼"(Hillview,1870 年购置,1923—1924 年改建,现门牌号漳州路 11 号,观海园 5 号楼)、厦门关副税务司公馆(Hillside House 或 Hillcrest,1865 年 12 月购置,1923—1924 年改建,现门牌号漳州路 9 号,观海园 4 号楼)、英国副领事公馆(1870 年建,现门牌号田尾路 6 号②)等洋房,先后都建在附近③。这些建筑后来经过翻建,如今依然存在,都在观海园内。

从图 13 来看,19 世纪 80 年代时,那一带建筑,包括税务司公馆、副税务司公馆、英国副领事公馆等洋房,都具有典型的西洋风格,大都辟有花园,占地面积也不小。何丙仲先生说:"现已知厦门海关税务司公馆占地面积就有 22.305 亩,连海关管理员的宿舍楼占地也达 5.257亩。"④

图 14　从布朗先生的房子到大北电报房(Plate 14　From Mr. G. Brown's House to Telegraph Office)

图 14 从前往后数,右前方白色洋房,为布朗先生的房子(Mr. Brown's House)。查 1878 年底,鼓浪屿上住着一位 F.C.布朗(Brown, F. C.),独身,未注明其所服务的单位⑤,应该就是这位布朗先生。具体情况未详。

照片中,布朗先生房子后面的两层洋房,请教何丙仲先生,推测可能为英商太古洋行宿舍。

---

① 龚洁:《鼓浪屿建筑》,鹭江出版社 2006 年版,第 31 ～ 32 页。

② 见《厦门市志》卷二一,方志出版社 2004 年版。"在田尾路 6 号建一座副领事公馆。"

③ 何丙仲:《鼓浪屿建筑风貌的发展过程》,载吴瑞炳、林荫新、钟哲聪主编:《鼓浪屿建筑艺术》,天津大学出版社 1997 年版,第 16 页。

　又见龚洁:《鼓浪屿建筑》,鹭江出版社 2006 年版,第 33 ～ 34 页。

④ 何丙仲:《鼓浪屿公共租界》,厦门大学出版社 2010 年版,第 93 页。

⑤ [英]赫伯特·艾伦·翟理斯:《鼓浪屿简史》附"1878 年 10 月 10 日厦门和鼓浪屿外国居民一览表",载何丙仲辑译:《近代西人眼中的鼓浪屿》,厦门大学出版社 2010 年版,第 190 页。

据黄光域先生研究，太古洋行（Butterfield & Swire），上海英商贸易行。1867 年由施怀雅（J. S. Swire）与巴特菲尔德（R. S. Butterfield）合伙创办。经营匹头进口及茶叶出口贸易，代理蓝烟囱轮船公司业务。1870 年设香港分号。1872 年以 36 万英镑之资开办太古轮船公司，参与航运竞争，终于成为操纵中国沿海、长江及珠江航运的最大企业。此外，太古洋行还经营有拖驳公司、船厂、糖房、油漆厂及众多码头、堆栈，代理若干保险、轮船及其他公司。至 20 世纪 30 年代中，太古洋行先后设分号或代理处者，有广州、天津、汉口、厦门、福州、营口、宁波、宜昌、九江、重庆、镇江、南京、安东、大连、烟台、长沙、沙市、汕头、青岛、哈尔滨、沈阳、南宁、海口、北海、龙口、岳州及神户、横滨等 20 余埠。20 世纪 40 年代末尚见于记载，董事小施怀雅（G. W. Swire）等驻伦敦①。

但这里有个疑问。厦门的太古洋行，据记载，正式成立于 1896 年。厦门市政协洋行史料征集小组《厦门的洋行与买办》一文中称："1896 年，英商太古洋行成立，它的船只最多，都是黑烟囱的，分航南北两线。南线由厦门往返于汕头、香港及东南亚各大商埠，以客运为主；北线由厦门往返上海、天津、牛庄、烟台等地，以货运为主，大包是包载，业务较南线为盛。太古洋行除了拥有成百艘船只外，还代理 D. Lenl 公司的青烟囱轮船。它机构庞大，供职的洋员有 10 多人，买办、办房及仓库的人员约有百人。"②

考虑到厦门重要的海上贸易地位，是否有一种可能，即厦门太古洋行正式成立之前，已在鼓浪屿上设有办事处、代理处之类办事机构？并建有职员宿舍？存疑。

但是，厦门历史上有个著名的洋行——水陆洋行，英文名称为 Brown & Co.③。正在照片拍摄前后，水陆洋行擅填厦门海后滩，侵犯中国主权，惹来清朝官方不断抗议④。后来，水陆洋行因经营茶叶进出口等生意，成为台湾六大洋行之一⑤。

---

① 见黄光域：《近世百大洋行志》，载中国社会科学院近代史研究所近代史资料编辑部编：《近代史资料》总 81 号，1992 年刊印，第 8 ～ 9 页。

② 厦门市政协洋行史料征集小组：《厦门的洋行与买办》，载中国人民政治协商会议福建省委员会文史资料编辑室编：《福建文史资料选辑》第 5 辑，福建人民出版社 1981 年版，第 156 页。

又见《厦门市志》卷二七，方志出版社 2004 年版。"光绪二十二年（1896 年），英国增设太古洋行。"

③ 绝大多数史料中，厦门英商"水陆洋行"的英文名称，都是 Brown & Co.，例如陈碧笙：《台湾地方史》（增订本）附录四"重要译名表"，中国社会科学出版社 1990 年版，第 335 页。

但是，也有人称"水陆洋行"的英文名称为 H. D. Brown & Co.，见余丰、张镇世、曾世钦：《鼓浪屿公共租界——鼓浪屿沦为公共租界的经过》，载厦门市档案局、厦门市档案馆编：《近代厦门涉外档案史料》，厦门大学出版社 1997 年版，第 274 页。

④ 关于水陆洋行擅填海后滩一事，见厦门市档案局、厦门市档案馆编：《近代厦门涉外档案史料》，厦门大学出版社 1997 年版，第 218 ～ 222 页。

1878 年 9 月 28 日（光绪四年九月初二日）《兴泉永道司徒照会》、1878 年 10 月 20 日（光绪四年九月二十五日）《兴泉永道司徒照会》、1879 年 1 月 8 日（光绪四年十二月十六日发签）《兴泉永道司徒札文》、1879 年 5 月 10 日（光绪五年闰三月二十日）《厦防厅申上宪文》等。《厦门海后交涉档案（摘要）》。

关于厦门海后滩"英租界"的前因后果，参见黄绍坚：《可疑的"英租界"》，《厦门晚报》2015 年 3 月 15 日 B2—B4 版。

⑤ 见张海鹏、陶文钊主编：《台湾史稿》上册，凤凰出版社 2012 年版，第 101 页。"当时台湾有所谓六大洋行——Dodd & Co.（宝顺洋行）、Tain & Co.（德记洋行）、Brown & Co.（水陆洋行）、Boyd & Co.（和记洋行）、Jardine Matheson & Co.（义和洋行，又译怡和洋行）、Case & Co.（嘉士洋行）。"

鉴于水陆洋行的英文名称为 Brown & Co.，本张照片右边前后两座洋房，是否可能为水陆洋行老板及高级职员的房子？同样存疑待考。

照片里中间靠后、灰色屋顶、立有长长发报线杆的房子，为大北电报公司洋房。

大北电报公司（Great Northern Telegraph Company），为外商电讯机构。据《中国历史大辞典》介绍，该公司 1869 年由丹挪英电报公司、丹俄电报公司和挪英电报公司联合组成，总部设在丹麦哥本哈根。1870 年，组建大北中日电报公司，在香港至上海、上海至日本长崎间敷设海底电缆，随后又与大北电报公司合并。1880 年，李鸿章奏准架设京沪电线时，曾要求大北公司给予技术援助，并同意该公司提出的二十年内不准他国及他处公司在中国地界内另立海线的交换条件。1900 年，大北电报公司又与英国大东公司联合敷设了从上海到烟台和大沽口的海底电缆。此后，大北电报公司由丹麦政府出面与清政府签订一系列合同，取得水线登陆、借用陆线和收发电报专利等特权①。

而据《厦门市志》记载，1871 年初，大北电报公司在鼓浪屿田尾路 21 号开办②。1871 年 2 月 28 日，大北电报公司在敷设香港至上海海底电缆时，擅自将线端接入厦门鼓浪屿洋房，用以收发电报。事涉主权，福建当局派员交涉③。1874 年 11 月，大北电报公司又强修福州至厦门间的电报陆线，遭福建当局和民众强烈反对④。

但是也应该看到，大北电报公司的海底电缆，将厦门与世界联系在一起，帮助厦门成为真正意义上的近代化港口。1881 年初，厦门关税务司吴得禄（F.E. Woodruff）在《1880 年（厦门）海关年度贸易报告》中称："厦门作为航运中心的有利条件是非常明显的……它是南部沿海地区唯一与其余的世界保持电讯联系的港口。"⑤

其后，1883 年，大北电报公司与中国电政机关签订合同，准许登陆营业并借用厦门电报局电报水、陆联络线 20 年，后又续订展期至 1930 年底，分别在厦门海后滩（今厦门鹭江道中段）和鼓浪屿田尾路 21 号正式设立电报收发处，直接向公众收发电报营业⑥。

1931 年 1 月 1 日，大北公司借用的厦门鼓浪屿电报线路使用期满，收归国民政府国有⑦。

最终，1961 年，大北电报公司将设备转让给中华人民共和国邮电部。1962 年 3 月，厦门邮电局派员接收大北电报公司在厦门的财产，该公司在厦门的历史宣告结束⑧。

大北电报公司办公楼（电报房），至今犹存，门牌号为田尾路 21 号，在鼓浪屿观海园内。

此外，现存鼓浪屿田尾路 17 号、大名鼎鼎的"观海别墅"，原来也是大北电报公司挪威

---

① 见郑天挺、谭其骧主编：《中国历史大辞典》（壹）"大北电报公司"条，上海辞书出版社 2010 年版，第 143 页。

② 《厦门市志》卷七附一"丹麦大北电报公司"，方志出版社 2004 年版。

③ 《厦门市志》大事记同治十年（1871 年）二月二十八日条，方志出版社 2004 年版。

④ 《厦门市志》大事记同治十三年（1874 年）十一月条，方志出版社 2004 年版。"同治十三年（1874 年）十一月，丹麦大北电报公司强修福州至厦门间的电报陆线。福建当局照会大北电报公司，要求立即停止施工。大北电报公司一再拖延，后因民众拔杆毁线才被迫中止。"

⑤ ［英］吴得禄（F.E. Woodruff）：《1880 年（厦门）海关年度贸易报告》，载厦门市志编纂委员会、《厦门海关志》编委会编：《近代厦门社会经济概况》，鹭江出版社 1990 年版，第 215 页。

⑥ 《厦门市志》卷七附一"丹麦大北电报公司"，方志出版社 2004 年版。

⑦ 《厦门市志·大事记》民国二十年（1931 年）一月一日条，方志出版社 2004 年版。

⑧ 《厦门市志》卷七附一《丹麦大北电报公司》，方志出版社 2004 年版。

籍经理的公寓,约建成于 1915 年①。据龚洁先生介绍:"1920 年,(华侨富商)黄奕住买下了这幢房子,花了 45070 银圆,在楼前 4600 余平方米的旷地上增建了一个小花园、迷宫和观海台,并给别墅取名叫'观海别墅'……这是黄奕住 100 多幢别墅楼房中他自己比较心爱的一幢。"②

值得注意的是,图 14 的最左侧,海边小岬角上,有一座小小的洋房,应该就是大北电报公司的经理公寓,即后来 1915 年重建、1920 年卖给黄奕柱,并最终成为"观海别墅"的前身。

图 15　从鼓浪屿小山背面遥望与海门岛之间的海峡

(Plate 15　From the Back of Kulangen Hill to Hai-mun Strait)

"Hai-mun",闽南话"海门",即九龙江入海口处的海门岛,因位于从厦门港进入九龙江河口区而得名。该岛地形如梭,面积 2.2 平方千米,岛上三面环山,最高海拔 79.8 米,另一边为海积物构成③。

明代时,海门岛背后,九龙江边的月港(今龙海市海澄镇),是明代福建四大商港之一,与东南亚、印度支那半岛以及朝鲜、琉球、日本等 47 个国家和地区有直接贸易往来。1567 年(明代隆庆元年),明政府在月港开设"洋市","准贩东西洋"。万历年间,月港盛况空前。每年进出月港的大海船达 200 多艘。可惜,至明代天启至崇祯年间,荷兰殖民主义者、海盗交相为患,月港"洋市"急剧衰落。到明末清初,因为清郑交战、海禁等因素,加之九龙江口

---

①　厦门大学建筑系师生测绘,李雄飞、邓小路文字:《鼓浪屿近代建筑艺术图集》15《观海别墅》,载《鼓浪屿建筑艺术》编委会编:《鼓浪屿建筑艺术》,天津大学出版社 1997 年版,第 141 页。

②　龚洁:《鼓浪屿老别墅·观海别墅》,鹭江出版社 2006 年版,第 116 页。
　　并参见龚洁:《海底电缆与大北公司》,载《鼓浪屿建筑丛谈》,鹭江出版社 1997 年版,第 54 ～ 56 页。

③　《龙海县志》卷二附表 2-4"龙海县沿海主要岛屿、礁石概况表·海门岛",东方出版社 1993 年版。

泥沙淤积,月港彻底衰落①。

因为扼守九龙江入海口重要的地理位置,海门岛历来为兵家要地。1441 年(明代正统六年),海澄县(今龙海市)设"海门巡检司"于岛上(后迁到海澄县城)②,置弓兵 80 名(后减为 30 名),以为防守③,又筑墩台,遇敌即焚烟报警④。清代时,海门岛上设"分防海门水汛",隶属驻扎厦门城内的福建水师中营,置千总 1 名、兵 60 名、战船 2 艘,以为警卫,并兼管容川码汛(今龙海市海澄镇容川码头)等 4 汛,领兵共 133 名⑤。其后,第一次鸦片战争中,侵厦英军,也曾侵入至海门岛附近测量九龙江河道⑥。

海门岛今属漳州龙海市浮宫镇管辖。

特别值得注意的是,在英国人泰瑞·贝内特(Bennett T.)所著《中国摄影史:西方摄影师,1861—1879》一书中,收有圣朱利安·休·爱德华兹(St. Julian Hugh Edwards,1838—1903 年)的摄影作品《西海滩风景,鼓浪屿,厦门》(图 3.92)。贝内特注明:"约 1888 年。作者收藏。"⑦仔细对照爱德华兹这张《西海滩风景》照片就会发现,正是美国康奈尔大学收藏的这套《1880 年的厦门及周边景观》照片内编号 15 的照片《从鼓浪屿小山背面,遥望海门岛之间的海峡》。两张照片完全一致!

看来,鉴于爱德华兹在当年摄影界的良好声誉,他窃取"瑞生和宜芳照相写真馆"照片的可能性非常小。因此,大概合理的解释是:第一,照片收藏者、也是《中国摄影史》作者泰瑞·贝内特搞错了时间,爱德华兹这张《西海滩风景,鼓浪屿,厦门》照片,拍摄于 1880 年之前或 1880 年前后。第二,鼓浪屿上的"瑞生和宜芳照相写真馆",为了扩大宣传,将爱德华兹的这幅《西海滩风景,鼓浪屿,厦门》摄影作品占为己有,并改名为"从鼓浪屿小山背面,遥望海门岛之间的海峡",收入这套 1880 年前后出版的《1880 年的厦门及周边景观》,并被美国康奈尔大学收藏至今。

从拍摄角度与范围来看,图 16 应该拍摄于鼓浪屿升旗山顶一带。照片右侧远方,就是当年厦门港口,即今天鹭江道第一码头沿岸。

这位博伊德(Boyd)先生,全名为 T.D.博伊德(Boyd T.D.),为英商"和记洋行"老板,1878 年底时,与妻子、女儿及 1 名护士共 4 人,居住在鼓浪屿⑧。他还是 1878 年在鼓浪屿上创立的"厦门共济会会所"的首批成员和高级监事⑨。

---

① 《漳州市志》卷五,科学出版社 1999 年版。
② 《龙海县志》卷二七,东方出版社 1993 年版。
③ 见《龙海县志》卷二七,东方出版社 1993 年版。"明、清时期,……海澄县弓兵有:海门、濠门二个巡检司,明代各 80 名,后裁减为各 30 名,清代裁撤。"
④ 《龙海县志》卷二七,东方出版社 1993 年版。
⑤ 清代道光《厦门志》卷三,《中国方志丛书》第 80 号,台北成文出版社 1967 年版,第 69 页。
⑥ 《龙海县志》卷二七,东方出版社 1993 年版。
⑦ [英]泰瑞·贝内特(Bennett T.):《中国摄影史:西方摄影师,1861—1879》,徐婷婷译,中国摄影出版社 2013 年版,第 163 页。
⑧ [英]赫伯特·艾伦·翟理斯:《鼓浪屿简史》附"1878 年 10 月 10 日厦门和鼓浪屿外国居民一览表",载何丙仲辑译:《近代西人眼中的鼓浪屿》,厦门大学出版社 2010 年版,第 190 页。
⑨ 见[英]赫伯特·艾伦·翟理斯:《鼓浪屿简史》,载何丙仲辑译:《近代西人眼中的鼓浪屿》,厦门大学出版社 2010 年版,第 187 页。"高级监事:博伊德弟兄。"

图 16　从鼓浪屿小山到博伊德先生的房子(Plate 16　From Kulangen Hill to Mepis Boyd's Houses)

　　据黄光域先生研究:"和记洋行(Syme & Co., F.D.;Boyd & Co.;Boyd & Co., Ltd.),厦门英商贸易行。1846 年新梅(F.D. Syme)发起开办,西名 Syme & Co., F. D.。经营茶丝贸易,兼保险代理业务。1867 年前由博伊德(T. D. Boyd)承顶接办,更西名为 Boyd & Co.,(台湾)打狗及台湾府设分号。嗣虽数易伙东,华洋行名依旧。1930 年改组为有限责任公司,更西名为 Boyd & Co. Ltd.,按香港公司注册章程注册,核定资本墨洋 100 万元,收足。总号设于上海,厦门、香港、福州设分号。进口欧美木材、橡胶、机器、匹头、五金、五金工具、汽车、石膏制品、旧报纸、鲜果等,出口桐油、爆竹、茶叶、水仙花及其他中国产物,销往荷、美及其他西方国家。代理欧美保险、轮船及其他公司代理欧美保险、轮船及其他公司厂商数家至数十家。1943 年尚见于记载。"[①]

　　由于厦门和记洋行与始建于 1862 年的上海祥生船厂,英文名字均为 Boyd & Co.,很容易混淆,黄光域先生强调:厦门和记洋行,"与始建于 1862 年的上海祥生船厂(Boyd & Co.)实无关系"。[②] 甚至,他还专门写过《祥生船厂与和记洋行关系考》一文,再次强调:"厦门'和记'的西名正是'Boyd & Co.',与祥生船厂的西名完全一样。但仔细考查,它们之间只是形同而已,实际上毫无关系。因为厦门和记洋行的合伙人是 T.D. Boyd,与上海祥生船厂创办人之一的包义德(G.M. Boyd)仅仅是同姓罢了。而且当时厦门和记在上海也没有分支店。其后厦门和记洋行虽转移至上海,但那是 1930 年前后的事了,是时祥生船厂早已并入

---

　　① 黄光域:《近世百大洋行志》,载中国社会科学院近代史研究所近代史资料编辑部编:《近代史资料》总 81 号,1992 年刊印,第 31 页。

　　② 黄光域:《近世百大洋行志》,载中国社会科学院近代史研究所近代史资料编辑部编:《近代史资料》总 81 号,1992 年刊印,第 31 页。

耶松船厂,不复存在。把这样两家行号扯在一起,未免不近情理。"①

这个厦门和记洋行,早年名声同样不好,它曾与德记洋行、瑞记、怡和等洋行"大肆从事贩运华工的活动,把厦门变成福建贩运契约华工的中心,同时也是全国最大的中心之一(另一中心是广州)"。②

这些黑心洋行的恶行,自然遭到厦门本地人的反抗。1852 年,先后有 9 艘苦力船窜到厦门从事贩运华工,厦门人民奋起抗争。"11 月 21 日,他们将一个和记洋行的拐骗贩子扭送参将衙门处理。和记经理塞姆和书记科纳贝(Cornabe)冲进参将衙门大闹,要求释放拐贩,并同士兵发生冲突。消息传出后,愤怒的厦门人民于第二天一致罢市,举行集会,十八乡居民要求和记洋行交出所包庇的拐子手,在散发的传单中声称:'夷人行事唯求逐利,猖狂不法,为害已极……嗣后敢有与德记及和记两行往来者,定必置之死地绝不宽贷。'24日,有 1500 人前往这两家洋行示威,然而却遭到英国军舰'火神'(Salamander)号士兵的射杀,酿成死 16 人、伤 16 人的惨剧。"③厦门人的这一英勇抗争事件,在《厦门市志》中也有明确记载④。

图 17　从德国领事公馆到田尾沙滩(Plate 17　From German Consul's House to Cham-be Bay)

图 17 一张小全景图片,拍摄地点,在旗尾山上的德国领事公馆。参见图 21:德国领事公馆(Plate 21:German Consul's House)的说明。

这张图片左侧山峰,即今日光岩。日光岩下醒目的白色建筑,即前面所称"霍奇森先生的房子"(或米德花园),今鼓浪屿中华路 1 号老别墅。

关于"田尾",西方人的理解,与中国人不同。中国人喜欢讲究风水,按堪舆家的说法,鼓浪屿的地势为五龙聚首,聚首处被称为"龙头"。而龙的尾巴,在鼓浪屿另一头。有趣的是,鼓浪屿上的外国人大都住在龙的尾巴,而本地人却大都住在内厝澳以及位于龙首的龙头

① 黄光域:《工商史料考证九题·祥生船厂与和记洋行关系考》,《近代史研究》1995 年第 2 期。
② 苏文菁主编:《闽商发展史》总论卷·近代部分,厦门大学出版社 2013 年版,第 40 页。
③ 苏文菁主编:《闽商发展史》总论卷·近代部分,厦门大学出版社 2013 年版,第 42 页。
④ 见《厦门市志·大事记》清咸丰二年(1852 年)十月十三日条,方志出版社 2004 年版。"厦门 1500 名群众在英商合记、德记洋行前示威,要求交出拐骗华工的掮客。英舰'沙拉门多'(即'火神'——笔者注)号上的陆战队登陆开枪弹压,打死 8 人、重伤 16 人。"

路。1878 年出版的《鼓浪屿简史》一书中的记载,就反映出鼓浪屿上的外国人对"龙头"、"田尾"的认识:"(龙尾就是)M.比兹利先生地产所在的岩岬上。岛上的这个部分,通常称作'田尾'或'稻田的末尾部分',这样来为它命名,很可能'尾巴'是属于自然的龙,而不是我们大家喜欢看的那种舞动的人造俗物。"①

图 18　从德国领事公馆眺望厦门(Plate 18　From German Consul's House to Amoy)

据《厦门市志》记载:"清同治九年(1870 年),德国在厦门英国领事馆毗邻设馆,并在旗尾山建领事住宅。第一次世界大战,德国战败,该领事馆撤销。"②

关于德国领事公馆的故事,参见图 21:德国领事公馆(Plate 21:German Consul's House)的说明。

第一次鸦片战争结束后,随着不平等的中英《南京条约》签订,厦门成为五口通商口岸之一。1843 年 11 月 2 日,英国成立厦门英国领事事务所,派出舰长记里布(Captain Henry Gribble),担任英国驻厦门首任领事,苏里文(George G. Sullivan)任副领事,当年还是英军第 98 团海军上尉的威妥玛(Lieutenant Wade)任翻译官(后来他成为英国驻北京公使威妥玛爵士),查里斯·亚历山大·温彻斯特(Charles Alexander Winchester)为领馆医生。这是在厦门设立的第一个外国领事馆③。

---

① 　[英]赫伯特·艾伦·翟理斯:《鼓浪屿简史》,载何丙仲辑译:《近代西人眼中的鼓浪屿》,厦门大学出版社 2010 年版,第 183 页。

② 　《厦门市志》卷二一,方志出版社 2004 年版。

③ 　余丰、张镇世、曾世钦:《鼓浪屿公共租界——鼓浪屿沦为公共租界的经过》,载厦门市档案局、厦门市档案馆编:《近代厦门涉外档案史料》,厦门大学出版社 1997 年版,第 271 页。

　参见[英]塞舌尔·包罗:《厦门》,载何丙仲辑译:《近代西人眼中的鼓浪屿》,厦门大学出版社 2010 年版,第 140 页。

　《厦门市志》卷二一,方志出版社 2004 年版中,作"医生温傲斯特",误。

图 19　从英国领事公馆眺望厦门（Plate 19　From British Consul's House to Amoy）

　　根据 1908 年英国人塞舌尔·包罗（Cecil A.V. Bowra）的记录："（英国领事事务所设立之初，）最初英国领事是和（霸占鼓浪屿的英军——笔者注）驻军一起，住在鼓浪屿，随后住到厦门现在的道台衙门（即今天中山公园'闽台书画院'那一片——笔者注）。然而，依照米歇尔的《英国人在中国》书中那幅 1844 年阿礼国先生（R. Alcock）在鼓浪屿所建第一座英国领事馆的画，我们可以推测英国领事差不多从那时起就一直住在鼓浪屿。"①何丙仲先生《鼓浪屿公共租界》中也说，1845 年至 1862 年间，英国在兴泉永道台衙门废址，租用中方所建的"夷馆"充作领事馆，1863 年才迁至鼓浪屿自建领事馆②。

　　随后，1844 年 11 月，阿礼国（R. Alcock）接任第二任英国驻厦门领事③。他到任后，在鼓浪屿修建第一座领事馆（领事事务所）建筑。从此，英国领事就在鼓浪屿住宿，厦门道台衙门只作为领事办公处④。

　　另据《厦门市志》记载，1863 年（清代同治二年），英国领事事务所"迁到鼓浪屿新址内办公，址在鼓浪屿鹿礁路 14 号（原龙头路 9 号）和鹿礁路 16 号（原龙头路 11 号）。同时，在鹿耳礁顶建一座（英国）领事公馆（即漳州路 5 号），在田尾路 6 号建一座（英国）副领事公馆"。⑤

　　这座位于漳州路 5 号的英国领事公馆建筑，外形简洁，内部设计精巧，备受称赞。《近

---

　　①　［英］塞舌尔·包罗：《厦门》，载何丙仲辑译：《近代西人眼中的鼓浪屿》，厦门大学出版社 2010 年版，第 140 页。

　　②　何丙仲：《鼓浪屿公共租界》，厦门大学出版社 2010 年版，第 23 页。

　　③　见《各国历任驻厦领事名单·英国》，载厦门市档案局、厦门市档案馆编：《近代厦门涉外档案史料》，厦门大学出版社 1997 年版，第 91 页。"阿礼国，职别：领事；到任日期：道光廿四年（1844 年）11 月。"

　　④　余丰、张镇世、曾世钦：《鼓浪屿公共租界——鼓浪屿沦为公共租界的经过》，载厦门市档案局、厦门市档案馆编：《近代厦门涉外档案史料》，厦门大学出版社 1997 年版，第 272 页。

　　⑤　《厦门市志》卷二一，方志出版社 2004 年版。

代园林史》一书中说，厦门英国领事公馆建筑，采用相对简洁的形体组合，白色粉墙立面通过精致的拱窗，形成连续的韵律，毛石基座与红色的四坡屋顶，则成为立面统一的元素①。厦门大学建筑系测绘的《鼓浪屿近代建筑艺术图集》中，对这座英国领事公馆的设计，更是赞赏不已："从入口进入是一条长内廊（西北至东南向）穿通建筑……正门入口是对称带有壁炉的两个大厅，每个大厅都有四个以上的出入口，既可以分开独立使用，也可以合二为一（临时封闭西端入口），空间安排比较灵活。此外，东南的两个环节间在设计上有相对独立性（L 型内角处安排有一个门），它们可以使东南角两个开间成为办公区，其余为馆舍内宅。当办公用房不足时，又可以全部通开作为办公用房。平面图形虽然简单，但其布局可分可合，包含着极大的灵活性。"②

之后，根据《厦门市志》记载："清光绪四年（1878 年），英国领事事务所更名为厦门英国领事馆。当时，领区兼管闽南、闽西地区……民国二十五年（1936 年），该馆升格为总领事馆……太平洋战争爆发后，该馆被迫关闭。民国三十四年（1945 年）八月重新开馆。厦门英国总领事馆于 1951 年 3 月关闭。"③

图 19 就是在英国领事公馆拍的。从照片中可以看出，当年英国领事公馆周围，景色虽好，但仍然较为偏僻、荒凉。远处的鹭江海峡对岸，就是厦门岛；海上停泊的双桅帆船后面，为厦门港；厦门岛左侧一连串洋房的地方，就是当年厦门的"外滩"海后滩，即今天厦门鹭江道一带。

英国领事公馆，至今犹存，门牌号为鼓浪屿漳州路 5 号，如今似乎已建成一处神秘会所，外人难窥其究竟。

图 20　从鸡母山顶眺望厦门港
（Plate 20　From British Cousul's House to Ai-mun-kang［Haifangting Yamen］）

---

① 朱钧珍主编：《中国近代园林史·上篇》，中国建筑工业出版社 2012 年版，第 316 页。
② 厦门大学建筑系师生测绘，李雄飞、邓小路文字：《鼓浪屿近代建筑艺术图集》15《观海别墅》，载《鼓浪屿建筑艺术》编委会编：《鼓浪屿建筑艺术》，天津大学出版社 1997 年版，第 136 页。
③ 《厦门市志》卷二一，方志出版社 2004 年版。

图 20 原来的名称是"从英国领事公馆,眺望厦门港"。但这名称肯定写错了。从照片拍摄角度来看,应该是从鼓浪屿鸡母山顶拍摄的,而非从英国领事公馆。

图中那幢白色洋房,似乎就是鼓浪屿人俗称的鸡母山"白楼",如今还在,门牌号为鸡山路 8 号。

关于白楼,后来还有则轶闻。1949 年鼓浪屿临解放前,白楼曾作为国民党守军 29 军 87 团的团部,指挥国民党军最后的抵抗。2013 年,何丙仲先生在白楼遇到当年国军团长梁廷琛,两位老人对往事唏嘘不已①。当然那是后话。

该图英文名称中的"Ai-mum-kang",为闽南话"厦门港";另一个英文名称"Haifangting Yamen",则是普通话"海防厅衙门"。

仔细辨认,照片右边山顶上有长杆竖立者,为鼓浪屿升旗山。升旗山的海峡对面,就是厦门港。海防厅衙门,就在厦门港一带。

海防厅衙门,正式名称为"泉州府厦门海防分府",俗称"厦防同知署""同知署",原来设在泉州,1686 年(清康熙二十五年)移驻厦门②,管理厦门口岸洋船出入、台运米粮税收、监放兵饷、听断地方词讼等事③。

海防厅衙门的最高官员是"厦防同知",正式官名全称为"同知泉州府事驻镇厦门"④,或称"泉州总捕海防驻镇厦门分府"⑤,官正五品,名义上是泉州知府的副手,实际上只负责厦门岛的事务。头几任厦防同知,大多是满洲汉八旗人⑥,足见清廷对厦门的重视与提防。

这个海防厅衙门,并不设在厦门城内,而在厦门城外"厦门港鸿山寺之东"⑦,碧山岩寺

---

① 卢志明、陈莉茵:《鼓浪屿白楼:见证与遗憾》,《厦门日报》2013 年 7 月 26 日第 27 版。

② 清代乾隆《鹭江志》卷二,鹭江出版社 1997 年版,第 103 页。

③ 《民国厦门市志》卷十一,方志出版社 1999 年版,第 166 页。

④ 1753 年(清乾隆十八年)所立《玉屏书院碑记》中,落款者之一为"奉政大夫、同知泉州府事驻镇厦门、加三级,觉罗四明篆额"。见何丙仲编:《厦门碑志汇编》,中国广播电视出版社 2004 年版,第 156 页。

⑤ 1791 年(清乾隆五十六年)所立《重修南普陀寺捐资芳名碑记》中,捐资者之一列名为"钦赐顺勇巴图鲁、署泉州总捕海防驻镇厦门分府、加五级、纪录十次黄"。见何丙仲编:《厦门碑志汇编》,中国广播电视出版社 2004 年版,第 216 页。

⑥ 见清代乾隆《鹭江志》卷二,鹭江出版社 1997 年版,第 103 ~ 104 页。

以《鹭江志》所载最初十任厦门海防同知为例:

姜立广　大兴人,康熙二十五年署。

范宏遇　镶黄旗人,监生,二十九年任。

黄建中　正白旗人,监生,三十三年任。

张　岐　镶红旗人,监生,三十五年任。

姚应凤　镶红旗人,监生,三十七年任。

钱　浚　山阴人,监生,四十三年任。

黄　湾　无锡人,拔贡,四十六年任。

赵国器　正蓝旗人,官生,四十九年任。

黄　焜　正白旗人,监生,五十一年任。

时维豫　镶黄旗人,贡生,五十六年任。

从其姓名、籍贯来看,10 人中有 7 人为满洲汉八旗人。

⑦ 《厦门市志》卷十四,方志出版社 2004 年版。

下方①,即今天厦门岛内思明南路 437 号大生里"厦门破狱斗争遗址"处。1686 年(清康熙二十五年),清廷购买莫姓的山场地,建盖海防厅衙门,乾隆、嘉庆年间屡有重建。衙门照壁内,左右有"抚绥象寄""安集梯航"两座衙门标志坊。衙门内,大堂悬"镜海堂"匾,二堂悬"尚俭堂"匾,后有小花园"快园",园中有关帝庙、山神庙、大仙庙各一座,还有泉石卉木、轩亭楼阁。据说凭栏四望,海山在目,景色优美②。

　　海防厅衙门内,设有快班、军牢、吏总科、地租科、海防科、承发科、福德祠、门役房、皂班房、长班房、民壮房、刑房、仓储科、总捕科等下属部门,并建有监狱 14 间,用以关押台湾递返大陆的犯人③。此外,海防厅衙门还直接管辖位于厦门港玉沙坡的文汛口(边防哨所)④、泉房厅仓(战备粮库)⑤等外设机构。

　　到民国时期,厦防同知署衙门(海防厅衙门),曾作为思明县政府(当年厦门称"思明县"——笔者注)、思明县法院所在地,后又改为拘留所⑥。

　　1930 年 5 月 25 日上午,在地下党中共福建省委"破狱委员会"的直接领导下,11 名中共地下党武装队员攻入思明县监狱,仅用十几分钟时间,便击毙监狱看守 3 名⑦,成功解救出

---

　　① 见清代乾隆《鹭江志》卷一,鹭江出版社 1997 年版,第 36 页。"碧山岩在厦门港海防署后左侧,始药[筑]小字[宇],以祀观世音。后僧慈惠渐次辟之,遂成巨观。"

　　② 《民国厦门市志》卷五附《官署》,方志出版社 1999 年版,第 68 ～ 69 页。

　　③ 《民国厦门市志》卷五附《官署》,方志出版社 1999 年版,第 68 ～ 69 页。

　　④ 见清代乾隆《鹭江志》卷二,鹭江出版社 1997 年版,第 117 页。"文汛口,在厦门城南玉沙坡,厦防同知司理。"

　　⑤ 见清代乾隆《鹭江志》卷二,鹭江出版社 1997 年版,第 118 页。"泉防厅仓,在厦门港,去海防署数百武。雍正年间,原贮额谷八万二千七十五石,至乾隆十三年存数十三万三百六十八石一斗四升。贮额过多,然厦以提镇标营驻扎之所,俱留备贮,永为定额。每年就此额谷内动支碾给兵米、眷米,约出谷二万四千余石,属照数运外。"

　　⑥ 《民国厦门市志》卷五附《官署》,方志出版社 1999 年版,第 68 ～ 69 页。

　　⑦ 此据时任团省委组织部长、"亲自参与劫狱的准备工作的"翁进煌的记录:"霎时,只听里面枪声响了,厦门外的林雪榕立即开了两枪,把门前的卫兵击倒,冲了进去……敌警备队队长杨广成听到里外枪响,窜出后堂时立即被林雪榕击毙。"据此,可知这次劫狱行动击毙敌人 3 名。见翁进煌口述、翁伟整理:《厦门劫狱始末记》,载中国人民政治协商会议福建省委员会文史资料研究委员会编:《福建文史资料》第 7 辑,福建人民出版社 1985 年版,第 136 页。

　　但《中共厦门地方史(新民主主义革命时期)》一书中则记为:"国民党当局得知思明监狱被共产党砸破,警备队及狱卒被打死 6 人,40 几个政治犯全部逃走……"见中共厦门市委党史研究室著:《中共厦门地方史(新民主主义革命时期)》,中央文献出版社 1999 年版,第 134 ～ 135 页。此说不知何据。又见现在"厦门 5·25 破狱斗争旧址"里的相关史料讲解介绍,亦持"击毙 6 人"一说。

　　又见许惠敏:《厦门劫狱斗争与〈小城春秋〉》,《福建史志》2006 年第 5 期。"不到 10 分钟,40 多个被捕的同志全部冲了出来……这次劫狱消灭了敌人 20 多个,我方却无一人伤亡,这使国民党方面极为恐慌。"但这种说法更离谱,且无任何证据,故不从。

　　考 1930 年 5 月《鼓浪屿工部局警务处处长关于厦门破狱斗争给鼓浪屿工部局主席的信》一文中,亦曰:"这次暴动改在 5 月 25 日星期天……门口的卫兵来不及反抗就被击毙,看守长和副看守长也遭同样的下场。共产党已控制了整个战争,释放 50 多个犯人,撤离出这座大楼。战斗按计划继续进行,战斗结束,死了 3 个监官,伤了 3 个,其余全都投降,整座大楼被攻下来。"亦持"击毙 3 人"之说,故从此说。见厦门市档案局、厦门市档案馆编:《近代厦门涉外档案史料》,厦门大学出版社 1997 年版,第 436 ～ 438 页。

关押于其中的 44 位中共干部和革命群众①。同日，被解救者乘船转移到同安珩厝、彭厝等地，成功脱险。史称"厦门破狱斗争"②。

1985 年，福建省政府将"厦门破狱斗争旧址"公布为第二批福建省级重点文物保护单位③——当然，这些更是后话。

此外在图 20 中，正中白楼的远处有旗杆，旗杆的海峡对面，厦门岛海边，就是"打石字"。

图 21　德国领事公馆（ Plate 21　German Consul's House ）

德国领事公馆，位于今天鼓浪屿"英雄山"上，原址在今天百鸟园一带。

其实这座德国领事公馆，在先前的图片中多次出现过。比如图 11：霍奇森先生的房子与正道院（Plate 11：Mr. Hodgson's House and the Masonic Hall），该图片中间偏左后侧，位于日光岩与鸡母山之间山上的那幢白色洋房，就是当年德国驻厦门领事公馆。而图 17：从德国领事公馆到田尾沙滩（Plate 17：From German Consul's House to Cham-be Bay）和图 18：从德国领事公馆眺望厦门（Plate 18：From German Consul's House to Amoy），这两张图片都是

---

①　翁进煌口述、翁伟整理：《厦门劫狱始末记》，载中国人民政治协商会议福建省委员会文史资料研究委员会编：《福建文史资料》第 7 辑，第 137 页。

②　见《厦门市志》卷十，方志出版社 2004 年版。"（1930 年）5 月 25 日，在省委的领导下，进行了轰动全国的厦门破狱斗争。"

③　见《福建省志·文物志》第 5 章，方志出版社 2002 年版。"（厦门破狱斗争）旧址原为思明监狱（厦门原称思明县，故名），位于厦门市思明南路 437 号，始建于清乾隆三十年（1765 年），总面积 493 平方米。现存原牢房 3 幢，前幢 5 间，中幢 5 间，后幢 10 间（两排各 5 间牢门相对）并有露天过道（过道顶部设置铁栅）。1985 年，福建省人民政府公布为第二批省级文物保护单位。"

在德国领事公馆拍摄的。

关于鼓浪屿德国领事馆的中文记录文献不多,这可能与德语文献较少被翻译过来有关。

比较著名的一则,来自余丰等先生《鼓浪屿公共租界》一文介绍:"1877 年(清光绪三年)7 月间,英国啊领事(C. Alabaster)、德国壁领事联衔照会兴泉永道,并拟送《章程》10 条,请设立(鼓浪屿)工部局。次年夏天,他们借口'除逆缉匪',向兴泉永道司徒绪重新申请。司徒绪于 1878 年 7 月 11 日(清光绪四年六月十二日)密禀闽督:英、德在文件中讳莫如深,不直言'租界',而以设立'工部局'为理由进行缠扰。闽浙总督何璟在 1878 年 10 月 30 日(清光绪四年十月初五日)致总理各国事务衙门函中也明确指出:外人企图'阳袭上海工部局之名,而阴收包占鼓浪屿之实。'清廷对各领事的要求,未予应允。"①

另一个比较重要的事件,分别来自署理厦门关税务司的英国人劳偲(W. B. Russell)②和担任厦门关税务司的英国人许妥玛(F.F. Hughes)③撰写的海关报告。劳偲(W.B. Russell)写道:"一家名为葛拉洋行的德国洋行,在厦门岛上建立了一家生产铁锅的工厂。而一家新加坡华人开设的英国洋行——裕丰洋行,也在鼓浪屿设立一家同样的工厂。这引起了厦门当局的不满,要求停止这一生产,但毫无成效。"④许妥玛(F. F. Hughes)随后的报告称,中国官府的恼怒和执法行为,演变成中德之间的冲突:"1882 年 11 月 20 日,(中国)厘(金)局没收了德国洋行制造的铁锅,由此引起了一场危机。12 月 29 日,一大批武装人员从德国军舰上登陆,手持刺刀开进厘(金)局,强行夺回被扣押的铁锅,运到德国领事馆。这一军事行动所导致的外交方面的后果是,制定了一条规则:禁止外国人在中国生产的铁锅从中国出口。"⑤据德国人施丢克尔《十九世纪的德国与中国》一书记录,当时下命令抢回被厦门官府扣押铁锅者,是德国驻厦门海军上校布朗克;抢铁锅的士兵,是德国巡洋舰"施陶煦"号、"伊丽莎白"号和炮艇"箭"号上的海军陆战队⑥。西方列强在鼓浪屿上的嚣张气焰,可见一斑。

许妥玛(F.F. Hughes)在海关报告中提到,当时厦门城内唯一的公共图书馆"博闻书院",系由德国领事馆人员巴德热先生(Mr. H. Budler)于 1875 年创办。"创办人的用意在

① 余丰、张镇世、曾世钦:《鼓浪屿公共租界——鼓浪屿沦为公共租界的经过》,载厦门市档案局、厦门市档案馆编:《近代厦门涉外档案史料》,厦门大学出版社 1997 年版,第 274 页。

② 见厦门市志编纂委员会、《厦门海关志》编委会编:《近代厦门社会经济概况》附表 7"厦门关历任税务司到、离任一览表",鹭江出版社 1990 年版,第 453 页。"劳偲,W.B. Russell,职衔:署税务司,国籍:英国,到任日期:1881 年 4 月 30 日;离任日期:1882 年 4 月 19 日。"

③ 见厦门市志编纂委员会、《厦门海关志》编委会编:《近代厦门社会经济概况》附表 7"厦门关历任税务司到、离任一览表",鹭江出版社 1990 年版,第 453 页。"许妥玛,T. F. Hughes,职衔:税务司,国籍:英国,到任日期:1889 年 4 月 8 日;离任日期:1893 年 6 月 5 日。"

④ [英]劳偲(W.B. Russell):《1881 年海关年度贸易报告》,载厦门市志编纂委员会、《厦门海关志》编委会编:《近代厦门社会经济概况》,鹭江出版社 1990 年版,第 253 ~ 254 页。

⑤ [英]许妥玛(F. F. Hughes):《海关十年报告之一(1882—1891)》,载厦门市志编纂委员会、《厦门海关志》编委会编:《近代厦门社会经济概况》,鹭江出版社 1990 年版,第 256 ~ 257 页。

这里,许妥玛英文名为 F.F. Hughes,与同书附表 7"厦门关历任税务司到、离任一览表"中许妥玛英文名为 T.F. Hughes 不同。

⑥ [德]施丢克尔:《十九世纪的德国与中国》,第 156 页。转引自何丙仲:《鼓浪屿公共租界》,厦门大学出版社 2010 年版,第 31 页。

于为中国人提供一个读书的处所。它免费向所有的人开放。在那里，人们可以看外国经典著作的译本和主要的中国报纸。该图书馆名义上由社会捐款资助。每月固定给予捐助的有：(兴泉永)道台8元，海防厅2元，海关2元。然而几年后，其他资助停止了，图书馆完全依靠上述官方资助。从1884年起，海关税务司依据职权，成了图书馆名誉秘书和司库。在厦门居住的一位领事，还雇用了一个办事员，专门管理图书和期刊。据报告，这个人还是香港和上海出版的中国报纸的代理人。据说，定期到图书馆来的人中，有很大一部分是为了买报纸，也有想到这里收取更多精神食粮的学生，但人数极少。"①《厦门市志》中称，1919年陈培锟、周殿薰等人倡议设立图书馆，以玉屏别墅(文渊井21号)为馆址，筹办厦门图书馆，最初经费"由原玉屏、紫阳两书院经费拨充，另拍卖博闻书院房产作为创办经费和馆舍维修费"。②

顺便提一下，鼓浪屿上的"新厦门大饭店"，系由出生于埃姆登的德国人F.H.卢卡森(F.H. Lucassen)开办。作为酒店，它的名声不错，"客房宽敞舒适。旅客们可以玩玩台球，甚至随心所欲地想怎么玩就怎么玩"。③

1918年底，第一次世界大战结束，德国战败，德国驻厦门领事馆撤销④。

到了民国时期，已被拍卖的鼓浪屿上的原德国领事公馆，成为许春草先生倡设的"厦门婢女救拔团"的所在地。据《厦门市志》记载："婢女救拔团，民国十九年(1930年)十月四日，建筑公会负责人许春草倡设'中国婢女救拔团'，收容受害的婢女，并自任该团团长。该团团址设在鼓浪屿旗尾山原德国领事馆内(即今英雄山百鸟园一带)。被救拔出来的婢女集中于收容院里，称为'院生'。经费主要靠建筑公会提供及组织婢女演戏的卖票收入。该团历时10年，共收容100多位婢女，直至民国三十年才宣布解散。"⑤

1842年2月24日，在厦门成为开放口岸之前6个月，美国归正教会传教士大卫·雅裨理(David Abeel)乘坐英国军舰来到鼓浪屿。由此，基督教开始在厦门传播⑥。

据张侃先生研究，1844年7月，英国伦敦会的约翰·施敦力(John Stronach)夫妇，在鼓浪屿和记崎，购地建造3幢楼房，创办"福音小学"。其中一幢两层楼的一楼，设为"福音堂"。这应该是鼓浪屿最早的专设礼拜场所⑦。

其后，传教士们陆续在鼓浪屿又兴建了几个礼拜堂。尤其是1863年，"三公会"(美国归正教会、英国长老会、英国伦敦会)在鼓浪屿鹿耳礁(今福建路)联合建起礼拜堂，由英、美

---

① ［英］许妥玛(F. F. Hughes)：《海关十年报告之一(1882—1891)》，载厦门市志编纂委员会、《厦门海关志》编委会编：《近代厦门社会经济概况》，鹭江出版社1990年版，第281～282页。

② 《厦门市志》卷四十，方志出版社2004年版。

③ ［英］塞舌尔·巴罗：《厦门》附录"新厦门大饭店"，载何丙仲辑译：《近代西人眼中的鼓浪屿》，厦门大学出版社2010年版，第161页。

④ 《厦门市志》卷二一，方志出版社2004年版。

⑤ 《厦门市志》卷一八，方志出版社2004年版。

⑥ 李启宇、詹朝霞：《鼓浪屿史话》，厦门大学出版社2013年版，第45页。

⑦ 张侃：《鼓浪屿 Catherine Stronach 墓碑考略》，载《人文国际》第4期，厦门大学出版社2012年版，第169页。

图 22　杜嘉德纪念堂：中国人专用的教堂（Plate 22　Church for Chinese）

牧师用英语讲道，作为岛上洋人专用礼拜堂。1911 年经改建后，称"协和礼拜堂"（Union Church）[①]，懂英语的中国人也可以进来做礼拜。李启宇、詹朝霞等先生因此断定："协和礼拜堂，应该是鼓浪屿最早建成的礼拜堂。"[②]

在 1878 年出版的《鼓浪屿简史》中，甚至有专门一节《礼拜堂》的介绍："鼓浪屿最引以为豪的是有一座能容得下 200 多人的基督教新教的礼拜堂（即后来的'协和礼拜堂'——笔者注）。岛上各种各样教派的传教士们用它来做礼拜。每隔一周的星期日晚上 6 点钟，举行英国教会式的礼拜。边阿兰先生（A.W. Bain）担任风琴的主要演奏者……同时还为当地人建了 4 座基督教新教的教会学校，但没有任何罗马天主教的机构组织。"[③]

协和礼拜堂，至今犹存，在鼓浪屿原厦门第二医院院内[④]。据说，1919 年，林语堂的婚

---

① 见何丙仲：《鼓浪屿建筑风貌的发展过程》，载《鼓浪屿建筑艺术》编委会编：《鼓浪屿建筑艺术》，天津大学出版社 1997 年版，第 16 页。"协和礼拜堂（Union Church），1863 年建，1911 年翻修，现在厦门第二医院内。"

② 李启宇、詹朝霞：《鼓浪屿史话》，厦门大学出版社 2013 年版，第 49 ～ 50 页。

③ ［英］赫伯特·艾伦·翟理斯：《鼓浪屿简史》，载何丙仲辑译：《近代西人眼中的鼓浪屿》，厦门大学出版社 2010 年版，第 176 页。

④ 见何丙仲：《鼓浪屿简史》（古代、近代部分），载《鼓浪屿建筑艺术》编委会编：《鼓浪屿建筑艺术》，天津大学出版社 1997 年版，第 8 页。"英国教会也在鼓浪屿建造了专供外国人祈祷的'协和礼拜堂'（在今第二医院内）。"

礼,正是在协和礼拜堂内举行①。

但图 22 中的礼拜堂,却是直到 1880 年,才由英国长老会在鸡母嘴口(现鼓浪屿泉州路与鸡山路交汇处),为纪念杜嘉德(Carstairs Douglas,1830—1877 年)来鼓浪屿传教 22 年②而特意兴建的,当时称"新礼拜堂"③,又称为"杜嘉德纪念堂"④。这个礼拜堂,正如照片名称所称,是中国人专用的礼拜堂。老一辈厦门地方史研究者,视之为"依附外国教会的中国教堂"⑤。

1877 年 7 月 26 日,因罹患霍乱,一向身体健康的杜嘉德,竟然在得病的 12 小时后,就在厦门他自己的住所内,猝然离世。死后,他被葬在鼓浪屿的传教士公墓内⑥。

关于杜嘉德博士的生平事迹,见杜嘉德的兄弟之一约翰·M.道格拉斯(John M. Douglas)于 1877 年编纂的《杜嘉德纪念集》(*Memorials of Douglas Carstairs:Missionary of the Presbyterian Church of England at Amoy,China*)⑦,并参见黄绍坚:《首部厦门话汉英字典作者杜嘉德在闽南》(上)、(下)⑧。

值得一提的是,这座中国人专用的教堂——杜嘉德纪念堂,后来因白蚁蛀蚀严重,不敢再用。1905 年,英国长老会和伦敦会合并,迁入鼓浪屿岩仔脚新建的"福音堂"后,杜嘉德纪

---

① 龚洁:《鼓浪屿建筑》,鹭江出版社 2006 年版,第 16 页。

② 杜嘉德 1855 年到达厦门鼓浪屿,1877 年病逝于鼓浪屿,前后共 22 年。详见黄绍坚:《首部厦门话汉英字典作者杜嘉德在闽南》(上),《厦门晚报》2015 年 2 月 1 日 18 版。"1855 年 3 月,由回国探亲的宾威廉牧师(Rev. William C. Burns)带领,25 岁的杜嘉德,作为英国长老会成员,从英国出发,前往厦门。"又:黄绍坚:《首部厦门话汉英字典作者杜嘉德在闽南》(下):"1877 年 7 月 26 日,因罹患霍乱,一向身体健康的杜嘉德,竟然在得病的 12 小时后,就在厦门他自己的住所内,猝然离世。死后,他被葬在鼓浪屿的传教士公墓内。"

③ 张镇世、叶更新、杨纪波、洪卜仁:《公共租界时期的鼓浪屿》,载中国人民政治协商会议福建省厦门市委员会文史资料编辑室编:《厦门文史资料》第 3 辑,1980 年 12 月内部刊印,第 53 页。

④ 李启宇、詹朝霞:《鼓浪屿史话》,厦门大学出版社 2013 年版,第 50 页。

⑤ 张镇世、叶更新、杨纪波、洪卜仁:《公共租界时期的鼓浪屿》,载中国人民政治协商会议福建省厦门市委员会文史资料编辑室编:《厦门文史资料》第 3 辑,1980 年 12 月版内部刊印,第 53 页。

⑥ Death:Worked Out;Self-Sacrifice:"He died at Amoy on 26th July,1877,of cholera,after twelve hours' illness,in the same room where he had for many years spent most of his home life,writing,studying,and sleeping there. His funeral next day,in the cemetery on Kolongsoo,was attended by the whole community." by John M. Douglas:*Memorials of Douglas Carstairs Missionary of the Presbyterian Church of England at Amoy,China*. London and Upper Norwood,1877. Part 1.

http://www.amoymagic.com/AM_Douglas_Carstairs.htm#douglas1。

又见黄长著,孙越生、王祖望主编:《欧洲中国学》,社会科学文献出版社 2005 年版,第 292 页。"DOUGLAS,Carstairs(杜嘉德,音译为道格拉斯·斯泰尔斯。杜嘉德是他的中文名,1830—1877),杜嘉德是英国长老会(The English Presbyterian Mission)教士。1855 年来华,在厦门传教。1877 年任上海教士会议主席,同年 7 月死于上海。编有《厦门方言字典》(*Chinese—English Dictionary of the Vernacular or Spoken Language of Amoy*)一书,1873 年出版。"其说有误。

⑦ John M. Douglas:*Memorials of Douglas Carstairs:Missionary of the Presbyterian Church of England at Amoy,China*,1877.http://www.amoymagic.com/AM_Douglas_Carstairs.htm#douglas1.

⑧ 黄绍坚:《首部厦门话汉英字典作者杜嘉德在闽南》(上)、(下),《厦门晚报》2015 年 2 月 1 日 18—19 版。

念堂因而空置。大约 1923 年前后,该处地皮被新加坡华侨林振勋买下,约于 1927 年建成别墅,得名"林屋",门牌号为泉州路 82 号①。

　　"林屋"至今犹存,为鼓浪屿老别墅之一。

---

① 龚洁:《鼓浪屿建筑》,鹭江出版社 2006 年版,第 139 ~ 141 页。
参见厦门大学建筑系师生测绘,李雄飞、邓小路文字:《鼓浪屿近代建筑艺术图集》36,载《鼓浪屿建筑艺术》编委会编:《鼓浪屿建筑艺术》,天津大学出版社 1997 年版,第 246 ~ 240 页。

海隅翰墨传文脉
——周旻新作《闽台历史名人画传》赏析

李文泰*

　　周旻先生近来创作的第二本画册——《闽台历史名人画传》近日由厦门大学出版社出版。时值厦门市第十一届社科普及周活动举办期间，画作甫一面世，即受到读者热烈追捧，成为活动的亮点之一。而此画的大幅原作近日也在厦门博物馆展出，连续十多天参观者络绎不绝。

　　这让人联想到周旻先生在去年创作的第一本历史人物画册——《厦门历史名人画传》，这是作者以人物画为主，辅之以诗、文短评，集成诗、书、画、印多种艺术形式创新之举的初步尝试。在《厦门历史名人画传》中，共描绘了 100 多位名人。从唐朝人陈黯到现代钢琴家许斐平，与厦门这座城市有密切关系的历史人物，在周先生笔下生动再现。周先生以画写人、以人证史的初试啼声，即获得 2015 年福建省社会科学普及优秀作品奖，随之又获得全国社会科学普及作品奖，均是厦门市历史上首次获得的荣誉。而刚刚出版的《闽台历史名人画传》发行不久，即被推荐进入福建省"书香八闽"全民读书活动百种优秀读物推荐目录，而有

* 李文泰：厦门市社会科学院　福建　厦门　361000

幸进入这一目录的作品,都是在全国范围内遴选出来的精品著作。

只有优秀的作品才会感染人,而优秀的作品必须是从内容到形式都可以称为精品的艺术创作成果。在当前泛泛之作流布四方,精品、杰作如珍珠钻石般严重短缺的时代,我们必须思考这样一个问题:以中国画的形式表现历史人物风貌,寻大美于古人风骨,赓续历史文脉,彰显时代精神,这样的作品何以成为人们热爱谈论的话题? 我们创作的作品,应该以什么样的形式、什么样的内容去感染人和鼓舞人? 这是应当引起学界注意的。

一、以画写人,以人证史

周旻先生早年毕业于厦门大学中文系,曾留校任教,长年来潜心于学术研究和文艺创作,发表了各种论著近三百万字。其中既有《诗书画缘探美》《中国书画史话》《宋词三百首选析》等这样惠及于大众的作品,也曾写出《中国书画的通融性及其美学性格》等理论根底深厚的学术性文章,并在国内顶尖刊物发表。一般而言,这已经是很少学人能达到的学术高度,但在《闽台历史名人画传》及此前的《厦门历史名人画传》这些作品中,我们更多地看到了周先生在中国画、书法、诗词甚至印章方面不同凡响的艺术造诣。

以画写人、以人证史,这应该是周先生在本书中的一个创新之举。在这本《闽台历史名人画传》中,周先生共为 302 位闽台籍人士或与闽台关系密切的历史名人造像立传。从汉末与华佗齐名的神医董奉、唐代的"开漳圣王"陈元光、中唐时期福建历史上第一个进士薛令之开始,一直到当代的作家林海音、数学家陈景润、歌唱家邓丽君等,一人一像,配以或千余字,或数百字的人物生平介绍短文,可当作人物小传看。每一位人物大多配有一首诗,多为周先生原创。诗文虽短,但足以传人物骨梗之风。在繁重的工作之余,以一己之力在短时间内完成如此浩大的工作,足以想见周先生的毅力和能力。而周先生长期担任部门主要领导,仍能醉心于翰墨之间,对书画艺术孜孜以求,真是可敬可佩。古人曾有"观人于进退得失之间,本末立见"之语,诚哉斯言。

中国的书画艺术,是只能在中国土地上生长出来并发扬光大的艺术形式。一幅好的中国画或书法作品,不但要表现景象,更要传达精神。丹青难写是神韵,只有其神韵深沉幽远、意味深长,才是具有生命力的作品。而这样的作品其摄人心魄的感召力,其对个体生命之自由意志表达所提供的扩张力,也能达到相当的高度。人生最可宝贵者莫如精神的自由,而优秀的中国画作,正可以提供给人一方激扬心灵、放荡思想的天地。唐人舒元舆看《桃源图》,有"自觉骨夐清玉,如身入镜中,不似在人寰间,眇然有高谢之志从中来"[①]的感慨;清初朱彝尊观赏黄公望《浮岚暖翠图》,曾言"恍如坐我富春江上,浑忘身在官舍也"[②],诸如此类,都是中国画艺术杰作毕智穷工、移人心目的实例。周旻所作《闽台历史名人画传》为人物画,虽与山水画有别,但所绘人物或神采焕然、精神奕奕,或灿然须眉、如见肺腑。作者以深厚的文学素养和高迈卓绝的绘画和书法能力,创造性地将诗、书、画、印几种艺术形式融会贯通于

---

① 舒元舆:《录桃源画记》,载张扨之选注:《唐代散文选注》,上海古籍出版社 2010 年版,第 204 页。

② 朱彝尊:《曝书亭书画跋》,载中国书画全书编纂委员会编:《中国书画全书》第十册,上海书画出版社 1993 年版,第 37 页。

尺幅之间,使古人凛凛风骨如在眼前。观其所作,恍然有见古人于当世之感,让人千百年后犹想见其为人。

明末清初诗人钱谦益曾在评价中国绘事发展方向时说:"董(元)、巨(然)以后,山水一派,流种东南。盖江左开天之地,斗牛王气,垂芒散翼,焕为图绘,非偶然者。"①从后来的历史轨迹来看,地处东南沿海的福建文人没有缺席中国书画艺术的这一流变,反而成为其中的主力。因为如果没有数百年间流风余韵的沉淀积累和习染教化,也就不可能诞生《闽台历史名人画传》这样深厚沉重的作品。

二、大历史格局

从深层次的角度看,周先生在《闽台历史人物画传》这部作品中更多地彰显出了一种对人类历史的宏大解读,对个人命运与历史相伴沉浮的深切体认,以及对伟大人物在历史洪流中展现的人生光华和人性光辉的钦佩、向往之情。

一个民族的历史是需要铭记的,一个民族的英雄同样不能忘记。闽土古称多士,名人贤达代有所出。回顾历史,这人才兴盛的局面往往来源于民族的灾难。中原百姓历次大规模逶迤而南,无不是在出现数次大战乱、大灾难之后,各地暴骨如莽、街市为墟,民众颠沛流离、无所依归,只有闽地、岭南相对平静,由此才有先民驻足的一方土地。大概从南北朝以来,这样的战争与灾祸使中国政治经济重心南移,北方入闽者渐次增多,闽地也迎来了文化的勃兴。有宋一代,福建籍登进士第者竟有 7600 多人,占全国进士总数的五分之一②。以人口比例计,无疑当属全国第一,出现史书所载"冠带诗书,翕然大肆,人才之盛,遂甲于天下"的景观。这是一个民族在饱经忧患后的又一次新生,是中原文明在兵火余生之后结出的丰硕果实。也可以说中华民族血脉不断、文脉得以薪火相传者,闽地文人与有力焉。特别是近代以来,文明古国又一次面对外来侵略,中华民族濒临亡国灭种之时,闽地杰出人士登高疾呼,扛起了救国救民的大旗。如"开眼看世界第一人"的林则徐,中国人的"启蒙思想家"严复等,在千古未有之大变局面前,以万死中求一生的猛厉刚烈之气,以其可为师表的道德文章,唤万民梦醒,挽神州于陆沉。因而中国人今天能够站立于世界民族之林而扬眉吐气,闽籍先贤有大功焉。一个民族的历史是一个民族安身立命的根基。在一个民族这样饱含血泪依然负重前行的大历史面前,通古今之变、具良史才识者,唯当歌之以泪,泪尽则继之以血。非如此不足以道尽民族椎心泣血之痛,激励后人奋起之猛志。《闽台历史名人画传》为民族英雄立传,使民族千百年光华耿耿长明,庶几近古人之风烈焉。

周旻先生曾说,历史是有感情的,历史上的人也有是感情的,我们后人要以敬畏之情对待历史,以热爱之情对待先人。其创作《闽台历史名人画传》的初衷,就是要将湮没的历史复活,使埋没光华的闽籍贤达焕发应有的光辉,并照亮我们今天要走的路。从画册出版后受到读者的欢迎来看,这样的目的无疑是达到了。

---

① 钱谦益:《吴渔山临宋元人缩本题跋》,载《牧斋有学集》卷四十六,上海古籍出版社 1996 年版,第 1545 页。

② 卢美松主编:《福建省志·人物志》,中国社会科学出版社 2003 年版,第 2 页。

　　一个民族以什么样的态度对待自己的历史,就会得到什么样的未来。如果我们敬畏历史,从先民艰苦奋斗的历史中吸收养分,历史也必将以严肃认真的态度对待我们这一代人,这或许就是《闽台历史名人画传》的意义所在。

　　古人云,君子当"崇人之德,扬人之美"。《闽台历史名人画传》以笔墨写春秋,心思独运而正大博雅,其雄迈之致足成一家之言。以其画作后短诗为例,续貂如下:

久闻丹青有神气,情到深处能成诗。
千载人物入图画,凛凛风骨我心知。
水面生波或有恨,山顶息尘定无私。
海隅翰墨传文脉,敢立潮头扛大旗。

厦门鼓浪屿公共地界章程

詹朝霞译　吴旭阳校审*

【译者按】1902 年 1 月 10 日,《厦门鼓浪屿公共地界章程》(*LAND REGULATIONS FOR THE SETTLEMENT OF KULANGSU,AMOY*) 及《厦门鼓浪屿公共地界规例》(*BYE-LAWS FOR THE SETTLEMENT OF KULANGSU,AMOY*) 在鼓浪屿日本领事馆签署。在文件上签字的中方人员有兴泉永道延年、厦防分府张文治、厘金委员郑煦、洋务委员杨荣忠 4 人;外国驻厦领事有日本领袖领事上野专一、英国领事满思礼、美国领事费思洛、德国代理领事古阿明、法国代理领事杜理芳、西班牙和丹麦代理领事郁礼、荷兰领事兼瑞典挪威副领事高士威 7 人。这两份文件的签署,从法律上正式确立了鼓浪屿公共地界的性质。鼓浪屿从此成了所谓的"万国租界"。

这两份文件有中英文两种文本。中文文本所见者较多,英文文本则少有所见。此英文文本系英国曼切斯特大学的 DAVID WOODBRIDGE 博士从香港汇丰银行资料馆查得,并转赠于译者。

对比阅读这两份文件的中英文文本,可以发现其中的一些细微差别。比如《厦门鼓浪屿公共地界章程》第四条对工部局董事人数的规定,中文文本的表述是:"局中办事人员,洋人五六位,华人一二位,共以　位为限。此五位洋人,系公会时经有阄之人推举,此　位华人,系厦门道台派委殷实妥当之人,共此　人,至次年常会接办之员举定,方可交卸。"而英文文本的表述是:"The Municipal Council shall consist of 5 or 6 persons, who shall be elected by ballot of qualified voters at the Annual General Meeting, together with the Chinese gentleman appointed by the Taotai. And shall hold office until the election of their successors at the next following Annual General Meeting." 此款条例中,中文文本明确指出洋人董事的人数为五位,华董人数一至二位空缺待定。而英文文本中则是洋人董事五六位,华董明确为道台指定的一位。再比如《厦门鼓浪屿公共地界规例》第十一条,对瘟疫知情不报罚款数额的规定,中文文本是:"首案罚银不过 20 元为限,以后每案罚银不过 50 元为限。"而英文文本则是:"shall be liable to a penalty not exceeding Twenty Dollars in the first case occurring, Thirty Dollars in the second case, and Fifty Dollars in all subsequent cases." 可见中文文本中罚款只有两个档次,而英文文本中有三个档次。诸如此类的差别在两份文件的中英文文本中时有所见,限有篇幅,不再一一例举。读者朋友若对此问题有兴趣,可进一步对比阅读这两份文件的中英文文本。

这两份文件为法律性文件,专业性较强,本非我等非专业者可叩其门。但一是因为鼓浪

* 詹朝霞:厦门社会科学院鼓浪屿国际研究中心　福建　厦门　361000
吴旭阳:厦门大学法学院　福建　厦门　361005

屿申遗在即,对工部局英文资料的解读迫在眉睫;二是因为本人对中英文文本的表述是否存在差异报有强烈好奇,故欲一探究竟;三是因为刚好有幸获此英文资料,故不揣浅陋,斗胆一试,错漏贻误在所难免。所幸前有承请厦门大学法学院青年老师吴旭阳博士审校,后有再请厦门大学外文学院副教授张望博士二次校审,以期减少错漏,但仍难以避免。在此敬请各位读者不吝赐教。若蒙赐教,不胜感激!

前言 鉴于中国设立鼓浪屿公共地界,须建立以下章程:道路码头建设维护;已有道路码头维修、清洁、照明;供排水、设立巡捕;制定卫生条例;公局雇员劳役薪资支付及用于各项公费的抽收款项;特此制定以下章程,呈交中国外务部大臣及签约各国驻京大臣商讨,奏请中朝廷批准,请予遵行。

公地界限 1. 此章程所指法定界限如下:环鼓浪屿岛低水位向外 100 英尺为界,面积约厦门岛之西、1.5 平方英里,位于厦门岛之西南偏西。

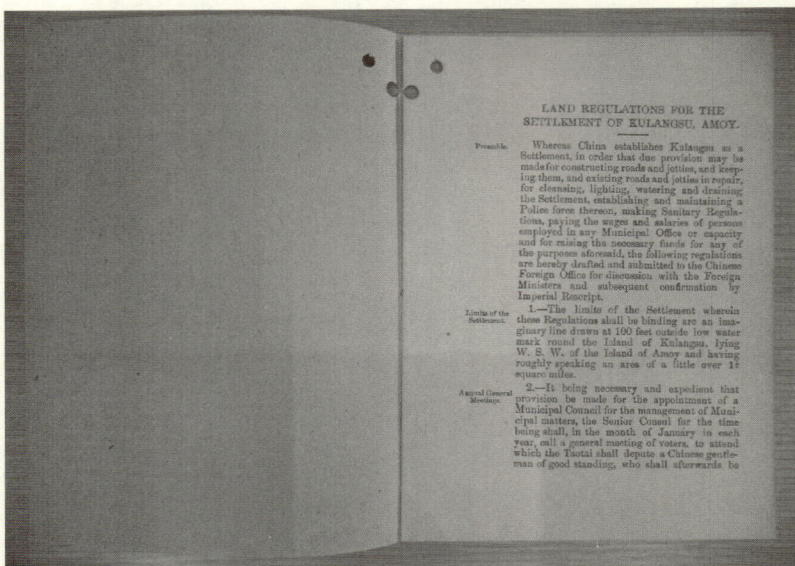

年会 2. 地界应设立工部局,以管理公共事务。领袖董事应于每年一月召集选举人年会,并知会道台委任一位有名望的乡绅参会,该乡绅当然成为工部局董事。年会审核前年财务报告、推举值年董事、议定年度开支情况及各项事务。应提前 10 天通知年会召开,由年领袖董事主持。年会应按规定正式召开,参会人数应统计。若有出席资格的土地或房屋所有人缺席,可由其代理人出席。出席者超过大半数即可召开年会。年会可制定规例,抽收捐款、执照费,评估田产、房屋税率,并可征收运入地界内货物税。但百货税,无论运输及贮藏,不得超过货值的 4/100。年会若全数参会或过半人数参加,根据需要还可核定其他征税项目。

特会 3. 领袖董事本人口头提议或者书面要求,或一位或多位董事,工部局员或者任何 10 位有选举权人,可以传知纳税人,要求召开特别会议,商议年会未及讨论的与工部局相关的各项地方纳税事务。须提前 10 天发布公告并预先说明会议事项。特会主持应与年会相同。会议所议之事,经与会者三分之二通过,界内之民均应遵行。但参加会议人数不得少于三分之一。所议各事一经年会或特会议定,还须呈请各领事核准,如未获领事大半人数批准,所议各事虽经讨论,仍不准实施。

工部局 4. 工部局应由 5 至 6 人组成,由年会有选举资格的人投票选举产生,与由道台指定的(一名)中国绅士一起,直到下一次年会产生继任前主持公务。

选举人资格 以下人员有权在纳税者所有会议上投票:

①在鼓浪屿拥有在领事馆登记的价值不少于 1000 英镑的土地所有人。

②上述土地所有人缺席所授权的代理人。

③年纳税费或专用执照费超过 5 英镑以上的外国人。

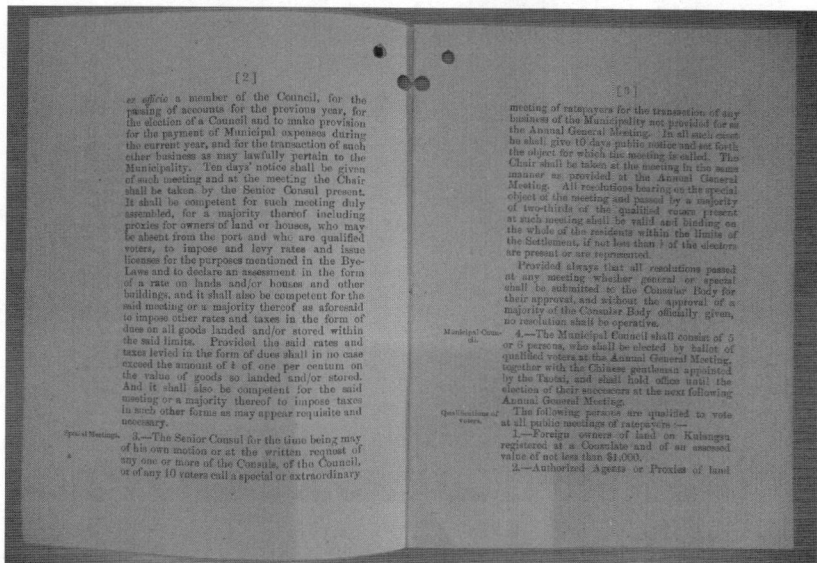

<table>
<tr><td>董事
资格</td><td>以下人员具有董事选举资格：

①在鼓浪屿拥有价值评估不少于 5000 英镑不动产的外国人。

②交纳年租金 400 英镑以上外国居民，无论此租金是由其所在的商号、协会还是公司或者其本人支付。商号、协会、公司仅限提供一人，同一房屋仅限一人。</td></tr>
</table>

董事资格 以下人员具有董事选举资格：

①在鼓浪屿拥有价值评估不少于 5000 英镑不动产的外国人。

②交纳年租金 400 英镑以上外国居民，无论此租金是由其所在的商号、协会还是公司或者其本人支付。商号、协会、公司仅限提供一人，同一房屋仅限一人。

局董空缺 一旦局董职位出现空缺，应由在任局董通过多数投票进行补充。如果是中国人出现空缺，则由道台指定。局董一经当选，应尽快履职。将卸任的局董应在年会上做述职报告。每年选举的局董，应于首次会议上选出正局董和副局董。出席会议的局董若在所议事项意见相持不下，正局董有再次投票或最后投票权。3人即构成会议法定人数。

以上条款中所指"外国人"，系翻译为非中国人，不包括出生或入籍他国成为该国籍的人。

局董权利制定及修改规例 5. 照章选定局董后，凡经批准附入章程之规例及职权，皆须按章执行。局董应办之事、应得之物，均应全部交与工部局在任之董事及其继任者。局董有随时修定其他规例的权利，以便各项章程更加完善，并可将已定成例随时增改或撤消，但不可与章程宗旨相违背。并且仍须得到批准公布，方可实施。局董照章修定的规例，除非事涉工部局内人事，否则必须由厦门道与签约各国领事商定，并呈中国政府及驻京公使批准，并须获得各执业者和房产业主集体通过，方可执行。

工部局职员 6. 为照章办事，工部局可随时根据需要雇请巡捕杂役等人员。所需薪金、津贴等，由工部局核定开销。并可制定相应管理规则，聘用辞退皆由工部局决定。但未经特会准许，任何人员任职不可超过三年。

违规者 7. 倘有人不肯照章支付规定的各项捐税以及缴交罚金罚款等，工部局及其职员

[4]

owners as above who are absent from the Port.

3.—Foreign annual taxpayers of $5 and upwards exclusive of license fees.

The following persons are qualified for election as Councillors:—

1.—Foreign owners of real estate on Kulangsu of an assessed value of not less than $5,000.

2.—Foreign Residents on Kulangsu paying rate on an assessed annual rental of $400 and over, whether such rental or rates be paid by the firm, society or company to which they belong or by themselves personally. Provided always that only one member of such firm, society or company or one occupant of any house be eligible to sit on any one Council.

In case of vacancy or vacancies occurring during their tenure of office, the existing Council shall have power to fill up such vacancy or vacancies by the vote of the majority of the Council. If the Chinese membership become vacant, a new appointment will be made by the Taotai. The Council shall enter upon their office as soon as they are elected and the accounts of the retiring Council have been passed at the Annual General Meeting. At their first meeting the new Council shall elect a Chairman and Vice-Chairman. On all questions in which the members of the Council present at Council Meeting are equally divided in opinion the Chairman shall have a second or casting vote. At such meetings 3 members shall constitute a quorum.

[5]

In the above clause the term "foreign" is to be interpreted as meaning persons not of Chinese race, and does not include persons of the race who may by birth or naturalization abroad have become the subjects of foreign countries.

5.—When in pursuance of these Regulations the Council shall have been duly elected all the powers, authority and control conferred by the Bye-Laws now sanctioned and annexed to these Regulations and all the rights and property which by such Bye-Laws are declared to belong to any Council elected as aforesaid shall vest in and absolutely belong to such Council and to their successors in office. And such Council shall have power and authority from time to time to make other Bye-Laws for the better enabling them to carry out the objects of these Regulations and to repeal, alter, or amend any such Bye-Laws, provided such other Bye-Laws be not repugnant to the provisions of these Regulations and be duly confirmed and published; and provided also that no Bye-Laws made by the Council under the authority of these Regulations except such as relate solely to their Council or their officers or servants shall come into operation until passed and agreed upon by the Taotai and the Treaty Consuls, approved by the Chinese Government and the Foreign Ministers in Peking, and the ratepayers in public meeting assembled.

6.—The Council may from time to time appoint such Police and other officers and servants as they think necessary for carrying out these

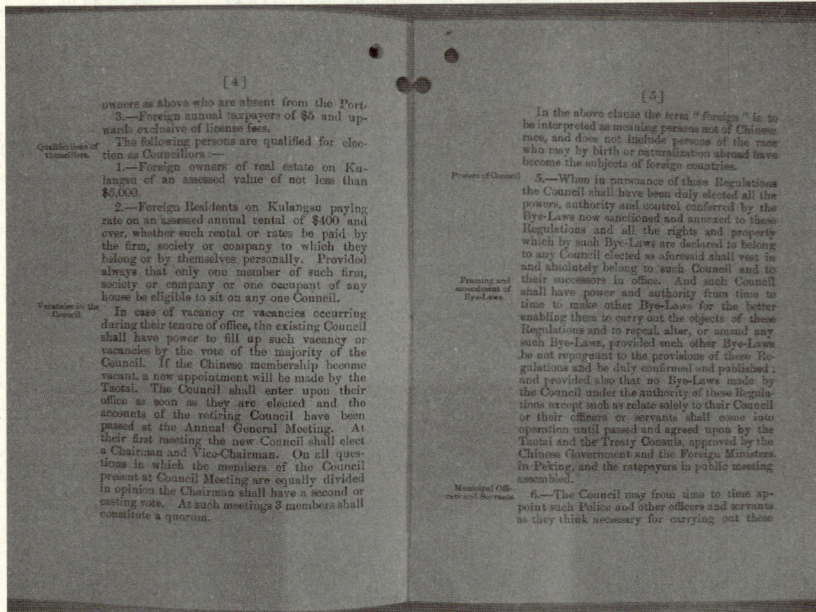

可依法控告追讨。

8. 工部局可以起诉和被起诉,均可以其总管事人的名义,或直接用鼓浪屿工部局名义。凡控告工部局及其职员等人,应在领事公堂,此堂每年由各国领事指定。工部局职员或其长官无须对工部局授权的任何行为负个人责任,所应得之责任,只归工部局产业。

9. 凡外国人购买或转让土地,应至中国衙门及各该领事馆注册报备,遵章办理。

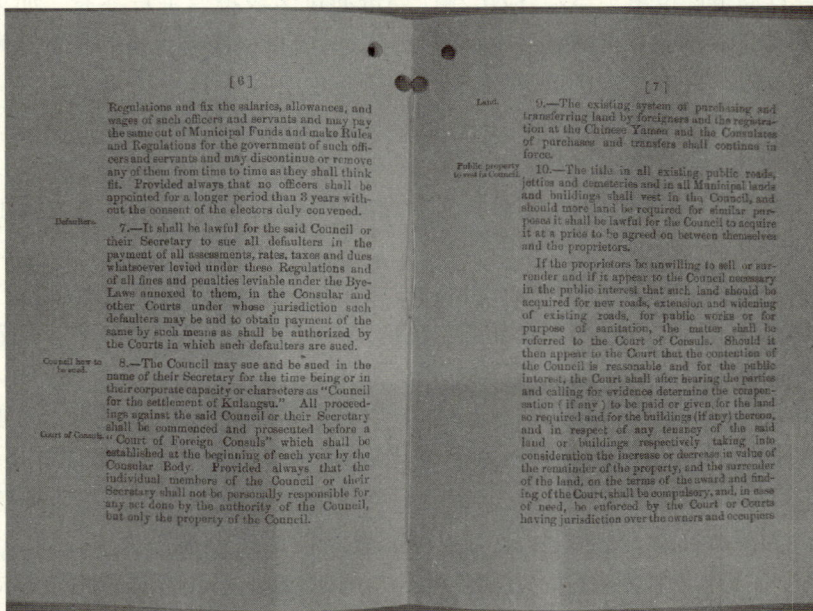

[6]

Regulations and fix the salaries, allowances, and wages of such officers and servants and may pay the same out of Municipal Funds and make Rules and Regulations for the government of such officers and servants and may discontinue or remove any of them from time to time as they shall think fit. Provided always that no officers be appointed for a longer period than 3 years without the consent of the electors duly convened.

7.—It shall be lawful for the said Council or their Secretary to sue all defaulters in the payment of all assessments, rates, taxes and dues whatsoever levied under these Regulations and of all fines and penalties leviable under the Bye-Laws annexed to them, in the Consular and other Courts under whose jurisdiction such defaulters may be and to obtain payment of the same by such means as shall be authorized by the Courts in which such defaulters are sued.

8.—The Council may sue and be sued in the name of their Secretary for the time being or in their corporate capacity or character as "Council for the settlement of Kulangsu." All proceedings against the said Council or their Secretary shall be commenced and prosecuted before a "Court of Foreign Consuls" which shall be established at the beginning of each year by the Consular Body. Provided always that the individual members of the Council or their Secretary shall not be personally responsible for any act done by the authority of the Council, but only the property of the Council.

[7]

9.—The existing system of purchasing and transferring land by foreigners and the registration at the Chinese Yamen and the Consulates of purchases and transfers shall continue in force.

10.—The title in all existing public roads, jetties and cemeteries and in all Municipal lands and buildings shall vest in the Council, and should more land be required for similar purposes it shall be lawful for the Council to acquire it at a price to be agreed on between themselves and the proprietors.

If the proprietors be unwilling to sell or surrender and if it appear to the Council necessary in the public interest that such land should be acquired for new roads, extension and widening of existing roads, for public works or for purpose of sanitation, the matter shall be referred to the Court of Consuls. Should it then appear to the Court that the contention of the Council is reasonable and for the public interest, the Court shall after hearing the parties and calling for evidence determine the compensation (if any) to be paid or given for the land so required and for the buildings (if any) thereon, and in respect of any tenancy of the said land or buildings respectively, taking into consideration the increase or decrease in value of the remainder of the property, and the surrender of the land, on the terms of the award and finding of the Court, shall be compulsory and, in case of need, be enforced by the Court or Courts having jurisdiction over the owners and occupiers

工部局之公产管理	10. 凡界内公共道路、码头和墓地及工部局房地产,均由工部局管理。以上各项如需要拓展推广,准许工部局与该业主商议购买。如业主不予出售,而工部局出于公共需要,如建新路,修整旧路,公共卫生以及别项公共工程等民生所需之地,可将争议呈送特派领事公堂裁决。如果工部局所言有理并且确为公共所需,领事公堂应于各方听证会及搜集赔偿证据确实后,赔付所征土地(若需要的)及其上的建筑物(若有的话),如若涉及任何土地及建筑物租赁须特别考虑其财产余部的价值增减。公堂裁决具有强制性,必要时由具有裁判权的法庭或法院对业主和占有者进行强制执行。未经工部局许可以及理巡厅允许,不得征用任何防波堤及码头。
地租	11. 鼓浪屿虽为公共地界,仍系中国皇帝所有,所有地丁钱粮及海滩税,仍由地方官征收转交工部局,作为该局公费。今后任何新填海滩应缴地租,仍归中国地方官所有,不须移交工部局。
会审公堂	12. 中国政府可参照上海,在鼓浪屿设立会审公堂,并且委派一名干练专员署理,并请秘书等人襄办。该专员须由厦门道台及福建洋务总局委任。地界内中国人被控嫌疑犯即由其审判。如所犯案情重大,应由该员先行审问,再送交地方官审理。地界内债务房产等诉讼,如有中国人被控,也由该堂审理。案件经该堂判定,须由内地及厦门地方官配合执行之处,该地方官不得推诿。凡案涉外国人,无论轻重,均由该管领事自行前来或派员会同公堂委员会审问。如会审人员与该堂承审人员意见不同,以致无法结案,可以上诉,由厦门道会同该领事再行提审。凡涉案人员有受外国人雇佣及居外国人寓所者,需传唤到案的,应先期送该领事签字,获准方可前往传唤。此外,中国人犯逃至地界内者,应照上海程序,由会审公堂委员派差前往提审,不必照会领事,也不需会捕、协商拘留。若中国人仅受外国人雇请,但被传时不住在外国人寓所内,传票不用先期送达领事官,但在当天应送至该领事官以明缘故,或签字或视情况核销。会审公堂受理判案详情,应由厦门道台妥当拟就。

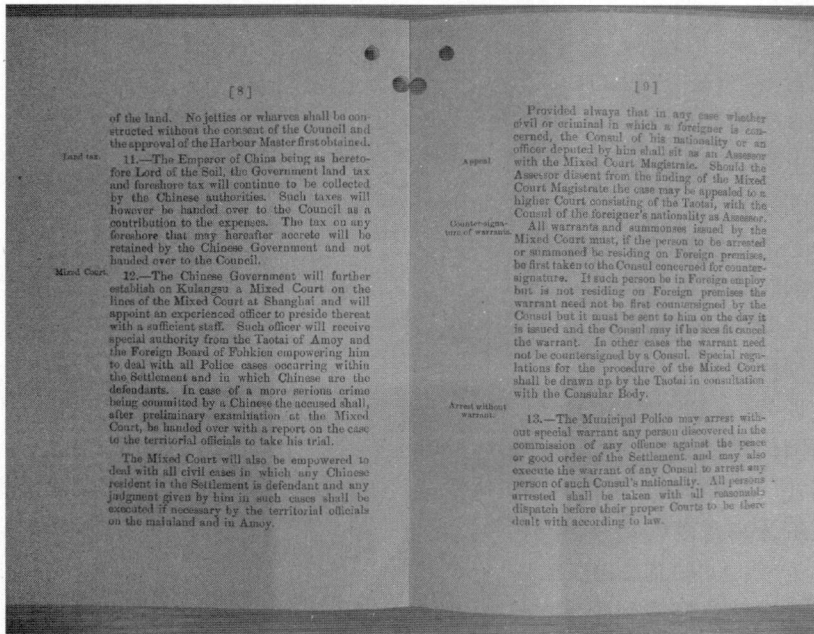

无票 拘捕	13. 凡发现侵扰地界公共秩序及治安者,工部局巡捕可以不需特别传票,予以拘捕拿办。若属各国籍民,可请各所属国领事官签发传票拘拿。所有拘拿之人,应出示合法文书,送交各国法庭,按律查办。
引渡 罪犯	14. 如在厦门或内地发生刑事案件,其犯罪人逃至公界内者,由海防厅发票派役送请领袖董事签字,如犯事人在外国住宅内者,应呈请该管领事签字。工部局巡捕应协助该役拿获犯人,并即解送。如遇紧急情形,可先将犯人拿获,随后签字,遵照 12 款程序办理。
违章 罚款	15. 凡根据本章程订立之规则,按照规则所应收之罚款、充公及抽税等款项,可向各该管领事或其他官员直接征取,该官员认为必要时,得依法强制执行,勒令该犯事人缴交罚款、充公等款项,及因执行而发生之费用,按照本章程征收。所罚款等款项,一并归工部局收入,用以公共开支。
修正 章程	16. 今后若发现章程有任何需要更正或增订之处,或文字有异议,或权限须商议,须由领事团及中国地方官共商协定,呈交北京外交团及中国最高政府批准。

1902 年 1 月 10 日于厦门日本领事馆签署

签字人:

(Sd)道台
　　　　延年

(,)厦防分府
　　　　张文治

(,)厘金委员
　　　　郑煦

(,)洋务委员
　　　　杨荣忠

(,)上野专一(S UYENO)
　　　　日本领袖领事

(,)满思礼(R W MANSFIELD)
　　　　英国领事

(,)费思洛(JOHN H FESLER)
　　　　美国领事

(,)古阿明(B KRAUSE)
　　　　德国代理领事

(,)杜理芳(A BERNARD)
　　　　法国代理领事

(,)郁礼(M WOODLEY)
　　　　西班牙和丹麦代理领事

(,)高士威(AUGUST PIEHL)
　　　　荷兰兼瑞典挪威副领事

厦门鼓浪屿公共地界规例

詹朝霞译[*]

1. 公共下水道和排水沟管理

凡公共地界之内公共下水道和排水沟均由工部局管理。其维护及清洁费用由市政基金支出。

2. 私人下水道和排水沟监督

凡私人产业所属下水道和排水沟均由工部局局董监督,由其或其授权之佣工定时进行检查。如果发现下水道和排水沟淤塞不通或污秽积毒,危及公共健康,工部局应责成业主进行整改或申请维修。如果房屋业主或居住人一周后仍未进行维修,工部局将自行维修,所需费用由其所在国法庭向业主或居住人追讨,并须支付 7 美元以下罚款。

3. 道路障碍物

凡故意设置障碍、占道、改动任何工部局管辖下的道路者,应被处以 10 美元以下的罚款。获准工部局书面同意者除外。

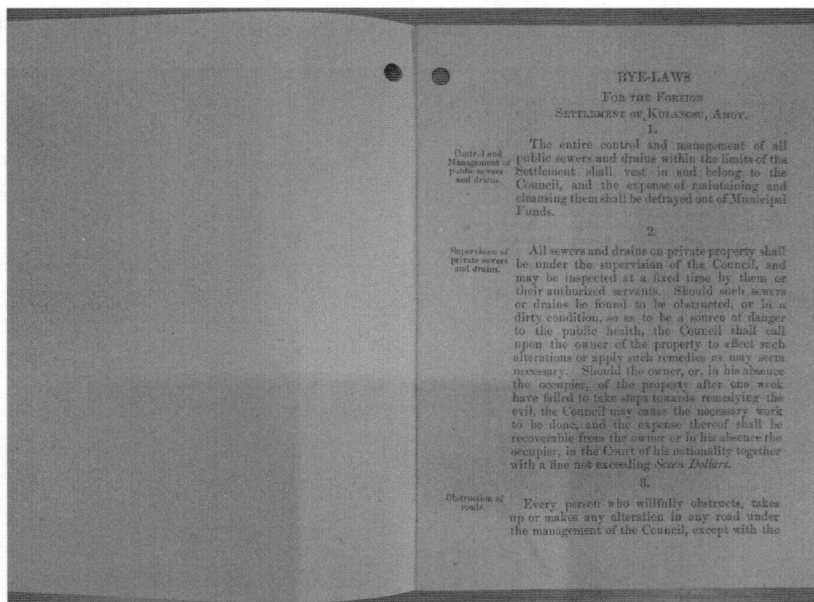

* 詹朝霞:厦门社会科学院鼓浪屿国际研究中心　福建　厦门　361000

4. 道路障碍物移除

凡门廊、外廊、棚户、护窗、台阶、标识、墙壁、大门,或者围墙,或任何其他竖立或置放于房屋或建筑物前,已对道路和街道安全方便通行构成障碍的障碍物或突起物,工部局均应通知房屋或建筑物的居住人,限 14 天内予以整改,移出障碍物和突起物。若拒不执行,将处以 7 美元以下的罚款。若由工部局代为执行,由此产生的费用应由违规居住人支付,或者由工部局向法庭要求居住人赔偿损失。如果障碍物和突起物是业主所为,则居住人应有权从业主租金中扣除搬移费用。

5. 居住人保持处所及屋前道路清洁

凡土地占有者或房屋居住人,应于接到通知之后即对其房前道路进行打扫清洁。还应打扫清洁房前屋后的阴沟和阳沟,搬移堆积物清除灰尘、垃圾。违者将被处以 5 美元以下罚款,或拘留 3 天。

6. 在不当时间清理粪便等

工部局视情况规定在地界内合法清理厕所或倾倒马桶时间;所定时间一经工部局告示通知,任何人在规定时间之外倾倒马桶,或清理污秽物,或者无论工总局规定时间内外,使用桶具、车辆时未适当罩盖以致污物外泄或臭气熏天,将处以 5 美元以下罚款,或 3 天以下拘留。

7. 污水坑

不允许任何人在其所属房屋或界内任何地方残留废水或积水,或者在其所有或所占之荒地内积有废水或污水。凡接到工部局通知 48 小时内不予清理干净或使阴井、厕所污水任意溢出横流,致使周围居民厌恶,或者在住处养猪以致为害邻人,将处于 5 美元以下罚款。工部局可以于合理时间自行采取适当行为,抽干和清洁任何污水坑、壕沟或水池,减少上述污秽物。所需费用,经工部局核查后,由事主支付。如果无人居住,则向业主追讨,并且包括损失费。

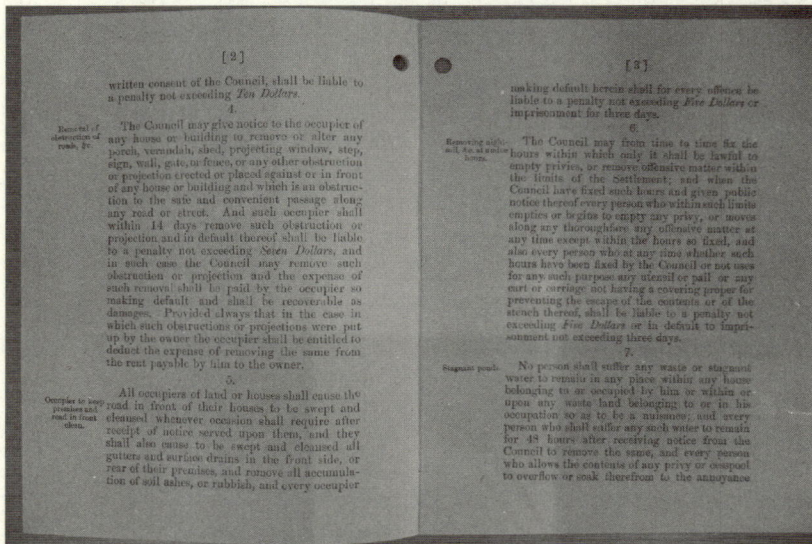

8. 垃圾清理

凡经工部局查明地界内粪土、污秽物或其他讨厌可憎之物可能伤及居民健康,工部局秘书应立即通知业主或代理人,或土地占有人,限令 48 小时内予以清除。如拒不执行,工部局可雇请工役以代行其事,所需清除费用和损失费由业主等人支付,拒不支付者,可依例向其追讨。

9. 房屋消毒和清洁

工部局查知房屋或建筑物有肮脏或不卫生状况,因此影响或危及邻居健康;或者消毒、清洁或净化房屋或建筑及其局部,须预防和检查传染病;或者下水道、厕所或污水坑影响或危及邻居健康,工部局应命令业主对其房屋或其局部进行消毒、清洁和净化,并且下水道、厕所或污水坑的主人须在工部局认为合理的时间内改良状况。如果占有者或业主不予以执行,将被处于每次 7 美元以下罚款。或由工部局雇员代劳,费用及损失费由占有人或业主支付。

10. 水井保护

鼓浪屿供水来自分布于公共道路、田间或花园不受污染的水井。不准许厕所、污水坑,粪堆或垃圾堆及工部局认为会污染井水的任何东西靠近水井。一经发现工部局应通知事主立即清除。如果 48 小时内未予完成,将被处于 5 美元以下的罚款。工部局自行处理或雇人代劳,费用及损失费由事主支付。

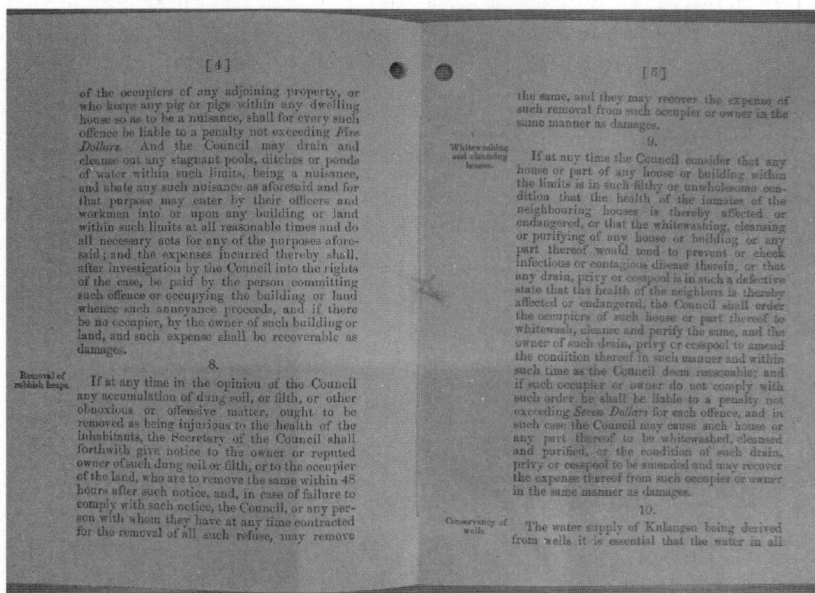

11. 疫情死亡报告

一切瘟疫、霍乱、天花和其他传染性疾病必须 12 小时内向工部局报告,工部局即对疫情发生地采取消毒等必要措施。如果占建筑物业主无力支付消毒费,工部局可以从市政基金中直接支付。如疫情发生地业主知情不报,首次将被处以 20 美元以下罚款,第二次将被处以 30 美元以下罚款,第三次将处以 50 美元以下罚款。

12. 障碍物清除

地界内建筑物或土地占有人,或其他拒不执行工部局按本规例清除尘土、灰尘或垃圾义务者,或阻止工部局雇人打扫者,每例将被处于 25 美元以下罚款。

13. 未经工部局许可不准建房

自本规例及章程实施之日起,凡欲建房筑屋须向工部局首先递交申请,未得到批准不得擅自动工。除非能满足卫生条件及相关规定,否则工部局有权不予批准。任何未经批准擅自建房者,将处于 100 美元以下的罚款。工部局可要求法庭对违章建筑进行处理,费用由违建者支付。

14. 危险物存放

地界内不准许如火药或其他易爆物危险物,及硝硫酸黄,石脑油或易燃气体和液体运抵鼓浪屿岸,限制大批堆放。首犯者处以 250 美元以下罚款,再犯者处以 500 美元以下罚款,并没收易燃易爆物品。如有将火油或其他易燃油品运入地界内,须存放于工部局指定的专门地方。地界内非私人房屋或商店售卖或自用不准超过 10 件。违者每次处于 10 美元以下罚款并没收多出部分。

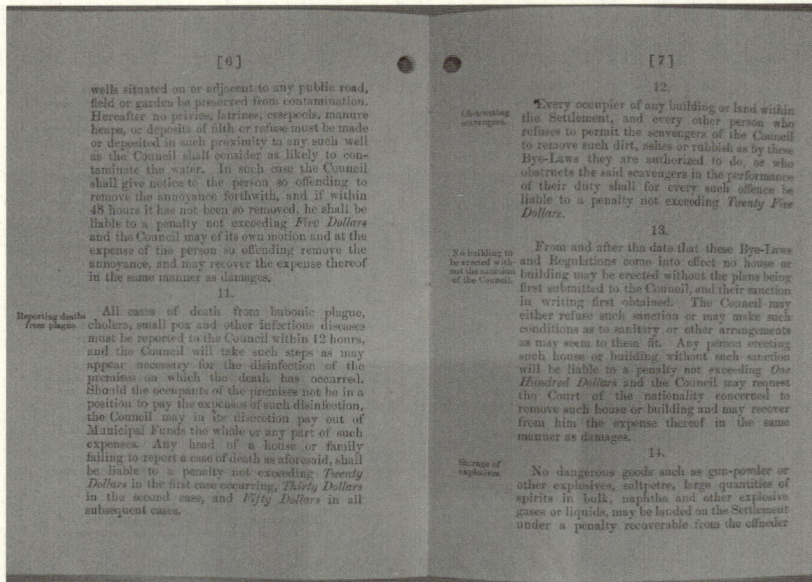

15. 执照

没有工部局颁发的执照,不得开办集市、市场,或公共娱乐场:音乐厅、剧院、马戏团、台球室、保龄球馆或跳舞厅、妓院、赌馆、牛奶场、干洗店、屠宰房、出售酒精类饮料或其他毒品的店铺、彩票、家禽肉类店铺。不得经营、使用、雇佣任何船只、马匹或交通工具。外国人须经其所在国领事签字。工部局拒绝或同意颁发执照,应有充分理由。执照费由纳税者年会决定。任何违反者将每次处以 100 美元以下的罚款,每超过 24 小时处以 25 美元以下罚款。

16. 街头骚乱

地界内如有人在公共道路上或旁边开枪(球埔或工部局准许的其他地方除外)引起混乱和骚动者,或乘马、船、车等乱行驶等违法行为,须处以 5 美元以下罚款。

17. 武器携带

地界内任何人不得携带诸如枪、手枪、剑、匕首、棍棒、飞石、刀具或此类性质的攻击或防御武器,(厦门道台、领事、会审公堂、工部局特许者、水陆团练兵丁、值勤巡捕除外),违者将处以 10 美元以下罚款,或 7 天劳役。携枪射鸟者不在此例。

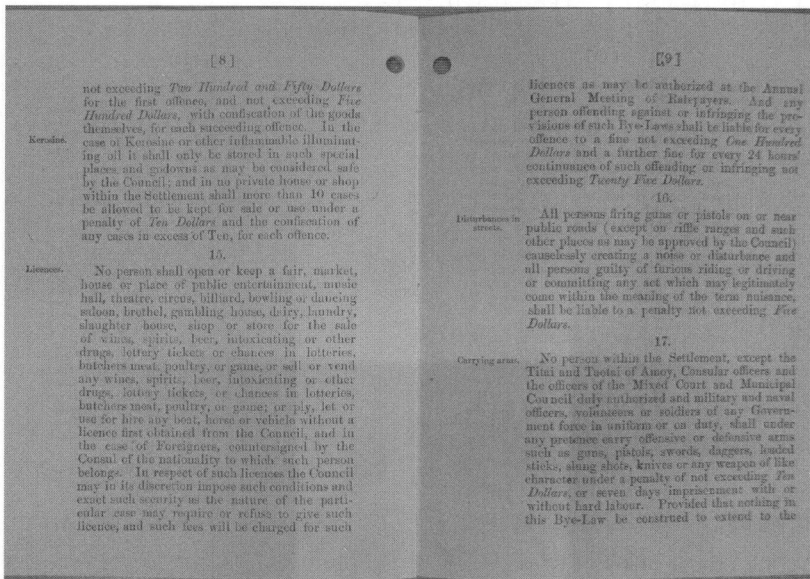

[8]

Kerosine.

not exceeding *Two Hundred and Fifty Dollars* for the first offence, and not exceeding *Five Hundred Dollars*, with confiscation of the goods themselves, for each succeeding offence. In the case of Kerosine or other inflammable illuminating oil it shall only be stored in such special places and godowns as may be considered safe by the Council; and in no private house or shop within the Settlement shall more than 10 cases be allowed to be kept for sale or use under a penalty of *Ten Dollars* and the confiscation of any cases in excess of Ten, for each offence.

Licences.

15.

No person shall open or keep a fair, market, house or place of public entertainment, music hall, theatre, circus, billiard, bowling or dancing saloon, brothel, gambling house, dairy, laundry, slaughter house, shop or store for the sale of wines, spirits, beer, intoxicating or other drugs, lottery tickets or chances in lotteries, butchers meat, poultry, or game, or sell or vend any wines, spirits, beer, intoxicating or other drugs, lottery tickets, or chances in lotteries, butchers meat, poultry, or game; or ply, let or use for hire any boat, horse or vehicle without a licence first obtained from the Council, and in the case of Foreigners, countersigned by the Consul of the nationality to which such person belongs. In respect of such licences the Council may in its discretion impose such conditions and exact such security as the nature of the particular case may require or refuse to give such licence, and such fees will be charged for such

[9]

Disturbances in streets.

licences as may be authorized at the Annual General Meeting of Ratepayers. And any person offending against or infringing the provisions of such Bye-Laws shall be liable for every offence to a fine not exceeding *One Hundred Dollars* and a further fine for every 24 hours' continuance of such offending or infringing not exceeding *Twenty Five Dollars*.

16.

All persons firing game or pistols on or near public roads (except on rifle ranges and such other places as may be approved by the Council) causelessly creating a noise or disturbance and all persons guilty of furious riding or driving or committing any act which may legitimately come within the meaning of the term nuisance, shall be liable to a penalty not exceeding *Five Dollars*.

Carrying arms.

17.

No person within the Settlement, except the Taoti and Tsotai of Amoy, Consular officers and the officers of the Mixed Court and Municipal Council duly authorized and military and naval officers, volunteers or soldiers of any Government force in uniform or on duty, shall under any pretence carry offensive or defensive arms such as guns, pistols, swords, daggers, loaded sticks, sling shots, knives or any weapon of like character under a penalty of not exceeding *Ten Dollars*, or seven days imprisonment with or without hard labour. Provided that nothing in this Bye-Law be construed to extend to the

18. 本规例不妨碍普通法诉讼

本规例不包含任何将提起诉的法律行为,或遗漏普通法认为不当行为;或者保护与普通法程序相违背的当事人或行为;也不保护任何已判罪犯。

19. 处罚简易追缴

本规例针对外国人的每一处罚和财产没收,若不知何以追缴,可通过简易程序向所属领事代表提出。领事代表可视情况,依法裁判当事人支付罚款或没收财产。

20. 公布

本规例则应被印刷,工部局秘书应免费送达任何一个纳税者手中。

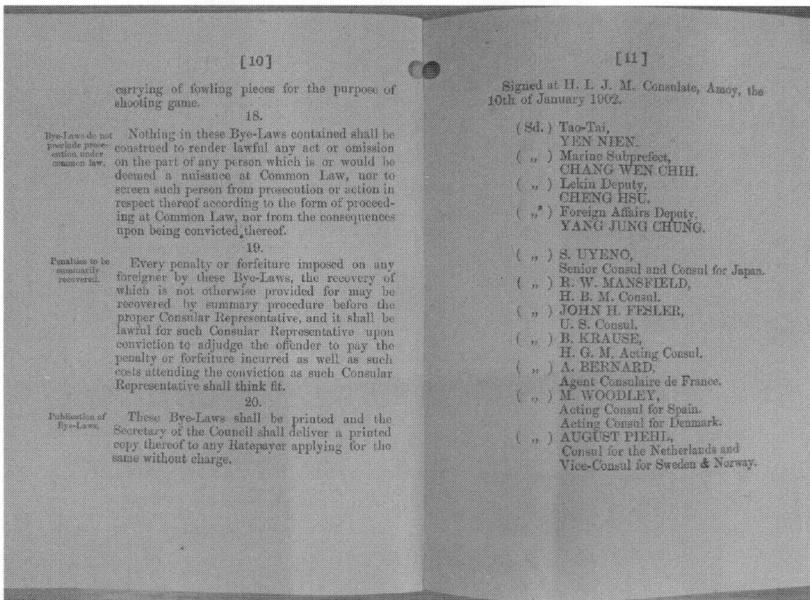

[10]

Bye-Laws do not preclude prosecution under common law.

carrying of fowling pieces for the purpose of shooting game.

18.

Nothing in these Bye-Laws contained shall be construed to render lawful any act or omission on the part of any person which is or would be deemed a nuisance at Common Law, nor to screen such person from prosecution or action in respect thereof according to the form of proceeding at Common Law, nor from the consequences upon being convicted thereof.

Penalties to be summarily recovered.

19.

Every penalty or forfeiture imposed on any foreigner by these Bye-Laws, the recovery of which is not otherwise provided for may be recovered by summary procedure before the proper Consular Representative, and it shall be lawful for such Consular Representative upon conviction to adjudge the offender to pay the penalty or forfeiture incurred as well as such costs attending the conviction as such Consular Representative shall think fit.

Publication of Bye-Laws.

20.

These Bye-Laws shall be printed and the Secretary of the Council shall deliver a printed copy thereof to any Ratepayer applying for the same without charge.

[11]

Signed at H. I. J. M. Consulate, Amoy, the 10th of January 1902.

(Sd.) Tao-Tai, YEN NIEN.
(") Marine Subprefect, CHANG WEN CHIH.
(") Lekin Deputy, CHENG HSU.
(") Foreign Affairs Deputy, YANG JUNG CHUNG.
(") S. UYENO, Senior Consul and Consul for Japan.
(") R. W. MANSFIELD, H. B. M. Consul.
(") JOHN H. FESLER, U. S. Consul.
(") B. KRAUSE, H. G. M. Acting Consul.
(") A. BERNARD, Agent Consulaire de France.
(") M. WOODLEY, Acting Consul for Spain. Acting Consul for Denmark.
(") AUGUST PIEHL, Consul for the Netherlands and Vice-Consul for Sweden & Norway.

1902 年 1 月 10 日　厦门　日本领事馆　签字

（Sd）道台
　　　　延年
（,,）厦防分府
　　　　张文治
（,,）厘金委员
　　　郑煦
（,,）洋务委员
　　　杨荣忠

（,,）上野专一（S UYENO）
　　　日本领袖领事
（,,）满思礼（R W MANSFIELD）
　　　英国领事
（,,）费思洛（JOHN H FESLER）
　　　美国领事
（,,）古阿明（B KRAUSE）
　　　德国代理领事
（,,）杜理芳（A BERNARD）
　　　法国代理领事
（,,）郁礼（M WOODLEY）
　　　西班牙和丹麦代理领事
（,,）高士威（AUGUST PIEHL）
　　　荷兰领事兼瑞典挪威副领事

《林家诉状》文献原件

龚 洁[*]

台北板桥林本源家族,祖籍福建龙溪县白石堡,清乾隆四十三年(1778),白石堡人林应寅携子林平侯赴台,至林维源已第四代,累积了庞大的家财,是台湾首富。

林本源家财分公业、私业、共业三大类。1895年,甲午战争《马关条约》后,林维源率家族回乡,定居鼓浪屿。光绪二十四年(1898),林维源将林本源家财中的"私业"分成六份,分割给各房各人,称"六记产业",也叫"六记公司"。大房得两份,熊征、熊祥、熊光三兄弟为代表;二房得三份,林尔嘉及其子和尔嘉的幼弟祖寿、柏寿、松寿为代表;三房得一份,鹤寿为代表。

因大房、二房的代表皆年幼,共业的代表为三房的林鹤寿,公业的代表为三房的林嵩寿。这样就形成由三房统管家政和全部财产的局面,造成各房之间利益不均,滋生矛盾。林维源在世时,林家的事他说了算,各房相安无事。

1906年6月,林维源去世,林家失去权威,群龙无首,三房代表弄权,任意挥霍家财,生活奢华,引起家族内部的巨大矛盾。1907年,林家试图缓和矛盾,维系家族的和睦统一,邀请台湾总督府民政长官后藤新平作调解公证人。但林家失去林维源这个权威后,各房之间谁也不服谁,竞相奢华,内部矛盾和财产纠纷更加剧烈,导致析产分家势在必行,各房在纷扰中支撑到1912年,内部矛盾到了不可调和的地步,只能走对簿公堂诉讼之路了。

《林家诉状》就是在1912年6～7月间,由生沼律师事务所的律师大川清一、川濑周次用古日文毛笔书写在"生沼事务所用纸"上的底稿,纸张为专用毛边纸,竖式,二十二行,对折,用朱笔修改,系统地将林本源的家族关系、财产关系、家制、分家起因和诉讼内容记述得十分清晰,已历一百多年,是研究林本源家族具有重要意义的私密原始档案,十分珍贵。

1984年,林尔嘉夫人龚云环的侄儿龚鼎铭先生将此诉状及林尔嘉在福州杨桥巷林家大院的照片和林尔嘉与儿子崇智、履信三人合影,以及林尔嘉诗作手稿等赠送给我。

1985年,现任厦门建发集团董事长的吴小敏女士住在我楼上,我把诉状请她翻译,她将译文用硬芯铅笔写在"厦门南方林业开发有限公司"的信笺上,我随即用三百字稿纸横式誊清一遍,又用厦门博物馆的信笺竖式誊清一遍,以便长期保存。最近,我翻阅三十年前吴小敏女士铅笔译稿,有些字迹已经模糊,幸亏做了钢笔誊清,才使诉状内容一目了然!

现将《林家诉状》朱墨双色底稿原件和我的竖式钢笔誊清稿一并交《鼓浪屿研究》,以飨读者!

---

* 龚洁:厦门地方文史专家 福建 厦门 361000

告訴人
　台北大稻埕建昌后街
　　　　　　林熊徵
告訴人
　仝　仝　港邊街
　　　　　　林景仁
　仝　仝
　仝　仝　建昌街二丁目
　仝　辯護士
右代理人
　仝　辯護士
右代理人
　仝　城内　府前街
　　　　　大川清一
　仝　辯護士
右代理人
　　　　　川瀬周次

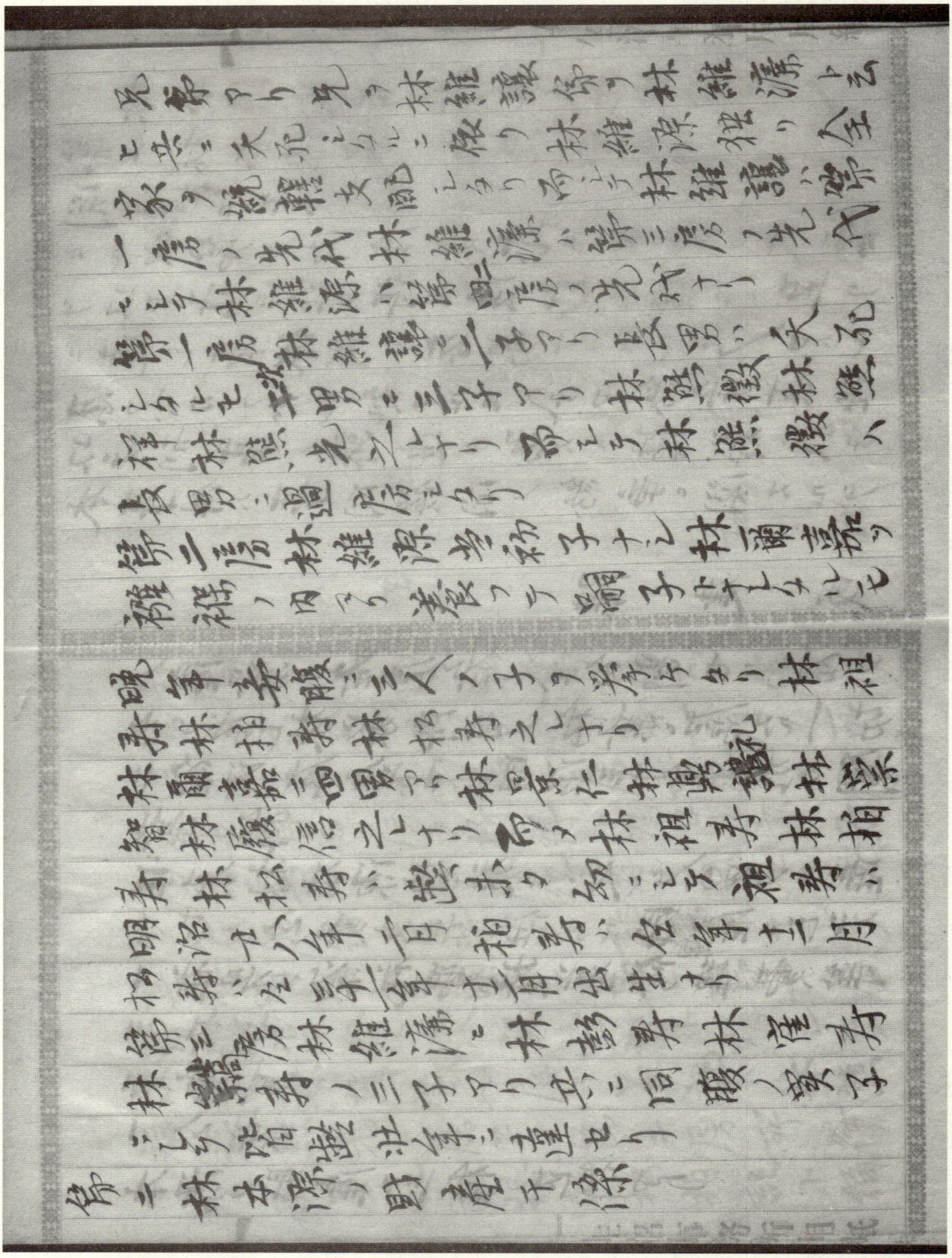

兄弟ニシテ一家ヲ為セシト云ヒ、林
爾嘉ノ談ニヨレバ林維源ト林
維讓ハ兄弟ニシテ林維源ヲ
兄、林維讓ヲ弟トシ、林維源
ノ長子ヲ林熊徵、林維讓ノ
子ヲ林爾嘉トスルモアリ。先代
ニ林維源、林維讓ノ二戸アリ、
先代ノ長男ヲ林熊徵、次男
ヲ林爾嘉トスルモアリ。

林維讓ハ林維源ノ子ニシテ
林爾嘉ハ林維源ノ子ニシテ
林維源ノ内孫ナリト云フ。林維源
ハ林維讓ノ父ニシテ、林維源ノ
長子ヲ林熊徵、次子ヲ林爾嘉
トス。林維源ノ子ニ林熊徵、
林爾嘉、林鼎禮ノ三人アリ。

林柏壽ハ林熊徵ノ子ニシテ、
林履信ハ林爾嘉ノ子ナリ。林
柏壽ハ林熊徵ノ長子ニシテ、
林履信ハ林爾嘉ノ次子ナリ、
林維源ノ孫ナリ。

林鼎禮ハ林爾嘉ノ弟ニシテ、
林維源ノ子ナリ。林柏壽、林履信ハ
従兄弟ナリ。

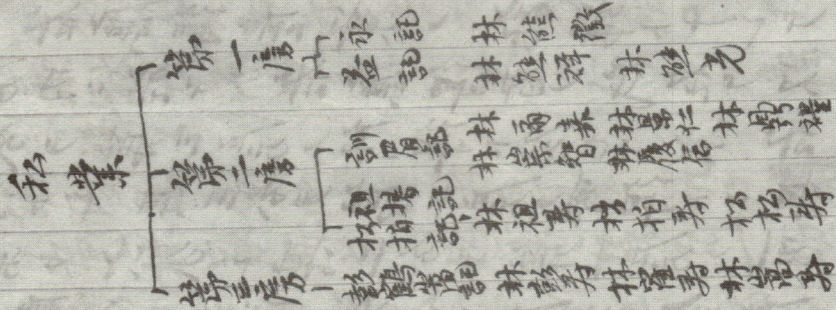

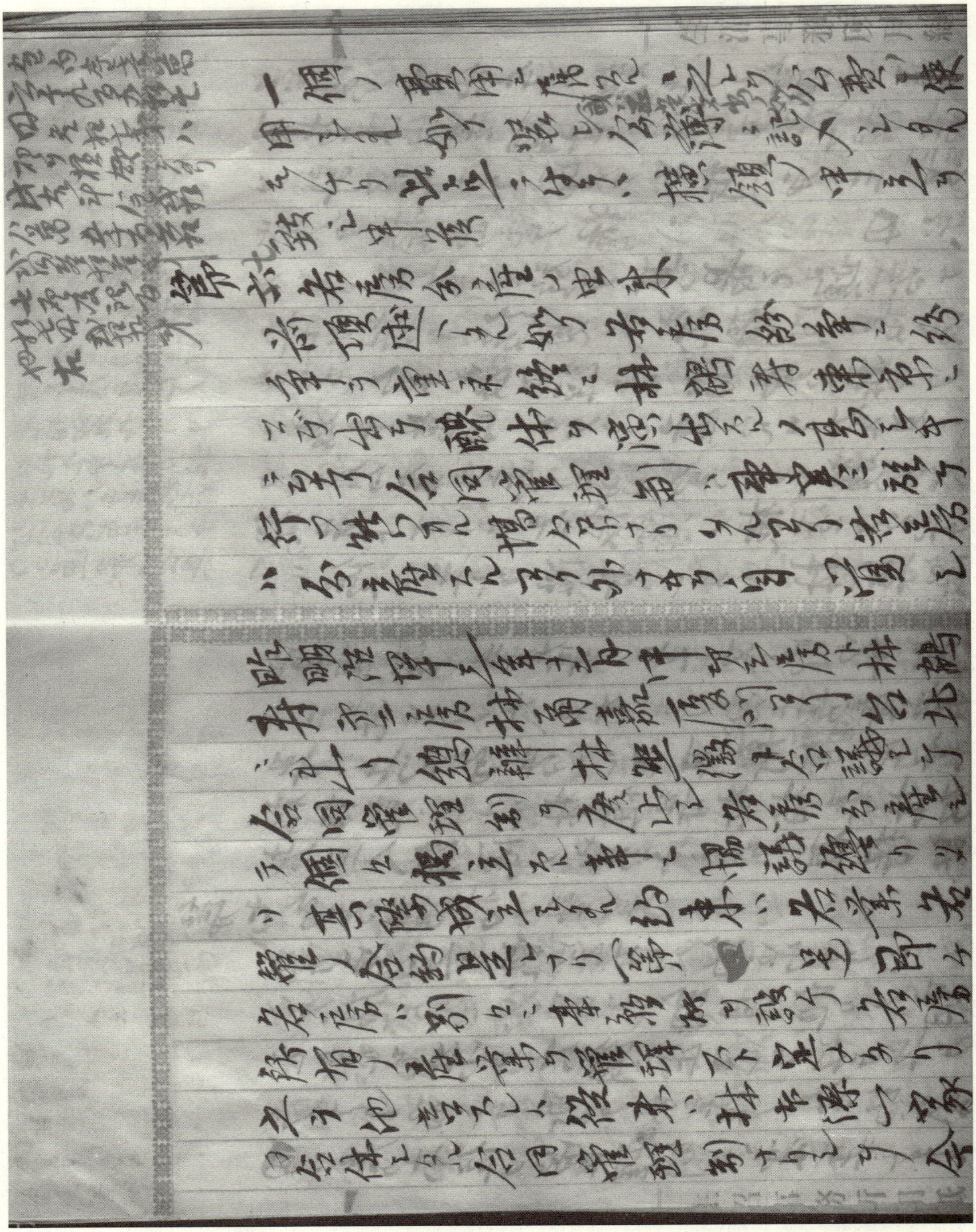

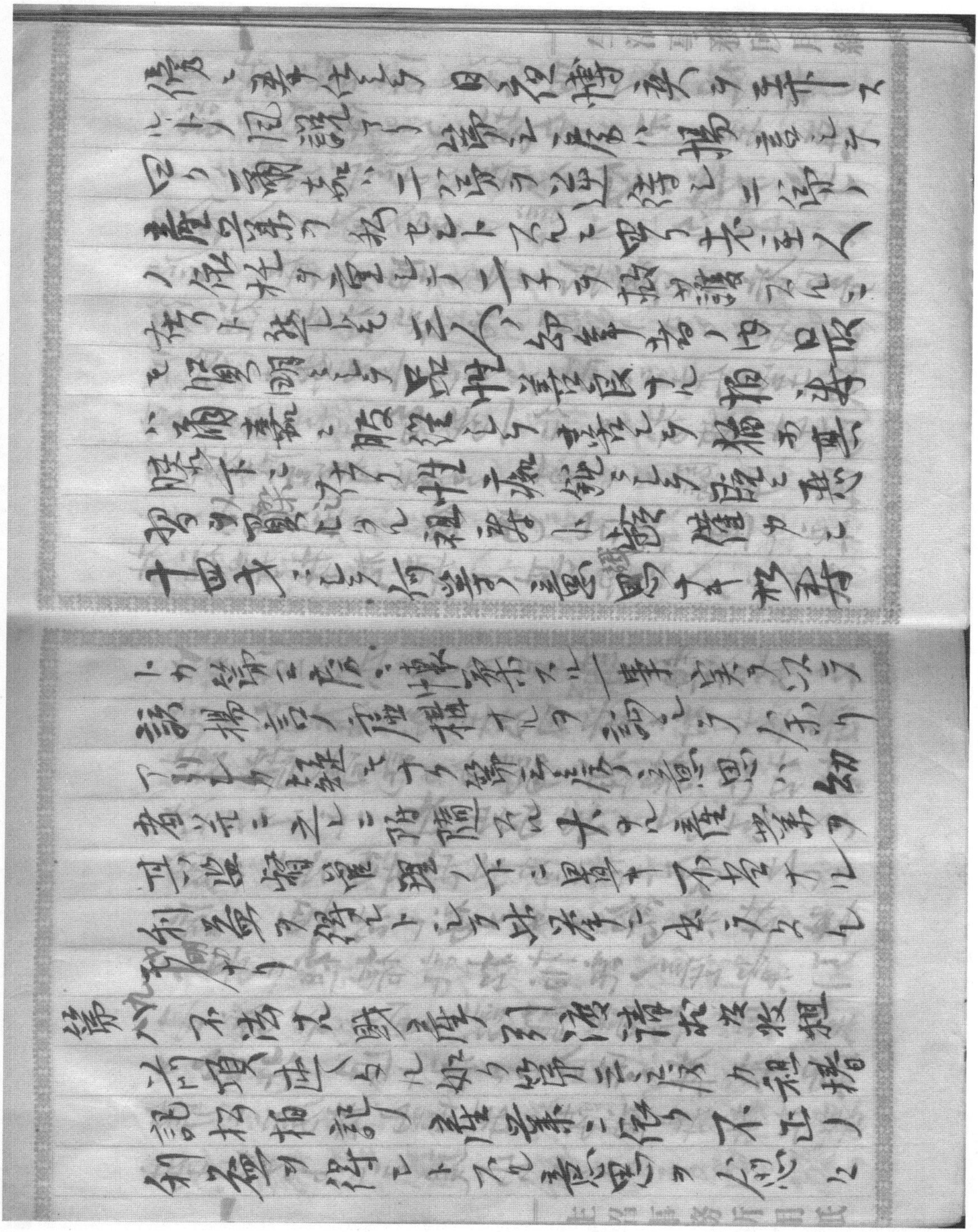

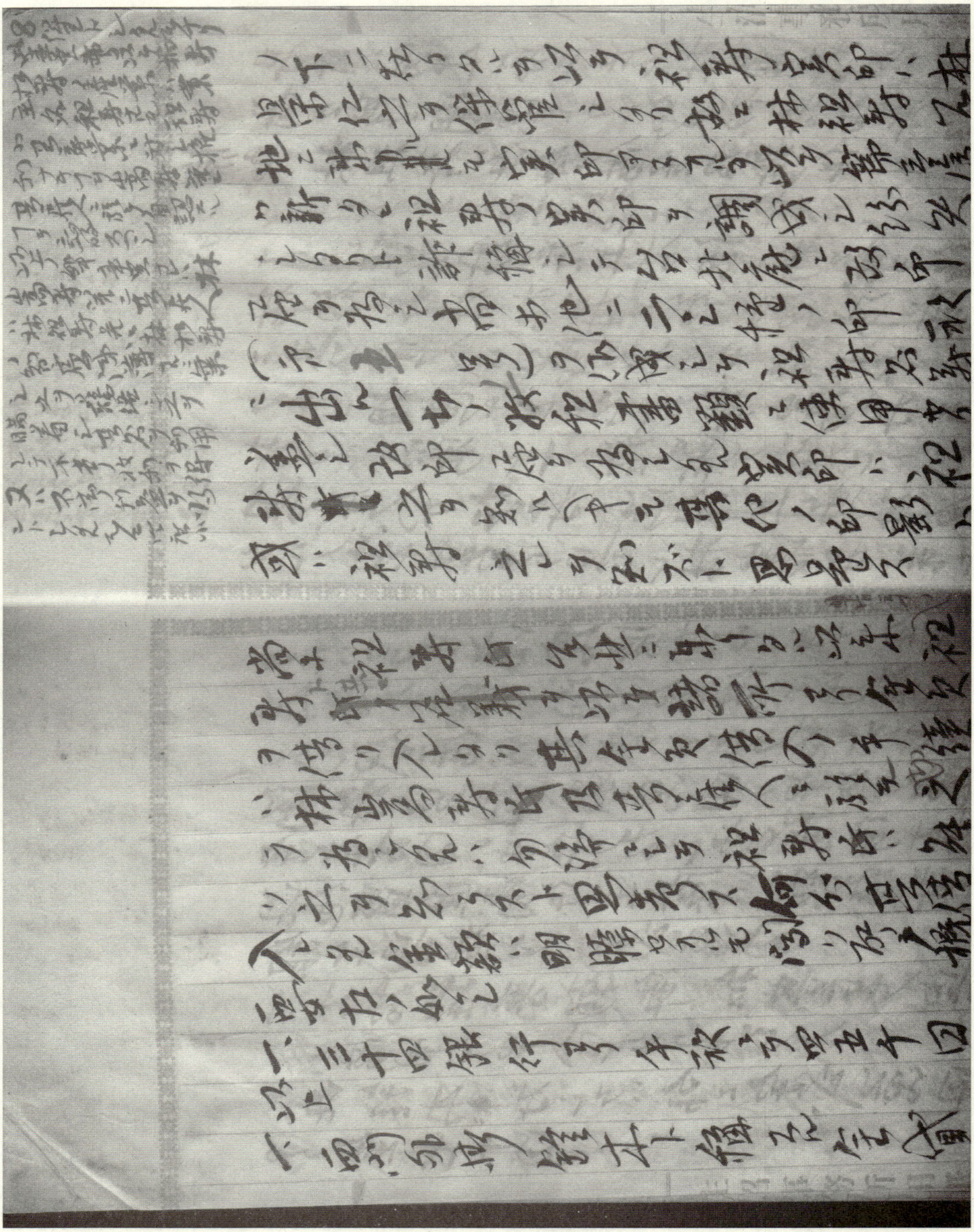

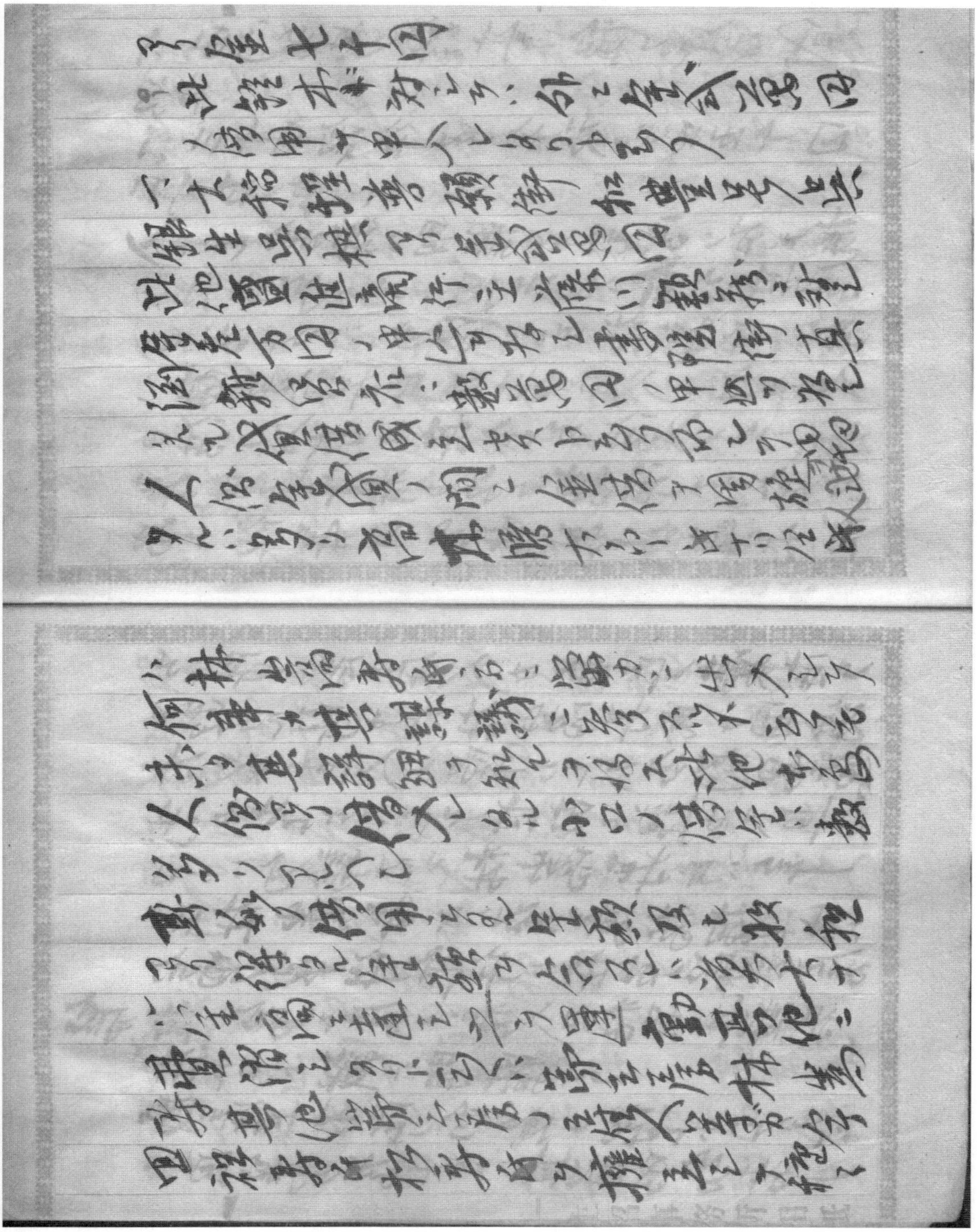

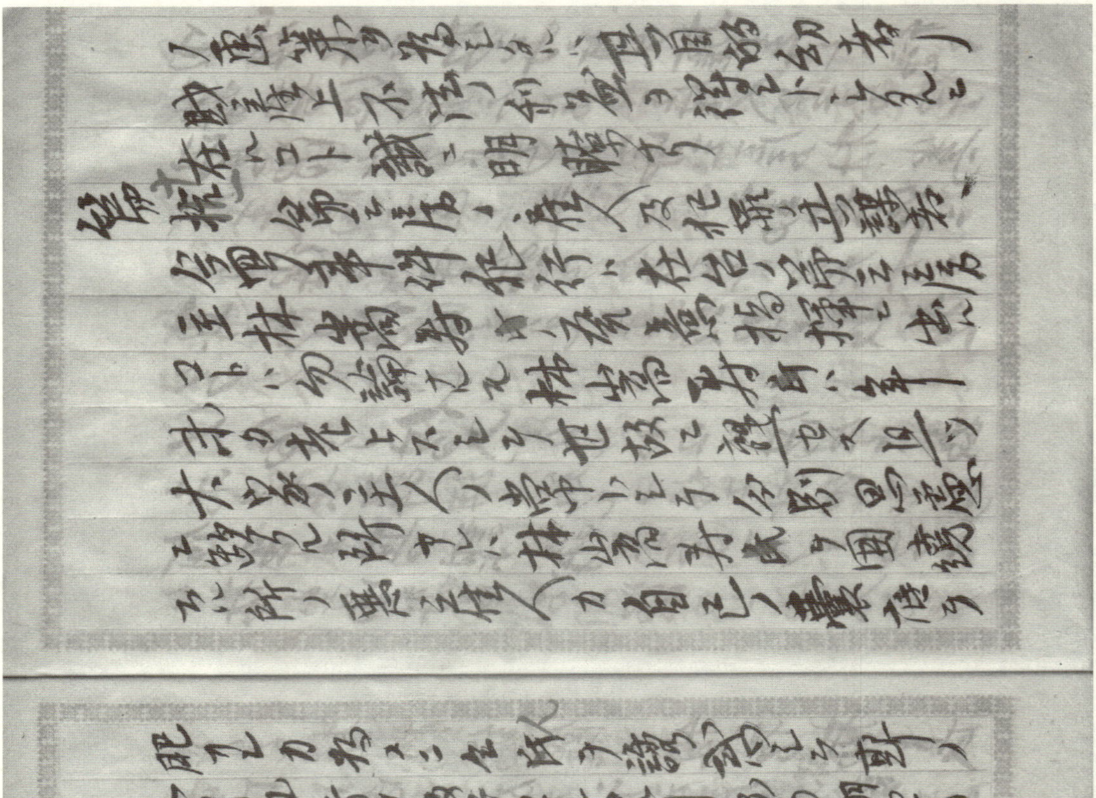

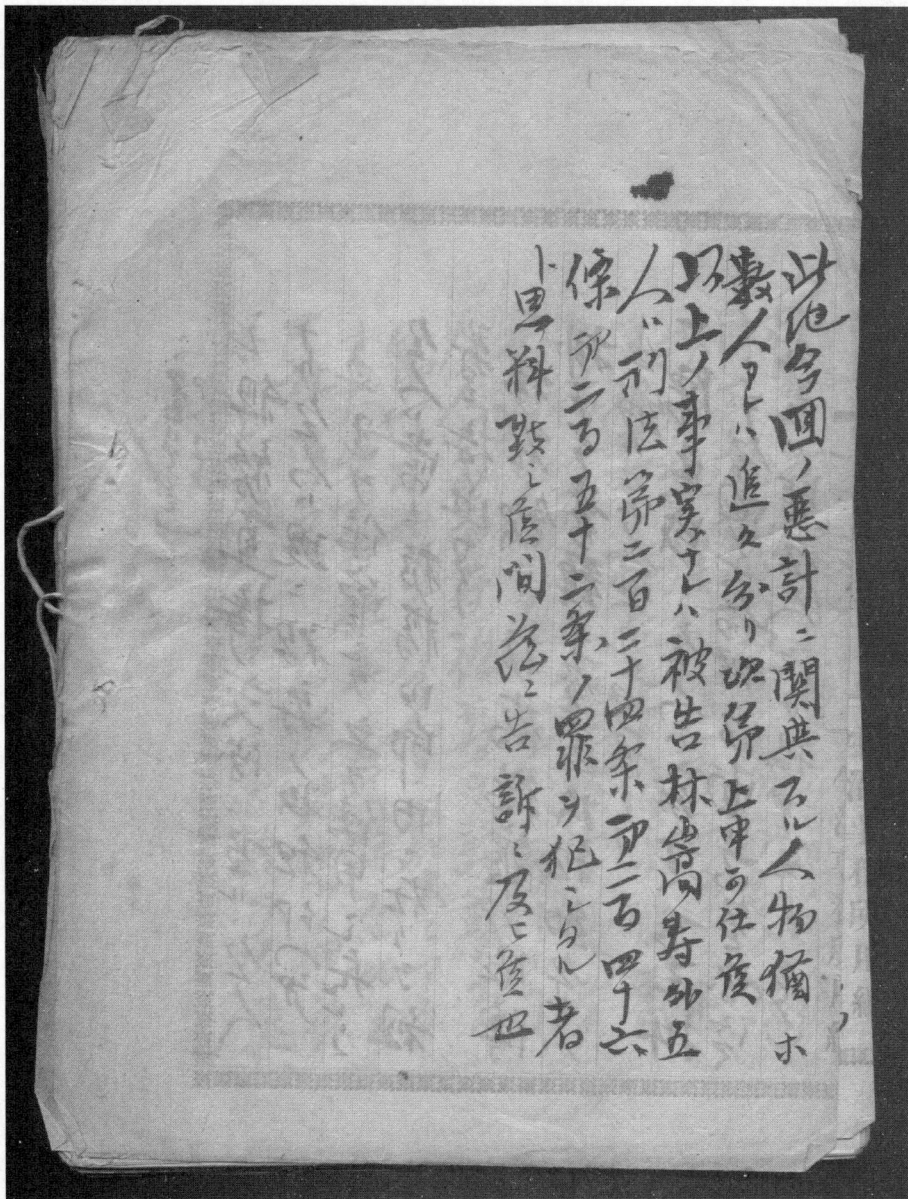

此度今回ノ悪計ニ関與スル人物偏ホ
壊人トハ追々ヨリ以兒上申ヲ任度
以上ノ事実ニ八被告林尚寿外五
人ニ刑法第二百二十四条第二百四十六
條那ニ号五十二条ノ罪ヲ犯シタル者
ト思料シ候間茲ニ告訴ニ及ヒ候也

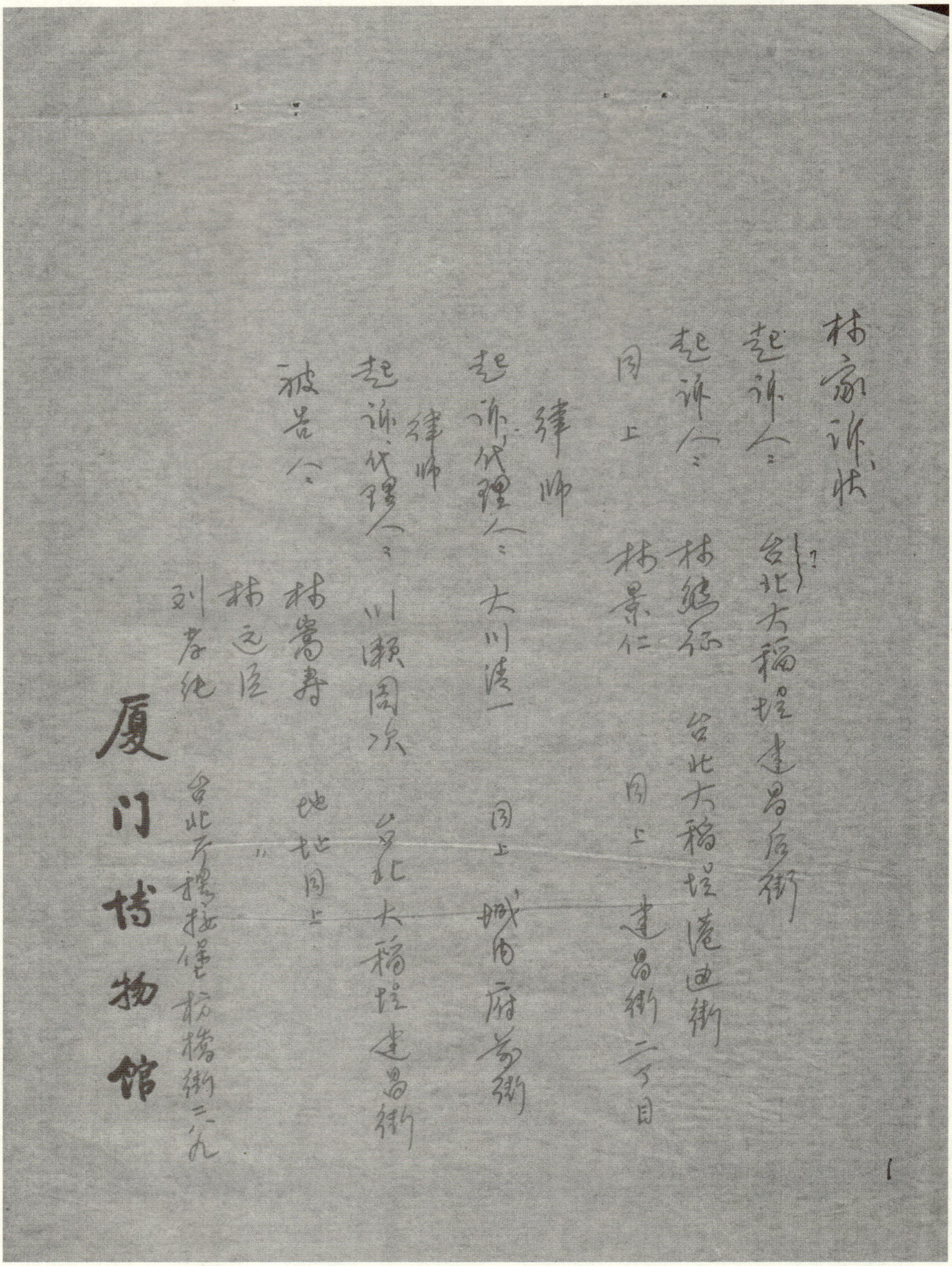

林家诉状

起诉人（一）　台北大稻埕建昌后街

起诉人（二）　台北大稻埕港边街

同上　　　林鸿祥

起诉人（三）　林景仁　同上　建昌街二丁目

律师

起诉代理人（一）　大川波一　同上　城内府前街

律师

起诉代理人（二）　川濑周次　台北大稻埕建昌街

被告人　　林寿　地址同上

林元臣　同上

刘荣纯　台北万华按堡枋桥街二九

厦门博物馆

1

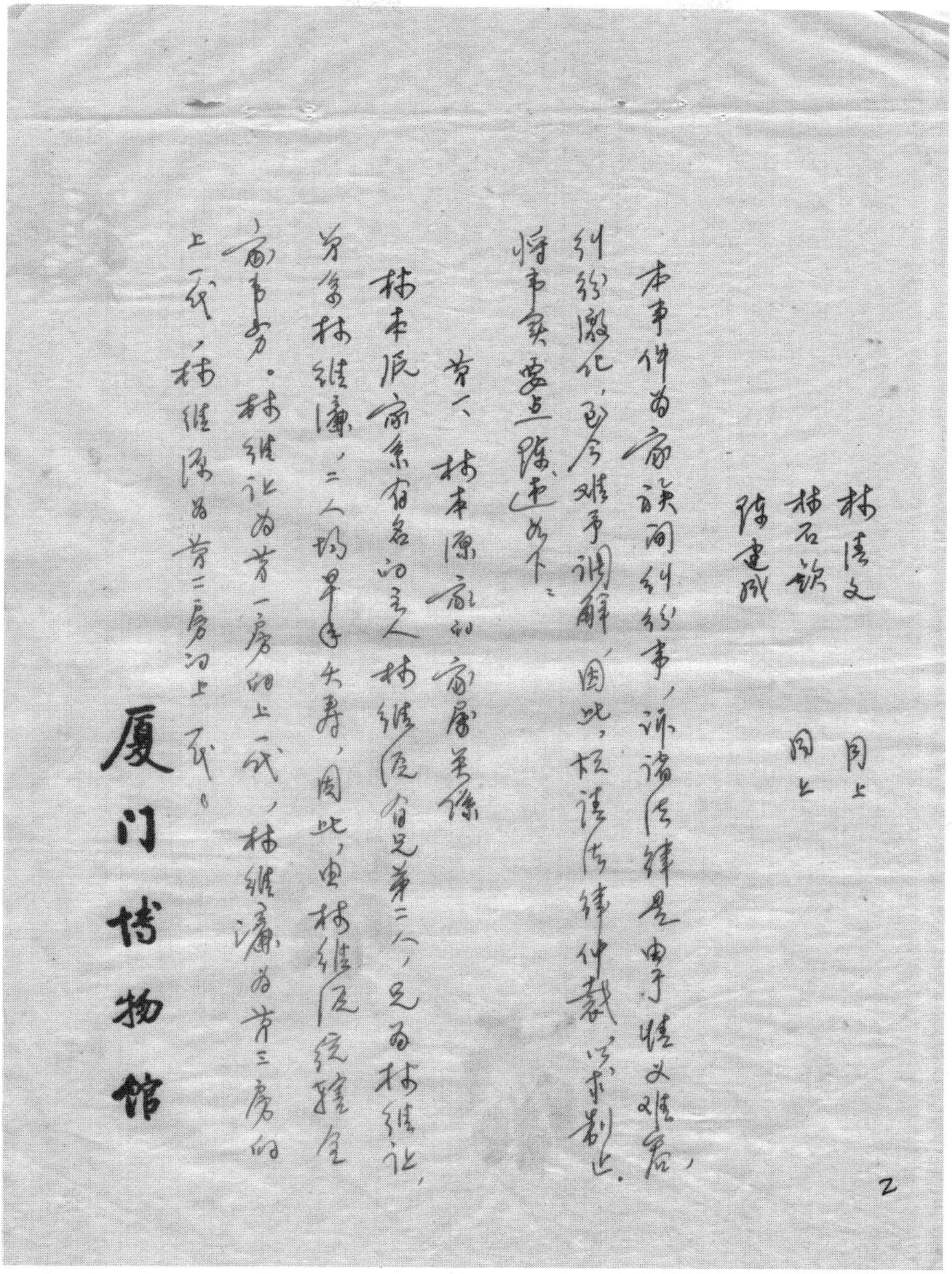

本事件为家族间纠纷事，诉请律师是由于性义难舍，

纠纷激化，自今难予调解，因此，恳请律师仲裁，以求彻止，

将事实要点陈述如下：

其一，林本源家的家属关系

林本派家系宗名的主人林维让省其弟二人，兄有林维让，

芳学林维源，二人均早年失寿，因此，由林维源继继全

家事务。林维让为芳一房的上代，林维源为芳三房的

上代，林维源为芳三房的上代。

林陽文　同上
林石諒　同上
陸建成

厦门博物馆

2

芳一房　林继让育二子，长子大寿，次子省三子，林熊征。

二房间仪，寿春寿8岁　加为字辈说
93　90岁　（3辈无子）

林熊祥、林熊光，但林熊征过继给长房为长子。

芳二房　林继焜开抵无子，抱养祯祥中的林尔嘉为嗣子，

晚年亲腹生三子：林祖寿、林稻寿、林松寿。

林尔嘉生四子：林景仁、林履礼、林崇智、林履信、祖寿柏

寿、彩寿均多幼，都继生于明治二十八年十有（公元1895年），柏

寿生于同年十有，松寿生于明治三十二年十二有（公元1899年）。

芳三房　林继渌育（同腹）　三子林彭寿、林鹤寿、林嵩寿。

芳二、林本源的婿言亲系

本源财产分为三款：

一、公业；　二、私业；　三、共业。

一、除祖屋及修墓等一切以后开支付的财产及以前建立
林本源家族内的公共事业由公业。

二、继屋在世时，所给世事，将林家所有的屋、新生的事业，
均分划给各房之人。分配的方法是：将屋手新业的金部分
生分有以份，其中二份为长房所得，三份为二房所得，一
分为三房所得。

为，为各房间接为分红得者的姓名
先为总得多业上做上记号以示区别。求记属林经纶、
益记属林规卿、
分祥为永记、益记、求记三种别。

芳二房所得三分，均为训眉记、祖椿记、
松柏记。训眉记属林家嘉及其子、视椿记、松柏记属
祖寿、松寿。这样，林本房所有将所有财配完

祖寿、松寿称为"永记、益记、求记"三业。

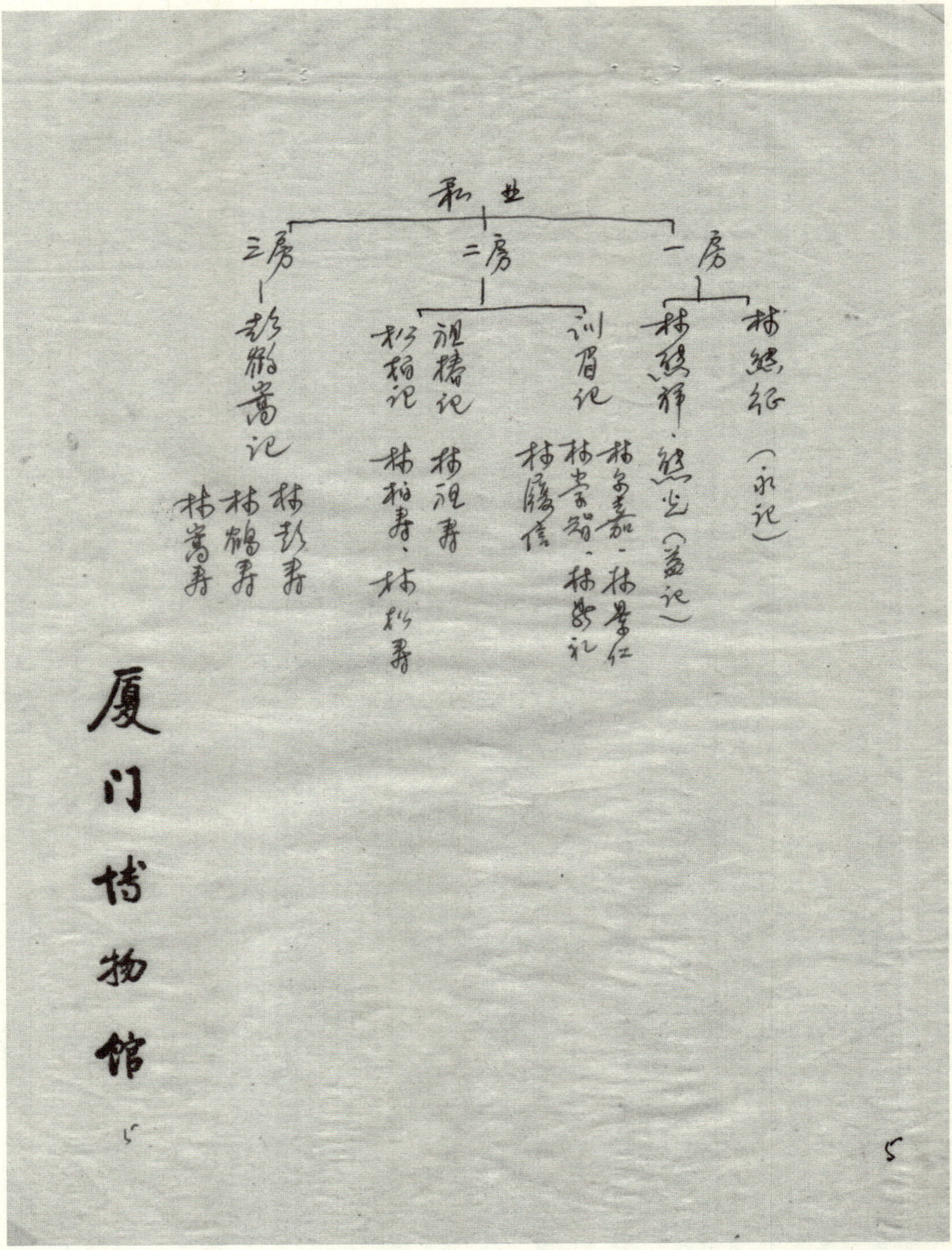
三房
二房
一房
厦门博物馆

三、由上述（六记多处支出资金所得的动产和动产，少数六、记多处的收益和收入的动产不动产，以及林本源家的一个财团，称之为"六记公司"。）

其（三）出主的名义。

六记的分配为五业所述，按各自的记号特别列房的三业，至五的配对将本家房内未分谱和手续全部未定，彼之谱。芳一房的林细克，芳二房的林雅寿、林松寿。

林景仁，芳三房的林鹤寿、林松寿。按照各房之主代表主人入谱（旧音即代表名归土地制度一出主代表主人入谱（旧音即代表名记号三业为主，也就是说芳一房林细克代表，亦记，並记号三司的芳三房林鹤寿代表新鹤寿记，林景仁代表三川眉记，芳三房林鹤寿代表新鹤寿记，空以林书寿、六记公司的其世以林鹤寿的名义记。记。空以林书寿、六记公司的

厦门博物馆

其后土地调查时，也应记代表者的名义申报，至是否还有多数的共生者做有业主，还是挂上记名人的名义核实，且将宗本宗内要求不受核定，为记的接区别新旧权利记号做宗记号帐存，许将如又名配从晋理为他一切对号。由此一宗里别起了踌动，但由于这理宗认，应完为记号，各义，残除以等涉代表名义，按实得业主名义段定，兄主人的入语年限，董宅为房会议认为省也要稳理为业清一宗宗段稳理店约者二十八宗，第二号为记主人会约者二宗十宗，改本界摘抄，董宅考の号的三业会约者二宗中收确了上述事宜。

芳兵
林宅平宗的宗制
上面说到，将多宗和业做了分配，组这级々是为了收

厦门博物馆

7　　　　　　　　　　　　　　　7

雄巴别的省权而已。（实际上）已分配完毕的三房仍全部

幼多纷毫林高本房的高号下编为三高形同生活仍未

源、由于当时芳一房和芳二房的谱者皆序幼自此由

芳三房仍的谱为一人（鹤寿、寄寿先亡、鹏寿晓后（谱）

三正芳中的年长者林鹏寿仍各监护人、统营高政

及全部高财，但由于七房仍的主人、继源仍威生仍

统给教宁高族，因此柏松时、鹏寿继。仍挂了分空名。

芳次、把罪的若固

昭治三十六年当、林高本房仍各编致者林继源死了，

一高圆满和平的高庭、朝夕间题了纠纷学件之地、引起

纠纷仍潜走原固就是林继源老人在世时仍挂空名的

林鹏寿，之人死后、原未继居之人纠字姬的宾权自此

厦门博物馆

8

财移到芳三房，芳三房维持理事的公同管理制度，
未新、俞政主要世管卫生得到不正当利益，而芳一房、
芳二房对此表反抗，提出今二业，芳三房监护人以松不
人，合围稳固其多对状况，纠纷多拥儿手到了顶点。了
纠纷这一情况的旧民政长官居庸男爵。松意推荐了
生语永保氏、御生之氏、下阪藤太郎氏及其他势的与
北氏长等仲裁人，参与幹旋。俞政根理事宅饰生
俞政根理合约（芳一号），芳房之间订这，家定
法，稍微缓和了手设纠纷。
　其后，昭治四十三年，里见乡正氏修合林家共晋时，
世一举阻止了芳三房监护人才横的行为，使之退避屏
门，考监护之责。正好芳二房乡卑幼若均已威草到了

厦门博物馆

政诉合同倒闭时期，置产民希因路段荣约，引起了一（些）店房的纠纷，最后还是发荣了荣约，改订了林家本店新合约（芳二号）。新合约别空了廊后，将监护别路的经费别，继续实行合同荣理别废。五寅行新家庭御御侯，置产民还出了个主意，免去荣三房村彭寿洞监护职责，推举芳一房的林鹤化经营，御展庆文换林鹤向执秩者。但芳三房林鹤寿到内地施行了其暴约。这里有必要说明一下尽因监护人荤为林彭寿，但彭寿病体生存，无法就经该引起亲，一切要托其芳林鹤寿、林蜀寿代理，因此，林家闹纠纷以来事实上洞监护人是林鹤寿、林蜀寿。

这样，芳三房作为监那人，一手握林敝的账权，其间他们专横，浪掷众金钱财宝，浪费巨款。林与纪作经营后，按季分帐存发现他们浪费动用分款达十万元之多，尤其是他监那人最后的×年内，动用分款高达二十八万元之多。也就是说其纪纯分利方去之绝得怀疑。（据芳三房123款、芳一、芳二房已经营六年分利其有金额十七万八七○三十七元之巨。他美甲及装潢俟用金九万○一百二十七元。芳三、林本陨号纳敢金一万六七四○百九十元三角一分，合计二十八万五千一百六十三元三角三分七，美额者一百老万二角九分，存许多此数者出，二角九分左右。

据芳三房自己动支出帐冒领这事实出，恃许多此数者出，二角九分左右。

芳七、芳三房分产的由来

记○分原帐存中，议被冒领。

厦门博物馆

11

如前所述，为房纠纷不断，后经林鹏寿往来京、

自盛五事世殊，因此，将原管理制事实上已无原来

约，为房约为已极之面约。因此，光绪四十三年十二月

中，芳三房、林鹏寿、芳二房林东嘉，遂停行结合此，

与经费林双征召合议庭之合同管理制，制定为房

约多后独立核稿的协议。当时制定泅捆设为为首

费的合约（费のOむ），即规定为房设主自己为首房

约，管理身自的多生，换言之，就是反来的林家率

术，管理自的合同管理制，已废为以为房为单位的

家大家子的合同管理制。但多时遵行个合约不纳，没容家通细利

管理制。但多时遵行个合约不纳，没容家通细利

有结合力约协议。

寿八、谓扬速纳者两事实

厦门博物馆

12

12

乃是初视生儿子祖椿记、称柏记的主人林祖寿、林
柏寿。林柏寿从自幼，其所有多世各记号，此君也老
称前由争执以焉之一。祖寿、柏寿均年幼，
为努力之房林家嘉之子，正在林家嘉的监督之下，特别
易信纳（贵的？）订立时，将主房林祖寿不当有何题
林家嘉修生之陷，旋装惊惶，四到房门，从林家嘉
尖引诱至林祖寿、柏寿，甜言诱语，特得其欢心，
因色引之，俟之心意茫然，俟他之况醉吞没不的
园云中，正当射得生射马，利用林家嘉之二个母祖
（老人之处）四关修闹起拉接其毋等。林家嘉呼到
此信，大为吃惊，急忙四到房内训戒二岁，两岁最
初不服，极迟家嘉，与嘉无纤劳施心想方证信时，手本

厦门博物馆

13

年的自由。芳三房泅郎向各教信与挂名书岛人二王

医房，紫玉林祖寿、林松寿及其母三人（曾昏坐船，

依各北岩阻港临时催来归各幼者一约直接载则

松桥林家本家旧郎安抵。事坐后，祖寿松寿电台

时，芳三房催人亚家监视，不许焉他人轻而接近。她

行要到去，芳三房催人各四保护布纱监视之实，证

刑满出狱犯及林郎建及经芳两三人服待祖寿左右，

自从陷其赌博。芳三房柏言：……嘉嵩给二千岁之，想私

吞言也。为了搁荅各之之的意托，保护其两儿女等，

三今年幼去中，最为冤呢，品性善良的柏寿服以系嘉，

而膳个惺惺迫钱，亚已没要日的祖寿，又年幻十岁。

（对於今情还）没有剜新力的松寿被芳三房 仁慈怀柔待

厦门博物馆

14

14

达成……对虚构谣言坚信无疑，单纯者随附之……房间夏将去……置于其监管管理之下，此举取而其……获取不……利益之心。

芳此，诸事不传转移……及收租

……芳三房拟依亲祖楂记、松柏记……取……一书利益归国……

芳三房林寿将林祖寿、松松寿……

开……林寿……将祖楂记、松柏记之……坐对移则……记名下……要求，其……林寿隆对彭鹤……名之此一不……书的要求，（于是）林寿隆对彭鹤当记……松柏记所房有房之及田地，……直接……收本……二房租及早……租。保留……取

厦门博物馆

15.

租谷为凭，当即已将林家的全部生结果及当时的欠纳租

业主，告诉各该租人及佃农（芳五号）。

出收租单（芳六号）。但由于林家事务所为经办收租的

手续，林家寄得以通常的业家

茲宫换收租的方法，将三份得凭据，即时佃农

行收租金，按丰季稻未缴籵减为成换给佃农一

些利，将金与办大额租金，彼乃将佃农的

未纳租谷提等转给粮商成土豪，将取大量宝金。

假招桥树也已收取金额一万八千五百多之，即所谓交租

佃农一粒谷一望而知悉（芳七号）了之。

云真，另身以诉被则诉三约每各得时点空之古纳，商

求臂列合同，益為未真正写之典。林家事务所即行

司法机关互相协理权限与公司（考虑是），而林菁寿以

象自己有管理权一种，始诈细农望户收取租金卷行

欺诈取财之实，试逼一百零零余谋分多差既成事实，

松柏记房讹寿各不，林菁寿取得其田租房租、房租既

行为。为求师状诗三项评述，松柏记的言生、业主各掛

阻是祖寿，但其实色括松寿、柏寿三个人故多，通

屯林房内是众们围钴沙車质。祖寿、菁寿争讼对

言，但柏寿仍在芳三房，松寿虽未成年，其爱护人系

林菁仁，但省这二人洞省意，化竹色不好遣言处理

松柏记多世，而林菁寿修收租草及其他事件上林

阻寿之名，你为祖寿自己的行为，但祖寿年级十又岁，未

语此事，其行动皆省为菁寿唆彼，将祖省为菁寿催

厦门博物馆

17

人者之，祖寿乃之是偶倒而已。林菁寿不可否认的还有，祖寿，松寿未写此名，岂三房河雇人摆出林松寿的田祖是视报者名。O谱（籍），徐隐林孝仁的监护权的要求，这里杜菁寿揩後其雇人通出松寿的幼三小伶秋利，碍着监护人林孝仁不仅，後除了被监护权的松寿，完全咸为掌中之物，违律上创松寿的生母的视报者这一阴状，河省之世郡屯松寿名下，这是一个O以此蓬录而贵化的恶毒计策。韦案上，松寿，菁寿的三世均以祖寿的名义谱，祖寿无权支配全部之世，林菁寿写其雇人也是过样讼告的。

为上所述，林菁寿及其雇人，甚编身幼无出的林祖寿、林松寿，用其名小谋取利，以得非代之利。

厦门博物馆

18

芳十、以林祖寿润名义借款及其他

为弥补此述、祖寿、稻寿、松寿尾未瓯坞专芳二房林景嘉

之鉴智下，祖寿的印章由林景红代管，因此林祖寿印章

实际上也已传掌出，芳三房刻制了祖寿润新印章，遂

称祖寿印章遗失，向台北办申报政印，重制外子其他

二三个印章（芽五々）用于以祖寿名义写出的一切收

租文书。政印右祖寿心写道政实印事，而不写商有分

外三三个印章。

另外，祖寿则名此心末，当因寿与祖寿一起各处借款一印

后凭由林窗寿及其座人办理，专纪，祖寿多々写道的

借金额如下：

一、向三十四银行借款四、五々元心上，

二、向西门外街铺木金资借七々元，

19

19

吴据说发言的结末借二万元，

三、向大稻埕著殿街和东方吴银生、吴棋借二万元
此外，向戏进商行行之藤川 郭初借三万元，白石
说衔其 手续皆申贷报万元。借款许多，兹�
围旋借款事宜。据说富桥胜大经事生的村宫寿宫，
参加其谋议，协助其 此外，还有许多未写的小额
贷款之话。

总是（他们）借款金额多收租屋合并，形成巨大金额，
盖寿降消却。其三房柯富寿及其雇人柳主担寿，
松寿，曲进到其获得事功者对三及小的利益功对
划，可一目了然了。

第七、其三房的雇人及犯罪的同谋者
这次犯罪事件中，专以著名的其三房之人 林宫
为首。

厦门博物馆

20

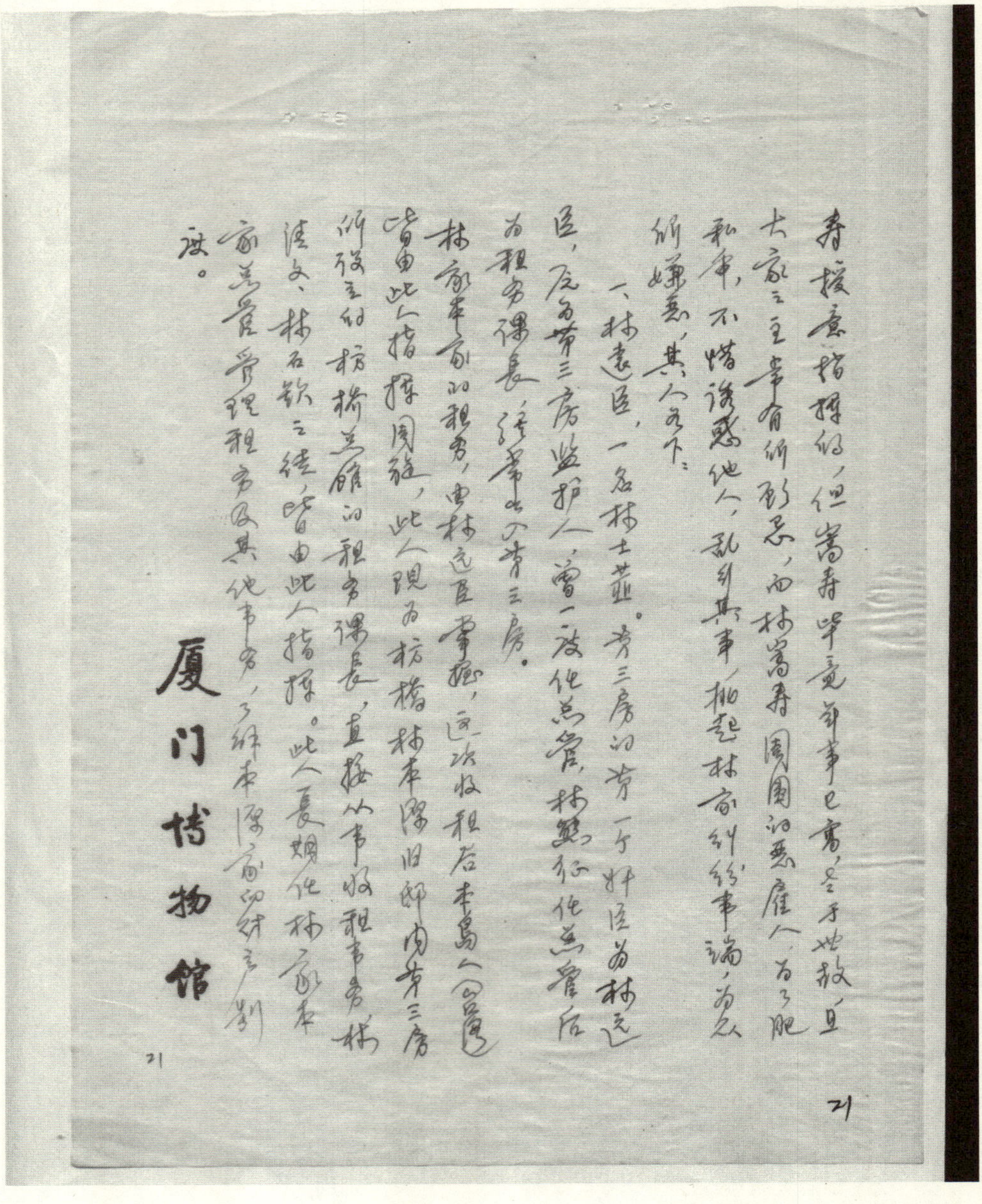

寿援意馆择的，但當寿哗竟每事已竟，举手地救，且
古家主事有所形忌，而林當寿园园沟燕崔人，石子肥
私事，不惜诱感她人，私引某事，抛起林南外纷事论，苟久
们姻熟，其人无下。

一、林远芷，一名林士莊。为三房沟芳一手�√陲为林远
芷，庆为带三房监护人，曾一度化总管，林然行化总管后
为租务课长，徒带为带三房。

林家革命的租务，由林远芷掌理，这次投租者委為人（曾经
曾由此人指挥园籍，此人现为林本深旧师内芳三房
所殘主的柏桥芸雄的租务课长，直接从事的租务林
陲义，林名新三统，皆由此人指挥。此人夏姻化林局本
帝為管理租务及其他革务，乃绊本深旧梁芽产刘
政。

（厦门博物馆 印）

一、列房纯。照临修律客校的学业生、为芳三房本房人的房人中唯一的读书士，善于翻译，他生搬砍霞的律条文颜意擅寻权威乃割芳三房，浮得林当寿信纸，色以市仲的讲损、收租之事出诺到第，迅困许按迅祖寿，投给祖寿，以取得与科文书。此讲感当寿、祖寿，芳二而主讲的误，此人为，当寿、祖寿忘觉醒。

一、林滚女。此为栩栩惹馆的绍户修理者为善用他农祖亲发送文书，直接发给祖亲事宜，此人现电充为保管传用收租印信（芳意气）牵安栩栩四郎接迅

一、栩石钦。栩栩惹馆的恨芽益层、气善发送文书

一、收祖金乃益事收纳。

一、陆建成。此人为房租益益正层，迪沃左大福惟州信收取

厦门博物馆

房租，皆此们面（另纸）。

此外，诱及这次恶毒讦谤的人当有几人，将另别追究。

以上事实，除被告林当寿外，我们讼的五人皆判刑

法方二百二十四条，第二百四十六条，第二百五十二条。

奇此申诉。

蔡启瑞稿

一九八五年

23

23

图书在版编目(CIP)数据

鼓浪屿研究. 第 3 辑/厦门市社科联编. —厦门：厦门大学出版社，2015.12
ISBN 978-7-5615-5921-5

Ⅰ. ①鼓… Ⅱ. ①厦… Ⅲ. ①社会科学-文集 Ⅳ.①C53

中国版本图书馆 CIP 数据核字(2015)第 000394 号

官方合作网络销售商：

厦门大学出版社出版发行

(地址：厦门市软件园二期望海路 39 号　邮编：361008)
总 编 办 电 话：0592-2182177　传真：0592-2181406
营销中心电话：0592-2184458　传真：0592-2181365
网址：http://www.xmupress.com
邮箱：xmup @ xmupress.com
厦门市万美兴印刷设计有限公司印刷
2015 年 12 月第 1 版　2015 年 12 月第 1 次印刷
开本：787×1092　1/16　印张：13.75　插页：2
字数：330 千字　印数：1～1 000 册
定价：35.00 元
本书如有印装质量问题请直接寄承印厂调换

图书在版编目(CIP)数据

鼓浪屿研究. 第3辑/厦门市社科联编. —厦门：厦门大学出版社，2015.12
ISBN 978-7-5615-5921-5

Ⅰ. ①鼓… Ⅱ. ①厦… Ⅲ. ①社会科学-文集 Ⅳ.①C53

中国版本图书馆 CIP 数据核字(2015)第 000394 号

官方合作网络销售商：

厦门大学出版社出版发行
(地址：厦门市软件园二期望海路 39 号 邮编：361008)
总 编 办 电 话:0592-2182177 传真:0592-2181406
营销中心电话:0592-2184458 传真:0592-2181365
网址:http://www.xmupress.com
邮箱:xmup @ xmupress.com
厦门市万美兴印刷设计有限公司印刷
2015 年 12 月第 1 版 2015 年 12 月第 1 次印刷
开本:787×1092 1/16 印张:13.75 插页:2
字数:330 千字 印数:1~1 000 册
定价:35.00 元
本书如有印装质量问题请直接寄承印厂调换